文革文學大系

（六）

散文報告文學卷一

王　堯主編

現代文學研究叢刊

文史哲出版社印行

現代文學研究叢刊　30

文革文學大系（全十二冊）

主 編 者：王　　　　　　堯
出 版 者：文 史 哲 出 版 社
http://www.lapen.com.tw
登記證字號：行政院新聞局版臺業字五三三七號
發 行 人：彭　　　　　正　　　　　雄
發 行 所：文 史 哲 出 版 社
印 刷 者：文 史 哲 出 版 社
臺北市羅斯福路一段七十二巷四號
郵政劃撥帳號：一六一八〇一七五
電話886-2-23511028・傳真886-2-23965656

十二冊定價新臺幣五〇〇〇元

中華民國九十六年（2007）十二月初版
中華民國九十八年（2009）二月初版訂正

ISBN 978-957-549-759-0

導 言

王 堯

《散文報告文學卷》爲《"文革文學"大系》之一種，卷一爲散文選，卷二爲報告文學選。

如何論述中國當代文學史的問題逐漸引起關注，顯示了學界對一個學科成熟的期待。就整體性的學術背景而言，我們已經越過了非常態的學術史狀態，曾經在相當長的時期內，學界的注意力集中在學術上的"撥亂反正"和"打破禁區"、"塡補空白"方面，這是一個令人興奮而且充滿了"戰鬥"激情的時期，但是許多真正的問題也常常被疏忽。在今天，當我們有可能討論建立當代文學的學科話語，並且把這種討論建立在中國當代文學與思想文化發展的勃勃生機中時，我們不僅需要轉換知識體系，轉換文學史觀念，轉化思維方式，而且需要有清晰地發現問題的意識，因爲漠視被遮蔽了的真問題的危害遠遠大於僞問題干擾我們的學術研究。

我們注意到，曾經在很長的時期內，當代文學史的敍述是殘缺不全的，突出的問題是"文革文學"被擱置，當代文學史的敍述在進入到 60 年代中期後突然中斷了。這一現象可以稱爲文學史敍述的"斷裂"問題。當初對這一現象的解釋是"文革"無文學，或曰"一片空白"，無疑，這一解釋在學理上是不能成立的。現在，學界已經無須就是否有必要研究"文革文學"再作爭論。把"文革文學"納入到當代文學史的敍述，就當代文學史寫作而言其主要意義不在填補空白,而在於它不僅改變了我們寫作當代文學史的知識背景,改變了當代文學史著作的習慣內容,而且更為重要的是它有可能在文學史哲學的層面上糾正"非歷史的觀點",在中斷的縫隙中發現"歷史聯繫",進而獲得重新敘述當代文學史的可能。如果不能改變"簡單中斷"的觀點,當代文學史寫作中的"整體性"構架是無法實現的。

"文革文學",是與 20 世紀中國的重大事件"無產階級文化大革命"(簡稱"文化大革命"和"文革")相關聯的。1966年 5 月中國爆發了持續十年的"文革"。對這場給當代中國帶來深重災難的"文化大革命",中共十一屆六中全會通過的《關於建國以來黨的若干歷史問題的決議》作了徹底的否定,《決議》認為:"實踐證明,'文化大革命'不是也不可能是任何意義上的革命或社會進步。""歷史已經判明,'文化大革命'是一場由領導者錯誤發動,被反革命集團利用,給黨、國家和各族人民帶來嚴重災難的內亂。"《決議》對"文革"的評價是研究"文革文學"的政治原則,並且包含了某些方法論上的啟示。

為了能夠更深入地把握"文革"與"文革文學"的關係,我們有必要瞭解"文革"時期的經典文獻對"文革"的釋義。1966年 5 月 16 日《中國共產黨中央委員會通知》中說:"我們必須遵照毛澤東同志的指示,高舉無產階級文化大革命的大旗,徹底揭露那批反黨反社會主義的所謂'學術權威'的資產階級反動立場,徹底批判學術界、教育界、新聞界、文藝界、出版界的資產階級反動思想,奪取在這些文化領域中的領導權。而要做到這一點,必須同時批判混進黨裡、政府裡、軍隊裡和文化領域的各界裡的資產階級代表人物,清洗這些人,有些則要調動他們的工作。"1966年 8 月 8 日通過中國共產黨中央委員會《關於無產階級文化大革命的決定》進一步說:"當前開展的無產階級文化大革命,是一場觸及人們靈魂的大革命,是我國社會主義革命發展的一個更深入、更廣闊的新階段。”“資產階級雖然已經被推翻，但是，他們企圖用剝削階級的舊思想，舊文化，舊風俗，舊習慣，來腐蝕群眾，征服人心，力求達到他們復辟的目的。無產階級恰恰相反，必須迎頭痛擊資產階級在意識形態領域裡的一切挑戰，用無產階級自己的新思想，新文化，新風俗，新習慣，來改變整個社會的精神面貌。在當前、我們的目的是鬥垮走資本主義道路的當權派，批判資產階級的反動學術‘權威’，批判資產階級和一切剝削階級的意識形態，改革教育，改革文藝，改革一切不適應社會主義經濟基礎的上層建築，以利於鞏固和發展社會主義制度。”後來毛澤東又把這場革命看作是“無產階級反對資產階級和一切剝削階級的政治大革命，是中國共產黨及其領導下的廣大革命群眾和國民黨反動派長期鬥爭的繼續，是無產階級和資產階級鬥爭的繼續。”這些論點被概括成所謂“無產階級專政下繼續革命的理論”，它的核心意義是：在無產階級取得了政權並建立了社會主義制度的條件下，還要進行一個階級推翻一個階級的政治大革命，“文化大革命”就是這種“繼續革命”的最重要的方式。“在上層建築其中包括在文化領域中對資產階級實行全面的專政”則是“繼續革命”的重要組成部分。

我國五十年代末期提出“文化革命”的問題，當時所講的文化革命的內容，主要是社會主義的文化、教育事業，指提高人民的文化水準和健康水準，建設工人階級的知識份子隊伍，改變我國教育、科學、文化的落後狀態，這正是列寧在十月革命之後提出的文化革命的本來意義。而“文化大革命”不是馬克思主義經典作家所講的原來意義上的文化革命。“按照科學意義上的革命，‘文化大革命’不能在任何意義上稱為一個革命。它不是用一種什麼先進的生產關係去代替一種落後的生產關係，也不是用一種先進的政治力量來取代一種反動的政治力量。"[1]冠以"文化"二字的這場"革命"是由文化領域的"批判"開始的。《五一六通知》說："我國正面臨著一個偉大的無產階級文化大革命的高潮。這個高潮有力地衝擊著資產階級和封建殘餘還保存的一切腐朽的思想陣地和文化陣地。"在"文革"當局和為主流意識形態支配的輿論中,都明確無誤地把"文藝革命"看作"文化大革命"的"開端"。1967年《人民日報》《紅旗》雜誌元旦社論《把無產階級文化大革命進行到底》中說:"一九六三年,在毛主席親自領導下,我國進行的以戲劇改革為主要標誌的文藝革命,實際上是無產階級文化大革命的開端。"中央文革小組組長陳伯達,在中央直屬文藝系統聯說:"文藝界的革命是我國無產階級文化大革命的開端。"由文藝而及政治,這正是當代中國大陸政治在相當長一段時期內的運作特點。

"文革文學"就在這樣的歷史語境中產生和發展。文學與政治的關係成為最基本的問題,並在根本上規定了"文革文學"的性質和它的品貌,即在整體上"文革文學"是"無產階級在上層建築其中包括文化領域對資產階級實行全面專政"的組成部分。關於"兩個階級、兩條道路、兩條路線鬥爭"的"基本路線"成為"文革文學"的出發點;"塑造無產階級英雄典型形象"是社會主義文藝代替"根本任務";"三突出"是"創作原則";"革命的浪漫主義和革命的現實主義相結合"是創作方法;"革命樣板戲"的話語霸權則貫穿"文革文學"始終。這些構成了"文革文學"的基本方面。在文學淪為主流意識形態話語的過程中,文學的理想、精神、審美屬性、語言等發生了災難性的變化,幾乎所有的問題到了這時都被推到了極端。

"文革文學"不是一個孤立的存在。在討論這一問題時,我

---

1 胡喬木:《談〈關於建國以來黨的若干歷史問題的決議〉對"文化大革命"的幾個論斷》,《學習》1993年第1期。

覺得恩格斯關於中世紀不是歐洲歷史簡單中斷的思想是研究的理論支點。恩格斯在談到"十八世紀的唯物主義"（主要是機械唯物主義）的局限性時說："它不能把世界理解爲一種過程，理解爲一種處在不斷的歷史發展中的物質。""這種非歷史的觀點也表現在歷史領域中。在這裡，反對中世紀殘餘的鬥爭限制了人們的視野。中世紀被看作是由千年來普遍野蠻狀態所引起的歷史的簡單中斷；中世紀的巨大進步——歐洲文化領域的擴大，在那裡一個挨著一個形成的富有生命力的大民族，以及十四和十五世紀的巨大的技術進步，這一切都沒有被人看到。這樣一來，對偉大歷史聯繫的合理看法就不可能產生，而歷史至多不過是一部供哲學家使用的例證和插圖的彙集罷了。"我們也不能把"文革"和"文革文學"看成是歷史的"簡單中斷"，應當注意到歷史階段之間的相互聯繫以及歷史的整體性。關於"文革文學"由 1966 至 1976 年的時間設定，依據的是已經爲一般人所認可的"文革"的起（發動）迄（結束）時間，上限以《五·一六通知》爲標誌，下限以"粉碎'四人幫'"爲標誌；"文革文學"不僅是個時間概念，更爲重要的，是個歷史概念。無論之於"文革文學"的實際，還是從文學研究的學術要求來看，我們都必須理清"文革文學"的來龍去脈與"文革文學"的內在理路。因此不是孤立的，而是將"文革文學"置於一個更爲宏闊的時空中加以研究，發現"文革文學"的歷史因素，並同時揭示"文革文學"作爲一種背景與新時期的文學的關係，這樣就爲理解"文革文學"構築了一個由"歷史'與"現實"組合而成的"平臺"。在發現歷史因素時，我們可以追溯到 1942 年毛澤東《在延安文藝座談會上的講話》發表之後的解放區文學，也可追溯到二三十年代的左翼文藝甚至追溯到"五四"新文化運動；但是，"文革文學"最直接的背景是人們通常所說的"十七年文學"，因而"文革前"的概念不是大而無當的，它主要指稱"十七年文學"。研究愈深入就愈發現，

"十七年文學"中某些因素的惡性發展最終產生了"文革文學",而不是像有的研究者所認爲的"文革文學"是偏離"十七年文學"的結果。文學的"文革"與"文革前"之關係是複雜的。我們都知道,"文革"的發動是以否定"十七年"爲前提的,作爲"文革文學"的官方綱領《林彪同志委託江青同志召開的部隊文藝工作座談會紀要》同樣是以全盤否定"十七年文學"爲前提的;也許由於這樣一個政治原因,新時期之初人們爲了否定"文革文學",又幾乎是全盤肯定了"十七年文學"。在肯定/否定的二元對立的思維中,事物之間的內在的邏輯被忽略。當我們在學術的視野中把"文革文學"與"十七年文學"作爲一個整體加以研究時,就不能不對"十七年文學"作部分的否定。有意義的是,無論是在當時還是在今天,無論是那時的"文革"當局還是現在的一些研究者,都注意到了文學的"文革"與"文革前"的關聯,只是解釋的角度不同而已,這樣不同的角度顯示了歷史的巨大差異。姚文元在《評反革命兩面派周揚》中說:"當我們回顧解放以來文藝鬥爭的歷史時,可以清楚地看到兩條路線的尖銳鬥爭:一條是毛澤東文藝路線,是紅線,是毛澤東同志親自領導了歷次重大的鬥爭,把文化革命一步步推向前進,作了長時間的準備,直到發動了轟轟烈烈的、向資產階級全面進攻的、億萬人民參加的無產階級文化大革命,一直挖進周揚一夥的老巢。"在"文革後",對姚文元所說的這些重大鬥爭的性質、意義我們已經作了完全不同的價值判斷與闡釋,此之謂"撥亂反正"。但無論從什麼角度來理解,有一點是明確的:這些"歷次重大的鬥爭"一步步推動了"文化大革命"。

　　在 1972 年之前,除了"革命樣板戲"外,創作基本處於無序狀態。我們通常所說的"八個樣板戲",多數作品在"文革"前便已創作,凝聚了一些藝術家、文學家的心血。在"京劇革命"的旗幟下,這些劇碼被重新改變,在內容和形式上都深刻地打上了"文化革命"的烙印,被奉爲"樣板戲",由此總結出來的"三突出"原則成爲清規戒律。1972 年新創作的《虹南作戰史》、《牛田洋》、《金光大道》等小說的出版,"文革文學"的話語建設進入了積極而有序的狀態。新創刊的和恢復出版的文學期刊爲主流文學的發展創造了條件。以"革命樣板戲"的創作經驗爲指導,按照主流意識形態的設計,"文革"開始形成自己的文學話語系統並且側重表現兩個方面:作爲歷史的"社會主義改造"和作爲現實的"無產階級文化大革命",兩者都是寫兩個階級、兩條道路、兩條路線的鬥爭,後者逐漸發展爲側重寫與"走資派"的鬥爭。這樣,主流意識形態話語的一部分就成爲"陰謀文藝"。《初春的早晨》、《金鐘長鳴》、《典型發言》、《只要主義真》等這方面的代表作,因此受到主流文學評論的重視。《虹南作戰史》、《牛田洋》與《初春的早晨》、《金鐘長鳴》等是"文革"主流意識形態話語的兩極,介於這兩者中間的作品是"文革文學"的基本方面。

知識份子重新獲得了寫作的權力,但是個人話語、知識份子話語並沒有獲得合法性;也就是說,知識份子的重新寫作,並不是由他們的"知識份子性"所決定的,而是他們在"同工農兵結合,爲工農兵服務"中被賦予了"階級性"。在主流文學話語的形成過程中創作者選擇了不同的創作姿態。

從發動"文革"到"四人幫"被粉碎,黨內外都有不同的聲音,反對和抵制"文革"極左思潮的聲音和力量一直在艱難生長著,黨的文藝政策也在 1975 年前後有過調整。這些作爲一種健康的力量,在局部多多少少改變了文化專制主義的面貌。當代作家思想之再生,儘管是那樣的艱難,但它開始孕育於作家與現實的衝突之中,孕育於作家的思想矛盾之中。巴金後來在《隨想錄》的寫作中曾經詳細敍述了他們這一代知識份子在"林彪事件"後思想覺醒的歷程。各種"地下沙龍"的出現是青年知識份子成爲思想者的民間形式。在這種相對自由的空間中,青年詩人們有了感情交流的機會，也有了聆聽心靈傾訴的可能。由《中國知青詩抄》可知散落在民間的詩人似乎更多。"黃皮書"和"灰皮書"這些異文化文本，不僅帶給他們全新的語言感覺，而且更爲重要的是有了可以依傍的思想文化資源。這樣，體制之外的寫作就出現了。思想之再生的不同方式決定了"文革"後期文學的不同走向。

　　值得注意的是，在有限的縫隙中出現了相對疏離主流意識形態的作品，"理念"與"生活"的衝突是這些作品的基本矛盾。我們必須強調這種疏離只是相對的。70年代初期批判極左思潮和70年代中期文藝政策調整所帶來的空間是有限的，對極左思潮的批判不久便夭折，文藝政策的調整也不是否定"文革"，文學創作者不可能在更廣泛的範圍內和更本質的問題上清算極左思潮對創作的影響，因此，那些相對疏離政治中心的話語也顯示出被主流意識形態話語鉗制的無可奈何。儘管這種疏離是相對的，但十分重要。

　　隨著知識份子思想的覺醒，和"文革"主流話語相對立、並且在不同程度上反對主流話語的民間話語（包括"地下文學"）開始出現。在相對自由的隨想空間中，由於文化背景和精神歷程的差異，民間話語的分層特徵是明顯的。在"地下文學"中，郭小川、穆旦、曾卓、牛漢、流沙河等人的詩歌，豐子愷的散文，食指、北島等青年詩人的詩作，以及在民間流傳的一些"手抄本"，都值得我們注意。當時公映的一些電影戲曲如《創業》、《海霞》、《三上桃峰》和《園丁之歌》等幾經挫折或在演出後再遭遇批判，顯示了文藝政策調整階段的特殊狀況。其中處於"潛流"狀態的一些創作（如"地下詩歌"）和思潮在浮出地表後，成了新時期文學的主潮之一。在"四五運動"中產生的"天安門詩歌"也在由"文革"到"新時期"的過渡中起到了特別的作用。

　　編選《"文革文學"大系》包含了我們對"文革文學"的這

些基本認識。大系共五卷十二冊：《小說卷》，《詩歌卷》，《散文報告文學卷》，《戲劇電影卷》及《史料卷》。以下是有關編選的幾點說明：

　　一、入選作品分爲公開發表出版與未公開發表出版兩類。凡公開發表出版的原則上以初版爲準。當時未公開發表出版的，一類是有影響的手抄本，進行甄別後入選那些爲文學界認可的、確定創作於"文革"時期的作品；一類是確證創作於當時但未傳抄，直到新時期公開發表出版的，如穆旦等人的詩，豐子愷的散文等。考慮到"文革文學"的特殊性，有代表性的"陰謀文藝"也應入選而不應作爲附錄處理。

　　二、作品的編排不以作品的內容分類，一律以作品發表出版的時間先後爲序，同一作者如入選多篇作品，則集中歸於同一名下，也以發表出版的時間先後爲序；當時未公開發表出版，但確證是"文革"期間的作品，收錄時也一律按創作時間的先後排序。

　　三、入選作品篇末均注明最初發表的報刊或出版的單位、時間，不能確定的則注明選自何處。原文有寫作時間的也照錄。

　　四、爲方便讀者瞭解相關背景，對部分作品以"編者按"的形式加了題解式的注釋。

　　五、按照"文革"時期的習慣，凡"語錄"均仍然以黑體排出；入選作品中的政治批判性文字以及涉及到的一些具體人名均不作技術處理。

　　六、長篇小說作存目處理。

　　作爲一個有深刻社會主義信仰的青年知識份子，我從 1990 年代初期開始關注"文革文學"及"文革"時期的思想文化，並在很長一段時間裡以此爲研究工作的重點。最初的想法在 1998 年完成的博士論文《"文革文學"研究》中有比較充分的表達，其後我自己對這個時期文學及思想文化的認識也有若干重要變化。重視文獻的收集與整理是我在一開始研究時就注意到的，學界一些朋友甚至認爲這是我的研究特色之一。但這樣的工作，於整個研究界都是剛剛起步。我一方面意識到中國當代文學學科的成熟與文獻的收集、整理和認識有關，一方面又感到當代文獻整理的困難。

　　大概從 1990 年代中期開始，我便著手"文革文學"的史料收集工作，和當時在《文匯報》筆會工作的蕭關鴻先生曾經有過多次討論，並形成書面計畫，但最終未能落實出版。到了 1999 年年底，突然接到中國社會科學院文學研究所陳駿濤教授的電話，約我編選 1966～1976 年史料輯之《文學作品集》，作爲《中國新文藝大系》之一種。陳先生是我非常尊敬的學者，多年對我提攜有加，能有這樣合作的機會我當然珍惜，而且此事與我的學術理想吻合。我只是詢問有無出版的可能，陳先生告訴我已和中國文聯出版社簽約。此後我開始了緊張的編選工作，因爲有前面的基礎，依據手上的索引，重新翻閱了 1966～1976 年間的文學期刊、重要作品集、報紙副刊以及"文革"後出版的相關書籍，仔細篩選了大約三百萬字的作品。當時跟我讀研究生的谷鵬，幾乎承擔了全部的複印工作，並坐了火車把一大包稿子北上送到北京。 —— 這套書最終還是沒有出版。因爲研究和教學的需要，前年我不得不向出版社要回稿子，幾經周折，拿回了一份排版後的列印稿。今年五月，我去臺灣參加作爲東吳大學中文系建系五十周年活動，文史哲出版社的彭正雄先生和政治大學中文系的張堂錡博士特地到住所看我，相談甚歡。說到他們不久前幫我出版的論文集《"文革"對"五四"及"現代文藝"的敘述與闡釋》，我又提及我曾經做過的"文革文學"作品的收集與整理工作，兩位先生認爲這是件有價值的工作，文史哲出版社可以出版。我回大陸後，即開始工作，在原有的基礎上，刪去了一部分作品而成小說、詩歌和散文報告文學卷，增加了戲曲電影及史料各一卷。隨我讀學位的博士生、碩士生利用暑假的時間幫我把書面文本轉成了電子文檔。

　　大系的編選是一項複雜而艱巨的工作，由於編者水準有限，又受資料限制，不免有失當之處，尚祈方家與讀者指正。如前所述，這項工作得到不少朋友的支援和幫助，在這套書即將付梓時，我要向陳駿濤先生，向關心和付出勞動的朋友們致謝，向彭正雄先生和張堂錡博士致謝。

2006 年 11 月於蘇州三槐堂

"文革文學" 大系
散文報告文學卷

總　目　錄

散文報告文學卷二
卷二　報告文學

"文革文學" 大系
散文報告文學卷
卷一　散文選

目　　錄

卷一　散文選

給毛主席的致敬信

北京市革命委員會

最最敬愛的偉大領袖毛主席：

在對黨內最大的走資本主義道路當權派的大鬥爭、大批判中，我們首都無產階級革命派懷著萬分激動的心情，向您，我們心中最紅最紅的紅太陽，報告一個振奮人心的喜訊：北京市革命委員會成立了！這是您的光輝思想的又一支響徹雲霄的凱歌！這是以您為代表的無產階級革命路線的又一偉大勝利！

在這無產階級革命派最盛大的節日裡，我們歡呼，我們歌唱，千萬顆紅心迸發出一個共同的聲音：毛主席萬歲！萬歲！萬萬歲！

毛主席啊，毛主席！當我們回顧我國革命的光輝歷程的時候，千言萬語傾訴不盡我們對您的無限忠誠，千歌萬曲表達不出我們對您的熱情歌頌，浩蕩的大海容納不下我們對您的無限崇敬和無限熱愛。

是您把馬克思列寧主義和工人運動結合起來，締造了偉大的中國共產黨，創造性地發展了馬克思列寧主義；是您點燃了井岡山上的星星之火，開闢了中國革命的勝利航程；是您指揮中國工農紅軍跨過萬水千山，實現了舉世聞名的兩萬五千里長征；是您在永垂史冊的遵義會議上，結束了"左"右傾機會主義路線在黨內的統治，奠定了中國革命的勝利基礎；是您在革命聖地延安，指引著抗日戰爭前進的方向；是您統帥浩浩蕩蕩的人民軍隊開進北京，爲古老的都城帶來了春天；是您在天安門廣場升起了第一面五星紅旗，締造了偉大的人民共和國。

在那漫長的戰鬥歲月裡，在那波瀾壯闊的革命征途中，您帶領我們戰勝了一個個的艱難險阻，闖過了一道道的驚濤駭浪，使災難深重的祖國從黑暗走向光明，像巨人一樣地出現在世界的東方，給世界人民帶來了勝利的希望，像一輪紅日噴薄而出，照亮了全世界無產階級和被壓迫民族的解放道路。

毛主席啊，毛主席！爲了保證社會主義的江山千秋萬代永不變色，您親自發動和領導了史無前例的無產階級文化大革命，率領我們開始了新的長征。

是您揭開了舊北京市委、市人委的黑幕，粉碎了隱藏在那裡的一小撮野心家復辟資本主義的黃粱美夢；是您親自決定廣播全國第一張馬列主義大字報，點燃了無產階級文化大革命的熊熊烈火；是您主持制定了《中國共產黨中央委員會關於無產階級文化大革命的決定》，宣告了資產階級反動路線的破產，撥正了無產階級文化大革命的航向；是您英明地發現和熱情地支持了威震世界的紅衛兵運動，在您的無產階級革命路線的指引下，紅衛兵小將們爲無產階級文化大革命創建了不朽的功勳；是您在北京檢閱了來自祖國五湖四海一千多萬文化革命大軍，成爲國際共產主義運動史上的偉大創舉；是您在北京發出了無產階級革命派大聯合，奪黨內一小撮走資本主義道路當權派的權的進軍令，把無產階級文化大革命推進到一個嶄新的階段；是您堅決支持無產階級革命派向黨內最大的走資本主義道路當權派發動總攻擊，吹響了無產階級文化大革命新的偉大戰役的進軍號。

　　這一幕幕激動人心的場面，這一幅幅驚心動魄的雄圖，描繪出無產階級文化大革命取得徹底勝利的燦爛前景，譜寫出您的光輝思想的頌歌，書寫著國際共產主義運動史上最雄壯的篇章，開創著人類歷史的新紀元。

　　敬愛的毛主席，您教導我們：“一個嶄新的社會制度要從舊制度的基地上建立起來，它就必須清除這個基地。”舊北京市委、市人委一小撮反革命修正主義分子在黨內最大的走資本主義道路當權派支持、包庇下，把北京市搞成“針插不進，水潑不進”的獨立王國，妄圖把北京變成在我國實行資本主義復辟的一個基地。十幾年來，他們瘋狂地進行反黨反社會主義反毛澤東思想的罪惡活動。目睹他們的滔天罪行，我們怎麼能不憤怒？！怎麼能不造反？！怎麼能不奪權？！我們懷著誓死保衛您，誓死保衛黨中央的決心，凝集起對階級敵人的深仇大恨，向舊北京市委、市人委反革命修正主義集團發動了猛烈攻勢。當我們剛剛打出第一發炮彈的時候，黨內最大的走資本主義道路當權派就拋出了資產階級反動路線，妄圖在我們偉大的首都扼殺偉大的無產階級文化大革命。為了捍衛您的光輝思想，為了捍衛您的無產階級革命路線，我們造了資產階級反動路線的反，揭出這條反動路線的炮製者中國的赫魯雪夫。在您的無產階級革命路線的指引下，我們衝破了重重阻力，掃清了層層障礙，斬釘截鐵，下定決心：堅決把舊北京市委、市人委的反革命修正主義路線徹底打倒！堅決對黨內最大的走資本主義道路當權派進行徹底的批判，把他扔到歷史垃圾堆！我們決心把對黨內頭號走資本主義道路當權派的批判同徹底摧毀舊北京市委、市人委反革命修正主義集團的鬥爭結合起來，同本單位的鬥、批、改結合起來，斬斷黨內頭號走資本主義道路當權派伸向各個領域的黑手！

　　敬愛的毛主席，您教導我們：“凡屬將要滅亡的反動勢力，總是要向革命勢力進行最後掙扎的”。黨內一小撮走資本主義道路當權派的心不死，妄圖翻案；他們不甘心於自己的失敗，進行反攻倒算，掀起了一股資本主義復辟的逆流。他們的總後台，就是黨內最大的走資本主義道路當權派。我們要牢記您的教導："宜將剩勇追窮寇，不可沽名學霸王。"高舉您的光輝思想的偉大紅旗，向黨內最大的走資本主義道路當權派發動總攻擊，把他所代表的資產階級反動路線和他精心炮製的大毒草《修養》批倒、批垮、批臭，把黨內一小撮走資本主義道路當權派鬥倒、鬥垮、鬥臭，徹底粉碎資本主義復辟的逆流，堅決完成您交給我們的一鬥、二批、三改的偉大歷史使命，堅決把無產階級文化大革命進行到底！

敬愛的毛主席："抓革命，促生產"是您提出來的偉大方針，我們一定要不折不扣地執行。我們一定要把革命放在首位，以革命統帥生產，狠抓革命，猛促生產，掀起一個多快好省地建設社會主義的新高潮，誓奪革命和生產的雙勝利！

敬愛的毛主席，我們堅決執行和捍衛您提出來的革命的"三結合"方針。我們要在徹底批判黨內最大的走資本主義道路當權派的戰鬥中，在徹底批判他在幹部問題上"打擊一大片，保護一小撮"的資產階級反動路線的過程中，促進無產階級革命派的大聯合，實現革命的"三結合"。我們要堅決粉碎黨內一小撮走資本主義道路當權派，偽裝"革命"，妄圖鑽進革命"三結合"的臨時權力機構，搞反革命復辟的陰謀。我們一定要奪好權、掌好權、用好權。

在無產階級和資產階級決戰的關鍵時刻，您向中國人民解放軍發出了應該積極支持左派廣大群眾的戰鬥號召。這是您對我們的最大關懷、最大支援。人民解放軍是您親手締造的、林彪同志直接領導的無產階級的革命軍隊，是無產階級專政的柱石。我們要堅決粉碎階級敵人把矛頭指向中國人民解放軍的陰謀。我們一定要好好向解放軍學習，和解放軍團結在一起，戰鬥在一起，大力加強無產階級專政，堅決鎮壓一切階級敵人的搗亂和破壞活動，把人民的首都建設得像磐石一樣的牢固，像鋼鐵一樣的堅強。

毛主席啊，毛主席！您是我們的最高統帥，您是我們最英明的舵手，我們永遠跟著您鬧革命，永遠跟著您在大風大浪裡奮勇前進！誰敢反對您，誰敢詆毀您的光輝思想，誰敢對抗您的無產階級革命路線，我們就造他的反，就把他打倒，叫他永世不得翻身！

敬愛的毛主席，我們向您宣誓：永遠讀您的書、聽您的話、照您的指示辦事，做您的好戰士。我們一定要把"老三篇"和《關於糾正黨內的錯誤思想》、《反對自由主義》等光輝著作當做座右銘來學，在靈魂深處開展破"私"立"公"的大革命、大奪頭腦中"私"字的權。我們一定遵循您的教導，邊戰鬥，邊整風。我們要大反無政府主義，徹底克服山頭主義、小團體主義、宗派主義、極端民主化、非組織觀念，加強無產階級的革命性、科學性和組織紀律性，建立無產階級的革命新秩序，鞏固無產階級革命派的大聯合，把我們的隊伍建設成一支非常無產階級化，非常戰鬥化的隊伍。

北京是偉大祖國的首都，是世界革命人民的希望和燈塔。在您的英明領導下，我們首都無產階級革命派信心百倍、鬥志昂揚，一定要把北京建設成永遠閃耀著毛澤東思想光輝的最紅最紅的無產階級革命的城市，建設成世界上反帝反修的社會主義紅色堡壘。

最最衷心地祝願您，我們心中最紅最紅的紅太陽萬壽無疆！萬壽無疆！

北京市革命委員會成立和慶祝大會

1967 年 4 月 20 日

（原載《人民日報》1967 年 4 月 21 日）

珍 珠 賦

謝　璞

　　芙蓉花開的日子，我和幾位同志訪問了浩瀚的洞庭湖。它是美麗富饒的魚米之鄉，又盛產珍珠。

　　古老的洞庭，由於歷代反動統治階級不加治理，洪水常常氾濫，原是"淼茫千里白"的地方。唐代詩人自居易曾經歎道："安得禹復生，為唐水官伯？手提倚天劍，重來親指畫。……龍宮變閭里，水府生禾麥。"但這只是詩人的幻想。在舊中國，洞庭湖到處是潰決堤垸的災難，只有滿湖的血淚，無盡的悲忿。就拿一九三五年來說，濱湖一帶潰決垸子一千三百多個，活活淹死了三萬七千五百多人，還有四百多萬人掙扎在污泥穢水裡，無家可歸。可是，古代的詩人，哪曾料到歷史的長河中，竟會湧現一個"六億神州盡舜堯"的偉大時代！在紅日照耀下，幾百萬洞庭人民揮舞"倚天劍"，指畫洞庭，整修了濱湖堤垸及湘、資二水入湖的洪道，完成了大通湖蓄洪工程，"龍宮"不僅變成了"閭里"，"水府"不僅能生"禾麥"，而且大量地生產了珍珠。

　　在一隻漁船上，我們大開了眼界。一個白髮蒼蒼的老漁民從艙裡捧出一握珍珠來，只見那顆顆珍珠，有大如羊奶子頭的，有小如紅豆的，光華奪目，瑩光熠熠鮮豔奪目。我們問每年可以收多少顆珍珠，老漁民笑道說："這裡的珍珠不是論顆數，而是論斤兩的。漢壽縣有個大隊，今年就可收珍珠一百一十多斤！"

　　珍珠是名貴的藥材和裝飾品。我國自古就有出產珍珠的盛名，合浦珠的採撈，從漢代就開始了，至今已有將近兩千年的歷史。但洞庭湖產珍珠，卻是近幾年的事。濱湖人民利用天然水源，精心養殖珍珠蚌，在很短的時間內，就摸索出了養殖的規律，獲得了優質高產。這是令人讚歎的奇蹟。然而，老漁民告訴我：洞庭湖還有更美的珍珠！

離開漁船，走上堤岸，只見千百條水渠，像彩帶似的，把無邊無際的田野，劃成棋盤似的整齊方塊。那沉甸甸的稻穀，像一壟壟金黃的珍珠；炸蕾吐絮的棉花，像一廂廂雪白的珍珠；婆娑起舞的蓮蓬，卻又像一盤盤碧綠的珍珠。那大大小小的河港湖泊，機帆船穿織如梭，平坦的長堤公路上，拖拉機往來不斷，到處是機聲隆隆，水暢人歡。今日洞庭，詩意盎然，彩筆難繪，簡直是一個用珍珠綴成的嶄新世界！

我們來到有名的白洋湖邊，坐上名叫“雙飛燕”的漁船，在比小河還寬的管道中緩緩前行。清水滔滔地流著，管道兩岸密密地栽種著千姿百態的綠樹，有香椿、泡桐、苦棗、白楊和擋浪柳。划行十幾里，進入白洋湖口子邊的衛星湖。這裡養了大量的魚，有鱅魚、青魚、草魚、麻姑蓮子魚、大鯉魚，還有來自武昌的花鱗甲的金鯉……

我正被這些魚群吸引著，突然前方傳來一陣清亮的歌聲：

手握珍珠喜盈盈，

千顆萬顆照洞庭；

好水一湖金不換，

幸福源頭在北京。

……

穿過一叢密密的垂柳，眼前頓時出現了一幅別緻的水彩畫。一望無際的蓮荷，花紅葉綠。一群穿著各色衣裳的姑娘，架著織布梭子形的採蓮船，一邊不停地採摘蓮蓬，一邊唱著笑著。

看到洞庭湖豐收的圖景和歡樂的人們，誰也想像不到，這裡,今年持續有一百二十多天沒有下雨,歷年防洪防汛的濱湖突然遭到了嚴重乾旱。可是濱湖人民為了祖國富強,千方百計戰勝了旱魔。就以南縣來說,全縣共出動了六萬多人,苦戰了半個多月,日日夜夜,爭分奪秒,築了五條壩,堵了四條河,實現了東水北調,北水南移,既挽留了長江經過洞庭湖的水,又把湖水抽上了內河,大旱之年奪得大豐收。我們讚美洞庭湖的珍珠,更要讚美這培殖珍珠的千千萬萬的濱湖人民,讚美他們戰天鬥地的革命精神。

正當我們返回的時候,天漸漸黑了。霎時間,四面八方,電燈明亮,就像萬千顆珍珠飛上了天!這排排串串的珍珠使天上銀河失色,叫滿湖碧水生輝。

誰猜得著,整個洞庭湖濱有多長的高壓電線?湖區向機械化、電氣化進軍,八百多萬畝土地上,已經修建了六千一百多個排灌站,一萬五千多處涵閘,使百分之七十的耕地實現了旱澇保收。聽說架設的高壓電線共有七千六百多華里長!

洞庭啊,洞庭!在你這裡,天上、地面、水下,處處閃耀著珍珠的異彩,你就是鑲嵌在我們偉大祖國土地上的一顆大珍珠!應該挑選天下最鮮豔的油彩,來描繪洞庭的珍珠,因為每一顆珍珠,都沐浴著生養萬物的雨露陽光,每一顆珍珠,都是洞庭碧波上開放的瑰麗花朵!

（原載《湖南日報》1972 年 11 月 26 日）

郎　家　坡

王　中　才

　　蜀東山高穀深，十二月又多雨天。我到方家梁去探望復員老戰士方秋生，正趕上下毛毛雨。那雨細細密密，如絲似麻，悄悄地下個沒完沒了。雨霧籠罩著群山，也不知山有多高，穀有多深。只感到我坐的汽車，像大海中的小船一樣，忽而躍上峰頂，窗外湧來一片雲海；忽而跌進川底，窗外又遮來漫天雨幕。這樣顛簸了足有半個上午，才在一個穀底小站停下來。我撐開雨傘下了車，只見公路像一條細流似的被兩邊的陡崖夾著，似乎除此再也無路可走。我問一個老人，方家梁在何處？老人指一指天說：「爬上這個坡，翻過那個山埡口就是囉！」

　　我順他手指的方向仰天望去，哪有什麼山埡口！眼前的綠山把雨絲染成了綠霧，綠霧上層是慢慢浮動的青灰色雲塊。只是透過雲縫露出一點淡白的天空，我想那就是山埡口了吧，便問：「這坡有多長啊？」

　　「這是郎家坡，上坡三十三，下坡五十五。」

　　「噢！」這實在叫我吃驚。汽車顛了半上午，我滿以為已經鑽進了深山，想不到這郎家坡還要深似一層。我雖沒見過方秋生，但看見這險峻的大山，對報紙上登載的他紮根深山艱苦奮鬥的事蹟，似乎有了更深的理解，怪不得首長叫我趁出差的機會去看看他。我興沖沖地踏上了郎家坡。坡路是石板鋪的，一級一級疊上去，彎彎曲曲，好像登天的雲梯。更喜人的是路兩旁茂密的竹林，竹竿粗細相雜，有的粗如碗口，有的細如筆桿，但都伸展著細長的枝葉，擠擠攮攮，爭相生長。細雨滋潤著竹林，像給每根竹子塗了一層釉彩，更添了一層翠綠。在茂密的竹林間，石板路更顯得幽深而狹窄，雨傘不時被竹子的枝葉掛住。我把傘蓋收小，雨滴又灑在我的腳面上、褲管上。我正被弄得沒辦法時，突然，從前面竹林深處隱隱約約傳來了渾厚的歌聲：

> 雨罩青山囉唻，
>
> 綠融融嗽唧囉；
>
> 挑起扁擔唧唧唻哐唻，
>
> 下山岡嗽唧哆……

歌聲漸漸近了，不一會兒，從小路彎處閃出一個人來。他個頭不高，戴著一頂顯得很大的竹斗笠，披著一架顯得很寬綽的蓑衣，肩上一根竹扁擔，挑了足有五六十個竹糞箕，高挽著的褲腿下露著一雙赤腳，登著雙草鞋。到跟前我才看清是一個三十五六歲的中年男子。臉清瘦，略顯突起的顴骨上浮著黑紅色，細眯的眼睛露著喜氣。兩個黑黑的腳杆不粗，但兩腳的腳趾卻展得很闊，像兩個鐵鍬頭。他看見了我，停住了腳步，眼角露出一絲不易被人注意的笑紋，問："同志，不是本地人吧！在這路上撐傘，竹枝椏可不饒你哩！"

"嗯，是東北來的。"我只好承認。

"來幹啥子？"

"看一個復員戰士，叫方秋生。你不知道？"

他急忙撂下肩上的擔子，雙手有力地抱住我的雙肩，細眯的眼睛睜得大大的，心裡的歡喜一下子都從眼裡洋溢出來。可只是一剎那，他又顯得平靜地說："我做得還很不好哩，首長是叫你來給我加油啊……"

這就是我要見的方秋生，可又不是我想像中的方秋生！記得首長給我講過，一九六三年，報上發表了毛主席"向雷鋒同志學習”的光輝題詞，這時方秋生在九連當五班長，他把毛主席題詞牢牢記在心裡。這年多天，九連進行長途奔襲演習，路過一個斷了橋的小河汊，因河裡冰層經不住人踩，部隊被攔阻在岸邊。這時方秋生馬上跑到附近村裡借來兩塊門板，跳到河裡，和幾個戰士一起，把兩塊門板的一頭分別搭在兩邊的岸上，用脊背頂起當中的結合部，搭起一座簡易小橋，被他踏碎的冰屑很快又凍成一塊，死死地咬住了他的雙腿，寒氣浸透了他的肌骨……這一年，他成了我們部隊第一個雷鋒式的好班長。每當我聽到這個故事時，總把他想像成一個身高力大的人。不然怎能用脊樑架起橋來！但站在我面前的竟是這樣一個清瘦的人！不知怎的，我心裡一陣強烈的震動，不覺收了雨傘，雙手緊緊地抱住了他披著蓑衣的肩頭，雨絲無聲地落在了我的臉上、身上……

　　這時，我背後有人喊了聲：“老方，你的腳杆就是閒不住，又幫我們送糞箕！”我隨聲望去，見喊話的是一個二十多歲的姑娘，她身後跟著五六個青年男女，都是戴著竹斗笠，扛著竹扁擔，正大步往上走來。

　　方秋生臉上一下子又變得笑悠悠的，他對我說：“這妹兒叫郎素琴，是副業組長，又是赤腳醫生，是一個滿厲害的妹兒！先叫她帶你到梁上。今天是公社的學習日，我去安排一下就轉來。”說完，他忙擔起糞箕，邊往下走邊喊：“琴妹兒，巧哩，我正要請你幫我擔呢！”當素琴當真伸手接他的擔子時，他猛一躲竄了過去，只一閃，便隱進了竹林中。逗得青年們一陣好笑。

　　等素琴走到我跟前，我笑著說：“秋生同志還愛開個玩笑啊！”

　　素琴說：“他是個革命的樂天派呢！要沒這點兒樂勁兒，鐵打的金剛也得趴下了！”說到這兒，她才想起問我是誰，我向她說明了來意，她又說：“噢，那你更該知道了，他八年前復員時，兩腿有嚴重的關節炎。那時，我們這上下八十八里郎家坡，是山禿河幹。他到了家，看到這種情況，不管自己啥子炎不炎，撂下背包就去找黨支部，說：'一個戰士，走到哪裡，哪裡就是自己戰鬥的陣地！'支部叫他當了青年突擊隊隊長，他帶頭鑿山石，壘大壩，到十里外挑土造地。挑土用的糞箕多，他就把組織上給他的醫療費拿出來，買了一百多副竹糞箕。後來他問大夥：'咱南方是長竹子的地方，為啥子不自己種竹編糞箕，偏偏去買？'有的說：'難哪，遍山是石頭，竹筍長不起。'他指指腳下的石板路，說："修咱郎家坡八十八里石板路難不難？可咱老一輩的貧下中農硬是修成了！咱把大石頭撬起壘壩，把小土星聯成片，竹筍不愁長不起！有了竹子，咱編竹器，搞副業，來個農副業大發展！"他這話說到大家心窩裡了，很快就動了起來。大家看得出，他每天流的汗比別人喝的水還多。這不只因為他搬的石頭大，搬得多，還因為他有關節炎。他是咬著牙根兒搬，那些汗一多半是疼出來的。每天幹完活，他的腿就直不起來了。有次他實在走不動了，就坐在地上鬆土。大家勸他歇歇，他笑笑說：'要在往常，你們不勸，我也要歇歇氣。眼下可不行！我們近幾年有天災，蘇修又趁咱在難處卡我們的脖子，我是憋不住這口氣呀！我就不信咱中國人能難得趴下起不來！'他這話說得大夥心裡發熱，都更加一個心眼要爭這口氣哩！就這樣，壩也壘成了，地也造好了，竹子也紮了根，翠生生的一片毛竹，一年一個樣兒，就像咱這生活似的，節節高！

"但第三年冬出了怪事，你知道，我們這地方很少落個雪屑兒。可有一夜卻偷偷地下了一場大雪。天亮出門一看，那雪還在下呢！雪團子像鴨子蛋那麼大，地下積了一尺多厚，老方門前有棵小腿粗的桉樹都叫樹葉上的雪壓斷了。大家想，糟了，那長了三年的毛竹不都得斷了嗎！人們招呼著都往毛竹林跑去。可跑到以後，都傻愣在那裡了：只見老方在毛竹林裡，拖著雙腿，一會兒搖搖這棵竹子，一會兒搖搖那棵竹子，哪棵竹葉上雪多就搖哪棵。一尺多厚的雪被他蹚出豎七橫八的深溝，可竹葉上卻只沾了一星點點雪花，棵棵毛竹都昂著頭，更顯得青翠喜人。老方見大家跑來了，指了指竹椏，扶著竹竿滑倒在雪地裡。大家急忙跑上去扶起他，才見他打著赤腳，穿著草鞋，半截褲腿灌滿了泥雪。隊裡派人抬擔架把他送到醫院，醫生說，他要再過度勞累，恐怕得癱瘓。那些日子，誰的心不掛在他的病上啊！六十多歲的潘老爹到處為他討偏方，自己配好了藥，跑了百十多里送到醫院，對他說：『生娃子，好生調養，莫急啊！往後的日子長著哩，你不能現在就倒了呀！』他笑著說：『老爹，莫怕嘛！毛竹長大了，我走不得路也有活幹啊！我坐著編糞箕、斗笠，還能編桌、椅、竹凳兒、竹席，那活多著哪！照樣能為咱社會主義出力啊！』公社黨委知道了這事，號召向他學習。這一來，郎家坡可熱火了，到處是撬石、鬆土、種竹子，這路兩旁的毛竹都是那時種的哩！你看，它們長得多神氣！多水靈！這都是因為老方用汗水澆出來的呢！”

雨還是不緊不慢地下。大家靜靜地聽著，都沒有說話。細碎的雨滴，灑上竹林，發出刷刷悅耳的聲音。素琴的話，也像這細雨灑上竹林的聲音一樣，使我神往。我想，這郎家坡的翠竹，這連綿的雨絲，也定會像這幾位年輕的社員一樣，對方秋生懷著深深的敬愛的感情吧！

停了會兒，素琴又說：“這病也是軟的欺，硬的怕，那麼重的關節炎就是整治不倒他這種樂觀人。在醫院不到兩個月，他就拄著根竹棍回了咱方家梁。可有的人粗粗魯魯，不久又把他的病搞重了。”說到這，素琴扭頭瞅了眼我身後的一個小夥子，那小夥子的臉馬上紅起來。他緊走兩步，對我說：“同志，你看這個琴妹兒的嘴就是不饒人，人家兩年前的辮子揪到現在還不放！”

原來這小夥子叫汪小貴，是個回鄉知識青年。他回鄉生產時，方秋生剛當了大隊支部書記。有天晚上方秋生去找他，說：

"小貴，你有文化，對改造咱這山窩窩要出把力啊！"小貴說："這石窩窩有啥子力可出嘛！"秋生說："咱只要按毛主席教咱的去做，艱苦奮鬥，石窩窩也能變成金窩窩哩！最近有好幾個和我一塊復員的老戰友來信說，他們那裡因地制宜，把旱地改成了水澆田，產量大增，咱為啥子不把那年造的旱地改成水澆田呢？"小貴說："山梁上哪來的水？"秋生說："這樣吧，你懂得天文地理，潘老爹有點老經驗，咱們三個人組成個找水小組，發動群眾找水吧！"就這樣，方秋生在七月日燒頭的天氣裡，拄著根竹棍棍，領著一老一少，把朗家坡跑個遍，到處找泉。他拄的竹棍棍一天天磨短了，就丟掉換根新的。也不知丟掉幾根竹棍棍，後來小貴乾脆給他做了根鐵皮包頭的竹棍，可還是沒找到泉。

入冬後的一天，潘老爹說："生娃子，我看梁後那小塊平坦地終年潮乎乎的，說不定有泉呢！"小貴也說："這是毛細現象，說明那裡地下水豐富。"秋生說："那咱三個先掘掘看！"他們在那裡掘到一米來深，那水咕嘟咕嘟地往上冒開了。潘老爹高興得跑回隊裡叫人，小貴樂得和方秋生一個勁地掘，水很快就漫到了膝蓋。那千年壓在地下的泉水，涼得紮骨，方秋生的膝關節怎受得了！等他痛得一下子跌坐在水裡，小貴才猛地想起他的病。小貴急得哭了，忙把秋生從水裡拖上來。這時郎素琴和一幫社員趕來了。素琴一見這光景，瞪著眼瞅著小貴，一連說了好幾聲："粗魯！粗粗魯魯！"一下子把小貴撥拉到旁邊，自己動手給方秋生按摩膝關節……

汪小貴滿委屈地說了事情的經過，轉臉對素琴說："你說我粗魯，你呢？你把老方鎖在屋裡，還派了幾個娃子站崗放哨，這就不算粗魯！"

這個"揭發"使我們都大笑起來，素琴也憋不住撲哧笑了，說："老方這人也真沒法治！現在當了郎家坡公社黨委書記了，他的兩個腳杆還是整天泥裡踩，水裡蹚，從沒離開咱的泥巴地。

這兩個月他在咱梁上蹲點，每到公社學習日，還硬要跑回去學習，別說像今天這樣的牛毛雨，就是下石頭也別想擋住他。每次回去，也不顧自己的腿有病，總要幫我們捎一擔糞箕送到供銷社。他就是這麼個人，他說，他那腿有個怪脾氣，一工作就來勁，一歇氣就鬆勁。這樣他還嫌自己做得少，最近他又動員大家整整他的風，弄得我們沒法子……"

　　說著不覺到了山埡口，我一下子像進了水晶世界！在我腳下，是半坡明汪汪的多水田，像無數塊不同形狀的鏡片，挨次鋪在郎家坡上。在山梁的一角，又是一片蔥蘢的竹林，枝椏間露出竹木結構的屋簷。林上的山崖旁，還搭了個竹亭，裡邊發出柴油機的響聲，從崖上伸下的長長的竹管內，隨著響聲，噴出白花花的山泉水。竹管旁，一個老漢在用鐵鍬整水堰。素琴告訴我，這老漢就是潘老爹，七十來歲了，還非要當管水員不可，老漢說："生娃子腿腳有病還挺著幹，我人老骨頭硬著哪，為啥子當不了管水員！"用竹管做輸水道就是他想的法子。我不禁讚歎道："呵，你們什麼都用竹子做啊！"

　　"用竹子做的東西多著哪！我們的柴油機、水泵都是賣竹器的錢買的呢！最近老方又說，還要買山地手扶拖拉機，往農業機械化的路上奔呢！還有，我們用竹做的桌子椅子都出口了，咱也為加強和各國人民的友誼出了把力！"素琴一連串的敘述，引得大家自豪地笑了。

　　笑聲未落，從身後竹林中又飛來了那渾厚的歌聲：

　　　跨過千山羅，

　　　和萬水嗽唧哆；

　　　不怕山高唧唧哚哇哚，

　　　和路遙嗽唧囉……

　　"呀，老方回來了！"大家說著，不約而同地跟著唱了起來。

　　我往山下望去，並不見方秋生上來，只有那渾厚的歌聲，一陣近似一陣。聽著這歌，望著我面前一溜直下的郎家坡，望著雨罩雲裏的層層竹林，我又想起了方秋生那竹斗笠下清瘦的臉，那略顯突起的顴骨，那總像露著喜氣的細眯的雙眼，那穿著草鞋的像鐵鍬頭似的大腳。他就在這重重疊疊的竹林中，和著竹林的鳴響唱著歌，他和竹林融爲一體了。他不正像這竹林中一棵挺拔的翠竹嗎！不管風霜雨雪，都挺身昂首，保持著旺盛的青春，不斷地成長、前進，把自己的一切都獻給了這八十八里郎家坡，獻給了我們的黨，獻給了祖國和人民。啊，方秋生就在翠綠翠綠的萬頃竹林中，我不由得將手攏在嘴邊，高聲喊道："方秋生同志—"聲音蕩開去，群山呼應著，雨雲呼應著，竹林呼應著……

（原載《解放軍文藝》1973 年第 2 期）

普布糴西的戰友們

凌　行　正

　　沿著年楚河的一條支流溯源而上，就進入了岡底斯山脈的甲拉山區。在這千山萬壑中，有一個大漫坡的山頭上，矗立著一幢用草坯壘起來的塔式房子，在藍晶晶的天幕映襯下，房頂上的天窗飄出嫋嫋青煙；它的一旁，支著黑色和白色的帳篷，另一旁是兩個連在一起的棚圈；四周的大山上，散放著靜靜吃草的犛牛，不時傳來清脆的鞭響和高亢的牧歌……這裡，就是"愛民模範"普布糴西同志生前所在放牧班的夏季牧場 — 多麼遙遠、多麼高峻的牧場啊！

　　這個遠離連隊的放牧班，大多數是藏族戰士。他們頂風來，冒雨去，長年累月戰鬥在這高原的高原上，十多年來，普布糴西那面"愛民模範"旗幟，像一團不滅的火焰，一直在風雪高原上飄揚。這些天來，放牧班顯得分外忙碌，剛剛歡迎了新補來的漢族戰士彭洪舉，又準備歡送老班長成多下山回連去。大家又是高興，又是難捨，弄得整個放牧班都不平靜了！

　　誰能捨得班長成多離開啊！這個翻身農奴出身的共產黨員，雖然不像一般藏族戰士那樣長得高大粗壯，但他精悍、結實，笑眯眯的黑紅色臉膛上，總是流露出一股剛毅勁兒。他腰帶上掖著一條"烏爾尕"[1]，掛著一個"凱不修"[2]，平日，他不是教戰

---

1 烏爾尕，放牧用的擲石器，形如鞭子。
2 凱不修，藏族戰士用的針線包。

士們如何放牧，就是抽空兒組織大家練習射擊，連放牧時還教班裡練投彈；再不就到山下村子裡幫群眾幹活兒，從來不知道什麼叫累。連隊黨支部放心地把一班人交給了他，把兩百多頭犛牛交給了他，把"愛民模範"這面紅旗交給了他。戰士們都親熱地喊他"老班長"，附近的群眾稱呼他是"普布紮西的戰友"。連裡幾次要把他調下山來，他總是說："爲了走普布紮西沒走完的路，我願在放牧班幹一輩子！"這一回，他看來再也"拖"不過去了。每天晚上放牧回來，就躺在被山風吹得呼呼響的帳篷裡，盤算著還應該向接任的班長交代些什麼？怎麼繼續走普布紮西沒有走完的路……正巧這時，補來了新戰士小彭。

　　小彭來自四川盆地，是個胖墩墩的小夥子。長得粗手大腳，一看就知道在家裡是把勞動好手。可是，當他背著背包，順著犛牛踩過的小道，爬上這高山牧場時，他放下背包，氣喘吁吁地說："幹啥子把牧場搞到大山頂上噢？？山底下沒有草咋的？"班長成多笑著沒說什麼，端過去一碗滾熱的酥油茶，小彭接過剛挨到嘴邊，皺了下眉頭，又把碗送還給成多，自己擰開水壺，咕嚕咕嚕喝了幾口冷水。這時，晚霞映紅了山坡，戰士們吹著口哨，甩響"烏爾尕"，從各個山頭趕著犛牛回來了。一群群母牛和小牛被分別趕進了兩個棚圈，一大群公牛和犏牛就在帳篷附近草灘上，舔著戰士們撒的鹽巴。有頭黑褐色大公牛，搖動著兩支尖犄角上的紅穗穗，甩著毛茸茸的尾巴，鼓著眼睛，哞哞叫著，衝著小彭走過來。"嘿，它要幹啥子？"小彭怯生生地躲在成多的背後。在場的老戰士們都笑起來。成多卻不慌不忙地在一個小口袋裡抓出把鹽巴，塞到犛牛嘴裡，大公牛滿意地舔著舌頭，搖搖晃晃地走開了。這一切，引起了成多的深思。晚上，他叫送小彭上山的文書給連裡帶回一張紙條："……我請求在班裡再多呆幾天。"

　　第二天清早，小彭被咯咯咯的野雞叫聲驚醒了。睜眼一看，帳篷裡已空無一人，皮大衣和氈墊都整整齊齊疊好了。他趕緊穿好衣服，走出帳篷，一股涼爽的清新的空氣迎面撲來。好安逸啊！只見東邊山峰上彩霞萬道，幾片橘紅色的薄雲被朝陽燃燒得耀眼透亮，整個大漫坡上，一半是彎彎曲曲的山峰的投影，一半被陽光塗染得金黃。明暗相襯，十分好看。遠方，層巒疊嶂，天高雲低，深邃遼闊……這時，傳來了姆姆的牛叫聲，呵，班長他們都在牛圈裡啊！小彭跑過去，只見班長成多披著滿身霞光，提著木桶，挎著裝鹽巴的牛毛口袋，和戰士們一塊正忙著擠牛奶。他在圍著小牛的棚圈裡放出一頭小花牛，小花牛歡蹦著衝進母牛的棚圈，急切切地在幾十頭母牛中間尋找自己的"阿媽"。它一下子就找到了；等它吃了幾口奶，班長成多就把它拉開，拴在一條牛毛繩上，然後給母牛吃點鹽巴，悄悄拴住它的兩個前蹄，就往木桶裡擠起奶來……小彭看得出神，眼睛一眨也不眨，在心裡連連稱讚著："班長真不簡單啊！"

　　擠完了牛奶，戰士們全副武裝，列隊在草灘上，開始了射擊訓練。多麼特殊的訓練啊 —— 他們先在地上臥倒，練了一會兒瞄準，然後，抬出一個畫有狼頭的靶子，立在遠處。只聽班長成多喊著口令："預備 ——"戰士們迅速躍起，把自動槍背在身後，取下腰間的"烏爾尕"，按上石頭子，"放！"一陣叭叭叭的連珠響聲，石子呼嘯而去，劈裡吧啦地打在狼頭靶子上。小彭一邊鼓掌叫好，一邊不解地問："班長，練這幹啥子嗎？"成多把手中的"烏爾尕"遞給他，說："你也要學這個。用鋼槍瞄準敵人的腦袋，用這個瞄準野狼的眼睛！"

　　吃完早飯，有的去站崗，有的打酥油，有的縫補牛毛口袋，其餘的都背上槍，揣上書，趕著牛群上山了。小彭要求也跟著去放牧，成多說："咱倆一塊到後山去。"他往口袋裡揣了幾個小本本，領著小彭順著大漫坡往上走。小彭比成多又高又壯，可是一爬坡，兩條腿直打飄飄，像踩在棉花上，光使勁走不快。而班長成多，噌噌噌地一躥就是老遠。他不時回過頭，笑著喊：“小彭！加油 ── 唦³！”小彭心裡又浮現出那個問題：“爲啥子把牧場搞到大山頂上噢？……”到底他年輕，憋足兩口氣，終於翻過了大漫坡。待下到半山腰時，成多說：“咱們在這坐會兒，看你氣都喘不上來了。”

他倆緊挨著坐在一塊大石頭上，四周是閃著露珠的野花和青草。成多從口袋裡掏出一本小冊子，翻開第一頁，出現一幅英武的戰士的肖像，成多問道：“你認識這是誰嗎？”小彭搖搖頭。成多臉上充滿了崇敬的表情，深沉地說：“這就是咱們的老班長普布紮西同志！”小彭趕緊接過小冊子，深情地看著普布紮西的遺像，成多又指著對面一個土質有些發紅的高峻山頭，繼續說道：“那一年，普布紮西爲了尋找翻身農奴丟失的羊子，什麼危險也不怕，什麼苦也能吃，他爬上那個紅山頭，在懸崖峭壁上把鄉親們的羊子一個一個地救了出來。這時，天快黑了，他一腳踩在蓋著浮土的冰岩上，摔下了冰川！……”小彭盯著對面的白雲繚繞的紅山頭，兩眼沁出了淚花。成多又指著山下的村落，說：“這就叫椏村。這裡的翻身農奴，哪一戶沒燒過普布紮西砍的柴？哪一家沒喝過他背的水？哪個人沒聽過他讀《爲人民服務》……”說著，成多又從口袋裡掏出好幾個小本子，這些本子的封皮都磨爛了，紙頁都發黃了，上面密密麻麻地寫著藏文，記著許多數目字。他翻著本子說：“這些年，咱們放牧班就一個決心，在黨的領導下，舉英雄的旗，走英雄的路。你看，都在這上記著哩，當然囉，比起英雄普布紮西，我們做得太少太少了，往後，你就接著往下記吧……”

沒等小彭回答，山腳下飄來一陣悠揚的山歌：

　　亞瑪山立在草原上，

---

3 唦：藏語，快的意思。

那是英雄普布紮西在站崗；

白雲繚繞著亞瑪山，

那是普布紮西的戰友在放牧牛羊；

……

　　隨著歌聲，上來一群鄉親們。七十六歲的老爺爺包班多拄著棍子上來了。翻身農奴達娃頓珠領著他的女兒瓊吉上來了，向陽公社的生產隊長頓珠和尼瑪也上來了，跑在最前面的是一群戴著紅領巾的孩子們。他們發現了成多和小彭，一下子圍了過來。頓珠隊長喘息未定，就說："成多啦，聽說你要調走，村子裡人都要來送你……"包班多老爺爺捋著鬍鬚說："成多啦，往後你可要常來看我。"達娃頓珠和他女兒瓊吉也熱淚盈眶地說："成多啦，你真的要走嗎？……"幾個小孩子乾脆把他抱住不讓他走……

　　小彭看著這親如一家的情景，很受感動，看他們和班長多麼親熱啊！……是啊，小彭，你這個剛上山的新戰士怎會知道，放牧班的同志們──這些普布紮西的戰友們，和當地群眾同甘共苦的年年月月啊！這是那些發黃的小本子怎麼記也記不完的啊……

　　──這位穿著裁絨領新棉襖的包班多老爺爺，十七歲給領主抬石頭時砸傷了腿。民主改革後，他在互助組裡積極參加勞動。當年普布紮西就住在他家，常說："爺爺啦，你真好！這麼大年紀，腿又不好，還給互助組放羊，為集體不怕苦哇！"經常給他砍柴背水，讀毛主席著作。普布紮西犧牲後，放牧班同志接過了班，終年不斷給阿爸砍柴、背水、讀毛主席著作、講國內外大好形勢……去年秋天，一場大雨引起山洪暴發，眼看洪水要衝破堤壩，威脅著快成熟的青稞，看守青稞地的包班多老爺爺急得直跺腳，這時成多和副指導員才旺趕到了，他們跳進洪水，用身體堵住缺口，爭取了時間。包班多看著成多被石頭砸傷的腿，千言萬語湧上心頭，感動得說不出話來……這年冬季又遇到一場暴風雪,草山被蓋得嚴嚴的,河溝都封凍了。包班多老爺爺拄著棍子連夜趕到放牧班,說:"犛牛在冬天喝不上水,小腸子乾了,就要死的!在拉宗山溝還有眼不凍泉,快把牛群趕去吧!"從那以後,放牧班就有了冬季牧場……

—— 那個站在達娃頓珠阿爸身後的姑娘瓊吉,當年普布紮西也在她家住過,那時,她才三歲!以後,成多每次到村裡來宣傳毛澤東思想和黨的政策,就住在她家,不管白天多勞累,晚上總要在酥油燈下教瓊吉讀書認字,走時還留下課本。現在,瓊吉已經能用藏文寫信了……

—— 生產隊長頓珠和尼瑪,過去都見過普布紮西,以後又都是放牧班的戰友。他們生產隊和另一個生產隊,有個共用的草山,山上長著一種叫"吉吉"的草,可以搓繩做鞋子。可是,隊裡有個壞人私自割草出賣,因此兩個隊鬧了不團結,有人就吵著要分山、分牛圈。成多和幾個同志知道後就進村來瞭解情況,和兩個隊的領導商議,開辦學習班,宣傳黨的"九大"團結勝利路線,批判了那個肇事的壞人,兩個隊又親密地團結起來了。在這基礎上,成多又幫助他們組織起民兵,經常和他們一起練武……

這樣的故事,真像天上的星星,多得難以講完啊!這時,就聽班長成多說:"鄉親們不要送我了,我現在還不走;就是走了,也是說來就來啊。 —— 小彭,這是……"成多把鄉親們一一介紹給小彭,小彭又是敬禮,又是握手,一時不知說啥好。包班多老爺爺摸著他的手說:"這兒離你家太遠了,山太高了……"成多笑著說:"是啊,小彭昨天一上山就說,為什麼把牧場放到大山上啊?"小彭聽班長開他的玩笑,臉一下子紅了。誰知包班多老爺爺說:"對,對,我早就有意見了。成多啦,該把牧場搬下去,我跟你說過多少遍了!"成多搖了搖頭。隊長頓珠卻笑著說:"小彭同志,人們也喊我是普布紮西的戰友,所以呦,我說起話來,也就是放牧班的人了!這牧場放在大山上,是怕犛牛糟害生產隊溝裡的青稞呀！這也是放牧班愛民的實際行動啊。"

　　小彭這才恍然大悟，又自豪，又羞慚。隊長頓珠繼續說道：
"成多他們說，要走普布紮西沒走完的路，就不怕出它一身汗，
磨破一雙腳！成多啦，還有一句話是怎麼說的了？"

　　成多凝視著白雲悠悠的紅山頭，像自言自語似地說道："要
愛民，就要艱苦奮鬥；只有艱苦奮鬥，才能更好的愛民！"

　　小彭的早已起伏不平的心海，又掀起一朵朵浪花。他雙手捧
著那幾個本子，走到成多面前說："班長，你放心！我和全班同
志一定繼續寫下去，寫下去！"

（原載《解放軍文藝》1973 年第 9 期）

鋼城氣象新

建功　尹士　廷蘭

鋼花，從來沒有今天這樣燦爛，爐火，從來沒有今天這樣熾熱。在歡慶十大的日子裡，十里鋼城，萬紫千紅，絢麗多彩，猶如一夜春風，吹得百花齊開。

看，隨著那瞬息萬變的爐火，高插入雲的百米煙囪，噴吐著五顏六色的雲煙，猶如飽蘸各種顏料的畫筆，以藍天作紙，不停地揮灑著一幅幅奪鋼戰圖。從鐵流滾滾的高爐，到火龍飛舞的軋鋼機旁，從激戰的爐前，到繁忙的建設工地，工人們正以抓革命促生產的實際行動慶祝十大。

東升的朝陽，把一縷縷金色的陽光照射在先鋒號平爐上。這裡，鋼釺揮舞，爐火正旺。爐頂大樑上，剛剛刷上的"爭分奪秒搞快煉，再創成績慶十大"的巨幅標語，在陽光和爐火的輝映下，更加璀璨奪目。

共產黨員、爐長趙大剛這幾天守爐餐，伴爐眠，帶領全爐同志多次試煉，提前三小時煉出了高強度優質鋼。他正要用吹氧、強化冶煉的方法，再縮短冶煉時間，可是制氧機要檢修，沒有氧氣了。

怎麼辦？趙大剛胸一挺說："咱們多出力，多流汗，用壓縮空氣幹，再創成績慶十大！"

"對！十大號召我們抓革命，保生產，把各項工作做得更好，我們就是要不怕苦，不怕累，千方百計爭上游！"先鋒號平爐的工人異口同聲地說。

　　大夥說幹就幹，身不離爐，眼不離火，細察看，勤放渣。渣放了三滿罐，再也沒地方放了。趙大剛袖子一挽說："我們再辛苦點，搞人工清渣，一定要多煉鋼鐵，把社會主義江山鑄得更牢！"

　　不等趙大剛把話說完，工人們就扒開了爐門。"嘩"的一聲，紅渣像火山一樣，直往外淌。剎時，爐前一片火海。水龍一澆，蒸氣瀰漫，熱浪滾滾。煙濤裡，熱浪中，只見釺鍬起落，嚓嚓作響，一個個像從汗水裡撈出來的，誰也顧不得擦一下。一會兒，那兩座火紅的渣山就在工人手中消失了。趙大剛和工人們又在爐前架起了兩根出水蛟龍似的風管，爐內的鋼水被壓縮空氣攪得上下翻騰，向爐外噴射著一串串火花。他們仍然步步緊逼爐門，抱著風管向前衝。

　　當金色的鋼流從爐內奔瀉而出時，廣播裡傳來了先鋒號平爐的工人創造了這座平爐投產以來最高紀錄的捷報。

　　飛濺的鋼花，比節日的焰火燦爛，比傍晚的彩霞火紅，它把鋼鐵工人映照得英姿勃勃，紅光閃閃。

　　鋼鐵產量在不斷上升。但工人階級並不滿足已有的成績。在他們那寬闊的胸膛裡，裝著整個共產主義的思想！按照十大"使我國社會主義經濟有一個更大的發展"的藍圖，他們有著遠大的目標。就在離鋼廠不遠的地方，一些新的廠房正在加速興建。

　　在繁忙的鋼廠建設工地上，那拔地而起的組合抱杆，像三根擎天巨柱，支撐著整個天宇。一幅大紅標語垂掛而下："團結勝利的黨的第十次全國代表大會萬歲！"

　　就在十大召開前夕，這座新型煉鋼廠開始動工了。它有十根巨型立柱，長二十五米，重六十噸，塔式吊吊不動，坦克吊拉不起。這些龐然大物，像幾隻斑斕大虎，威威赫赫地卡在建設者前進的道路上。

就在這個時候,傳來了黨的十大勝利召開的喜訊。毛主席視察武鋼時,曾見到過毛主席的老起重工華向明學習了十大檔,心潮似江濤翻騰,他激動地對幾個老起重工說:"同志們!十大檔指出:要充分發揮文大群眾的幹勁、智慧和創造性。毛主席一向關心、信任群眾,大家還記得一九五八年毛主席到我們鋼廠視察的情景嗎?"

幾句話,把大夥的心都激動了。

誰能忘記那終生最幸福的時刻啊!那一天,毛主席站在高爐上向工人們頻頻招手,歡樂的人群似潮湧,張張笑臉像金葵,人人心中立誓言:緊跟毛主席向前進!回憶毛主席的視察,讀著毛主席親自主持召開的十大的文件,華向明和大夥激動地說:"我們絕不辜負毛主席和黨中央的期望。我們一定能打垮前進道路上大大小小的攔路虎!"

工人們的智慧和力量如噴泉般地奔瀉出來了。他們批判了林賊散佈的反動"天才論",發動群眾,群策群力,用火一般的革命熱情送走了一個個喧騰的夜晚,迎來了一個個戰鬥的黎明,夜以繼日,反覆試驗,終於攻破了用組合抱杆超負荷吊裝的難關。

你看,現在華向明站在指揮部位上,颯颯晨風,吹拂著他敞開的衣襟,縷縷晨光,照射著他紅銅般的面龐。他手中的小旗一揮,那塔式吊吊不動、坦克吊拉不動的龐然大物,就被輕輕地拉起來,向上,向上,安全、準確地落在柱基上了。

"毛主席萬歲!"雄渾的歡呼聲,報捷的鑼鼓聲,出鋼的鐘聲,響亮的汽笛聲,匯成了氣勢宏偉的大合唱,它讚揚著工人們的幹勁、智慧和創造性。有了這種幹勁、智慧和創造性,還有什麼高峰不可攀登呢?

關鍵問題突破了,各項工作都前進了。轉眼功夫,梁架已經安好了幾根。

突然,幾朵電焊火花濺落下來。一個電焊工騎在高高的梁架上，好威武！好壯觀！看樣子，不是五六級焊工，是幹不了這活兒的。可是，打開面罩，露出來的卻是一張帶著孩子氣的女娃娃臉！

　　工人們說："這丫頭人小志大，前幾天，她還只能爬到五十多米的高空。學了十大文件，她倔強地在小組會上說：'你們把梁架吊多高，我也就飛多高！按照十大描繪的藍圖，把我們社會主義江山建設得更加美好！'"一散會，她就到工棚裡去踩晃板，累得汗淋淋的，一綹綹瀏海都貼在額頭上。她是在練飛哩！

　　啊！在十大精神鼓舞下，從先鋒號平爐，到鋼鐵建設工地，從老一輩工人到年輕一代，工人階級對黨、對毛主席的無限的熱愛，像火山一樣迸發出來。

　　看，又一爐鋼水奔瀉而出。紅流滾滾，一團團紫紅色的雲霧，騰空而起，金光四射，紅光滿城，彷彿要照亮整個世界！

　　　　　　　　　（原載《光明日報》1973 年 10 月 21 日）

雅幹錫力日記

李 大 同

雅於錫力，嘎查。係蒙古語，意爲粉色丘陵。1958年建立公私合營巴彥德力格爾牧場時爲分場，因駐地的丘陵土質髮粉紅色，故名。係沙漠地帶。 —— 《地名志》

1973年5月27日

去年夏天放開後一直沒騎的青馬，彷彿又成了龍。一個馬倌撒了杆子，另一個馬倌被拽下馬去，新袍子扯了個稀爛。最後三根馬杆從三個方向勒住，一直勒得這畜生躺倒在地，才勉強給它戴上籠頭。幾個馬倌團團坐在地上抽起煙，仍然抹著汗，氣喘吁吁的。我們聊起7月中旬將要召開的查幹淖爾公社那達慕大會，講到賽馬時，那次格打量了一番青馬說："要說真是匹好馬，就是太不老實……" "哼！"烏日根大隊的道爾吉發出不屑的鼻音："你們雅幹錫力的破沙窩子裡能出什麼正經馬？！還想在那達慕上出風頭，別做夢啦！"那次格和嘎那無可奈何地笑了笑："那倒是。好馬是有，可能是不會拴……"道爾吉豎起馬杆翻上馬，回頭叫道："要說前幾名，還得看我們的！"得意得蒜頭鼻子也紅了。"嘎那，咱們的馬真沒有跑得好的？"我忍不住問。"沒辦法，"嘎那聳了聳肩，"最好的一次是1963年，老龍德格拴的一匹白馬，那達慕上跑了個28名，打那以後連牌子也沒得到過！"我啞口無言了。龍怪（怪：對人，尤其是年長者的尊稱）是四十幾年的老馬倌了！他拴的馬不行，別人？……

1973 年 5 月 28 日

好個清晨！沒有一絲風，一層淡淡的白霧在陽光的驅趕下迅速地向遠方馳散。地上才長出一寸多長的青草，吸吮著露水拼命向上躥長。睡過漫長的多天，又到它們出頭的日子了。這會兒剛剛 5 點，比我們早起的女生們已經擠完十來頭乳牛的奶，穿著沾滿奶嘎巴的大花袍子在那兒掃牛圈呢。D 提著兩桶滿滿的牛奶從我旁邊經過時，甚至得意地"哼"了一聲。

早就躥出包的 A 站在南邊大沙丘頂上"嘿 —— 西"地吆喝著，我拎上籠頭，也衝上沙丘。青馬正在下面。我們走到它身邊，青馬原地打了兩轉，高高地昂著頭，脖子微微向後隆起，削竹似的耳朵靈活地前後轉動著，前胸足足兩拳寬，兩塊強健的胸肌向前凸出；背部的線條從又高又斜的肩胛上向後延展，到了腰部柔和地向下一彎，又很自然地挑了起來；往後展開，又勾出一個斜長的尻……總之，全身的結構是多麼苗條、和諧、對稱，外加剛韌。四條腿就更不用說了，兩條前腿箭一樣筆直地釘在地上，後腿卻像弓那樣彎曲，又緊繃繃的，給人一種隨時都能射出去的感覺。它四歲那年就曾一天疾行 300 多里，牽著的空身馬都趴蛋，於是老鄉都叫它爲"幹青包勒"，意思是獨一無二的青馬。唉，青馬啊，青馬。要不是你那單眼皮的石油色大眼睛閃露出"只要你過來，我就敢踢你"的壞眼光，簡直可以說是十全十美了。剛把籠頭送向它的臉旁，它的屁股就忽地轉過來了。四年來，作爲我的坐騎，我深知它的習性，不願帶籠頭還行？！

把馬牽回來拴好，我們鑽進了女生包。茶早就燒好了，桌上擺好了大盤的奶食，外加一疊草原牌"三明治"。誰知道"三明治"是宗什麼東西？我們這兒的反正是乾餅卷奶油。奶茶真香啊！喝得渾身冒汗。要知道，草原上的人們，精神全靠這點茶來維持。缺了茶，我是哈欠連天。A 更可怕，不喝茶就耳朵眼兒裡面疼，千奇百怪，什麼都有。喝完茶，先檢查鞍子：肚帶、掛肚

帶的皮條……完全合格。弄不好人摔一下沒關係，要是把我這盤
精緻的花費了許多心血的銀鞍子踢碎了，我可就真不活了！

　　這馬每年第一次騎總是有些可怕。嗯，轡鞍子還挺老實。我
牽著它繞將起來，一般每年的第一次，緊好肚帶後繞兩圈，它就
會撅起尾巴屙一泡屎。那時就只管放心上馬，保證不尥。今天可
真有點鬧不機密了！青馬死活就是夾著尾巴不屙，更使人發顫的
是耳朵也向後背著。幾位女生端著碗，靠著包，興災樂禍地叫著：
"哈哈，不屙！肯定尥！把你摔個半死，誰叫你昨晚不圈牛！"
真的，昨晚只顧弄馬，牛也忘了圈。我狠狠地看了她們一眼，在
奚落聲中把青馬猛地揪了過來，"刷"地紉進左鐙，馬一聲怪叫，
前腿直立起來。好騎術！我一定是以一個異常迅速的動作翻上去
了，它前腿還在騰空，我已經穩穩地坐在鞍子上了。馬只是轉圈，
蹦跳著，沒尥！咦，幾位女將的怪叫怎麼也聽不見了？唔，一定
是嚇住了。我兩腳磕了一下馬肚子，它猛地躥向前，到水淖邊又
"騰"地戳住，就在我差點兒失去平衡時，覺出馬背一弓，身後
"撲撲"兩聲。哈哈！牽你不屙，倒是給騎出來了。

　　躍過小河，飛過山崗，微風拂面，身輕似燕。啊呀！上帝，
眼鏡要帶不住了！

　　1973 年 6 月 1 日

　　今天是兒童節，總場的小學生們要演出文藝節目，還有小摔
跤手的表演，最後再組織一次小型賽馬。A 竭力鼓動我去參加賽
馬："去吧！光有個好馬名有什麼用，總得讓國際公認嘛！"我
忐忑不安地打量青馬："夠嗆吧！剛抓來三天，肚子才下去一
點……"A 的頭一歪，眼露嗔色："參加，必須去！""好，不
管名次，試試。"我勉強下了決心。10 點鐘，轡上鞍子緩緩向牧
場走去。

　　摔跤進入決賽後，我隨著賽馬的隊伍往放馬地出發了。暗暗
一數，有 20 多匹，最精神的還是公其格的紅馬。它拼命搶著步子，

亂蹦亂跳，真不愧雅幹錫力公認的長跑好馬。門吉爾的 "呼倫"
不緊不慢地小顛著，長長的睫毛覆蓋在眼簾上，他媽的，挺安詳，
好像今天的第一肯定是它的了。本場別的馬，天曉得！看著都像
龍，安知不是蟲！"喂 —— 李，你的青馬今天行嗎？" 公其格臉
色紅得發紫，讓他的馬走著 "之" 字。"嗨，我這破馬，湊個熱
鬧，撿你們的馬糞唄！" "哈哈哈……！" 一陣得意的大笑。這
人，高帽子戴得挺舒服，可氣！

　　到地方了，距離大約是 30 里。背著馬跑的方向，大家一字
排開，聽到那聲嘶力竭的號令："臺布拉 —— ！（放開跑吧）"
再也來不及想什麼了，我拼命拽過馬頭，"啪" 地打下一鞭……
周圍一陣震耳欲聾的馬蹄聲，霎時間煙塵瀰漫，前面的馬蹄撩起
的土塊不時迎面飛來，我擺動著馬韁躲閃著。頭一次參加賽馬，
簡直是頭腦發漲、眼目昏花，我只覺出自己並不落後。前面的騎
手頻頻扭頭看我，表情似得意似緊張。"不能光看我的臉呀，還
得讓他們觀察得更全面些，讓他們看看我的後背！" 好一個大加
速！兩個騎手的白頭巾一閃而過……已經快到了，終點的大樑上
擠滿了黑壓壓的人群。這時，我離領先的兩匹馬也只差兩個馬身
的距離啦。就在我想撈個第一的奢望越發膨脹的時候，忽然覺得
青馬的腿好像發軟，馬身有些晃動。霎時一陣憐憫湧上心頭：騎
了三天，又拴了兩夜，怎麼能怪它呢？我的馬喲，呼勒黑(可憐)！

　　紅馬領先躥過終點，我緊跟著門吉爾的 "呼倫" 也衝進了場
部。公其格想對觀眾摘帽致禮，可惜沒拿穩，"忽" 的一陣風，
帽子向後飛去，人們看著他的禿頭大笑起來。Ａ騎馬迎上來："滿
好，簡直是奇蹟！完全沒有什麼可以指責的第三！" 我上氣不接
下氣，拿眼角瞟著對青馬交頭接耳的人們，感到一陣虛榮心的極
大滿足，甚至覺得比第一還要高出一頭。

　　夕陽西下，我和Ａ沿著彎彎曲曲的車道往回走，Ａ在馬上左
搖右晃，揮舞馬杆，興高采烈地嚷著："總之，青馬的前途是光

明的……"

1973 年 6 月 3 日

為了使青馬的腿少受些束縛，我居然可以好幾個鐘頭在野外牽著它吃草，一點兒也不膩煩。晚飯時，海闊天空的聊天也開始變得千篇一律了。Ａ努力回憶著各處聽來的拴馬"咬斯"（訣竅）："要吃熱草，白天要拴在陰影裡，早晨不能吃帶露的草，要把馬汗刮得絕對乾淨……""最好吃舊羊盤上長的寬葉草。"我也補充著。由於幾位女同志晚上擠奶，奶牛回不來，又找不到我這個放牛的，她們開始不滿："你們不能說點別的？老是馬、馬的，真討厭！"Ｄ指著Ａ說："如果你們明天還這樣的話，就給你吃肉粥！"手指頭又毫不留情地指向我的鼻子："你呢，給你吃 ── ""發麵饅頭！"她們一起大叫起來。這是多麼可怕的威脅啊！

1973 年 6 月 5 日

分場決定 10 號舉行一次預賽，選出前三名進行正規訓練後參加那達慕的賽馬。這回青馬可有足夠的時間進行休息了。公其格呀，公其格！我要與你決一雌雄！

我的會計事務從來沒有像今天這樣棘手過，小方桌上的單據張張面目可憎。"一千捌佰陸拾肆圓"，嗯，這是馬鬃、馬尾和駝毛的收入。我念著單據上的蒙文，眼睛卻不由自主地向包門外瞟去。咦！這傢伙怎麼趴下了？肚皮可不能讓熱土烤著。我趕緊躥出包，把青馬輕輕趕起來："夥計，要注意保養！"回包後我儘快撥動著算盤："社員上月的工分一萬三千多分。"不多，不多，在計畫之內，付出現金……嘿，青馬怎麼又跑到水草地上去了？這種草吃下去一泡尿就沒了，簡直不識好歹！我得去牽開它……又回到小桌邊，包門也拽上了，眼不見，心不亂。單據們仍然在張牙舞爪……"撲楞楞"外面又是一陣響動，我"騰"地站了起來。青馬又怎麼啦？出去看看？帳怎麼辦？ ── 去他的罷！晚上再算！

1973 年 6 月 9 日

A 拿著剪子和梳子給青馬修理著鬃。他這個人是幹什麼都鎮別人一頭，做馬杆子、編馬鞭，甚至做銀嚼子，老鄉們除了"嘖嘖"稱讚，簡直望塵莫及。鬃修好了，耳後和肩胛各留一縷，然後依著馬脖子的線條修成一個弧形，沒有一根參差的。"馬肚子已經完全挑起來了，可以說是進入'薄棱凱（馬肚子飽滿而不下垂的樣子）'狀態了。"我按著馬後腰的凹處，滿意地說。青馬已完全精神起來了。

1973 年 6 月 10 日

一清早，我們就往龍怪那裡出發了，今天的選拔賽由老頭子主持，沒等我們下馬、龍怪就圍著青馬轉了一圈，爽朗地笑著："哈哈，青馬的肚子可是正好，今天有可能第一。""哪裡，哪裡。"我努力控制著內心的喜悅。說實話，老一輩牧民中，我們最佩服的就是龍怪。他不僅放過四十多年的馬，當年還是威震內蒙古的有名摔跤手。他的個子比我還高，鬢角的頭髮花白，略顯瘦削的臉上總帶著笑容，笑起來時眼角上的幾道皺紋，顯示老人特有的慈祥。公其格也來了，還沒進包就聽見他趾高氣揚的聲音："今天羊沒人放，本不想來，可是一想，拿上個第一再回去追羊也完全來得及。哈哈哈……"目中無人！近乎瘋狂！龍怪把我讓進包後，對公其格神秘地一笑："紅馬今天可是有對手啊！"公其格鼻子裡"嗤"的一聲："李，你今天怎麼沒帶麻袋呀？""優各尼（什麼）？""我的紅馬能拉屎，沒拿麻袋怎麼裝呢？"啊！左撒勒台格森（媽的）！"原來是惡毒的踩咕，還挺隱晦，滿藝術的。"你也沒帶呀！"我也反唇相譏了。

到了地點，老龍怪仔細給大家講了賽馬的路線，公其格還在可惡地大叫著什麼，管他呢，聽到口令聲，我立刻放開了韁"啾！"……在短短 200 米的瞬間我已躍居第一了！好，就這麼跑,攢著點勁!……已經能夠看見高地上的龍怪和 A 時,我仍保持著 30 米的領先優勢,哈哈!可就在得意忘形之際‧我把緊拽著的韁繩放鬆了,還愚蠢地加了一鞭。青馬猛加了一段速,卻突然慢了,呼吸也開始急促起來,真是不可饒恕的錯誤!完蛋,公其格怪叫著躥了上來,紅馬倒是比青馬先過去兩個馬頭到達終點。

我懊喪極了。人群裡傳出龍怪的高嗓門:"公其格的紅馬,李的青馬……選好騎馬的孩子,16 號開始正式訓練。"

1973 年 6 月 12 日

門"忽"的一聲被拉開,A 興沖沖地一步跨進來,嚷著:"李,我可物色了一個好騎手。"他身後跟著小孟克巴特爾。小傢伙張口便說:"李阿哈(哥哥),我想騎你的青馬去賽馬。"真乾脆。我開始用絕對挑剔的眼光審視他:個兒是真矮;眼珠滴溜溜地轉,一副機靈鬼樣;嘴角甚至還帶點剛毅,就是留著方方正正的平頭的腦袋大了點。嗯,也許有助於判斷情況和辨別方向呢。"馬不老實,你騎得了嗎?"我問。"行,一般的生個子都拗不下我來。"回答是自豪的,而且他的眼睛也開始發亮。"怎麼樣?蠻出色吧。"A 得意地眯起眼。原來在路上小孟克纏住 A,怕家長不同意,A 又跑去問烏力吉。烏力吉開通極了:"不怕我們的孟克壞了你們的馬名,你們就要。我們蒙古族的'呼合得'(孩子)沒有怕屁股破的。"

"A,你去試試小平頭騎士的騎術。"A 領著孩子出去了……5 分鐘,10 分鐘,20 分鐘過去了,還沒動靜。完了,肯定是摔了,怎麼向家長交待……"李!",A 在喊,我一步躥出包去,沙丘後面的聲音:"沒問題,純屬馬猴子!"

1973 年 6 月 16 日

正式訓練的第一天,分場裡得空的人都來了,在準備跑的幾匹馬跟前轉來轉去。烏日根隊和紅旗隊的兩個馬倌各牽來一匹紅馬,一名"喬那"(狼),一名"絕特格勒"(鬼怪),一般說來,什麼怪名字就意味著馬有什麼特長。兩個人的話更叫雅幹錫力的人簡直抬不起頭來：「哎呀！咱們的紅馬今天要把第一第二拿走，可真有些不好意思。」真是沒治！沒跑出過好成績，聽任他們踩咕吧。龍怪輕聲對我說：「你領著小孩們去放馬，青馬還有些怕小孩。」我答應了。

讓小騎手們擺成一橫行後，我轉身看了看青馬上的孟克，他眼裡閃著快活和自信。「預備——跑吧！」嚷完，我也抖韁狂奔起來。今天騎的這匹黃驃馬簡直像頭豬，不一會兒。就只能看見其他馬和騎手們模糊的背影了……看著馬隊衝過終點，我腦袋「嗡嗡」作響，令人惱火的黃馬已讓我落後至少有 10 里地了。朝魯飛馬跑過來：「哎，李，你的青馬第一！」「你說什麼？我的馬？青馬？！」「真不得了，有勁極了！再跑 10 里別的馬也追不上。」「別騙我了。」我假裝無所謂的樣子，可覺得嘴笑得快咧到耳朵了。

A 牽著青馬過來了，告訴我：青馬第一，公其格的紅馬第二，什麼「鬼怪」啦，「狼」啦，通通「德密」（不怎麼樣，沒意思）！我牽過青馬遛著，愛惜地端詳著。嘴角上有血！趕緊俯身細看，沒錯，就是血！我著急了，大聲呼喚龍怪。老頭子過來提起嚼鐵，看著馬的嘴和舌頭，突然一拍大腿：「哈！操勒森（穿透了）！這下可好了！」龍怪的高興使我更弄不明白了。「馬胸裡的餘血跑出來了，是要大大長進的標誌，這是老說法，你不懂。」老頭子興奮地說著，對我神秘地一擠眼，我雖然仍疑惑著這醫學原理不明的說法，但聽完他的話之後心中狂喜。

1973 年 7 月 6 日

又經過了幾次訓練，青馬真正顯示出了長跑的天分，凡是和它跑過的馬都已望塵莫及了。老頭子指示：「那達慕大會前青馬要放回馬群一個禮拜。」文武之道一張一弛，簡直是徹頭徹尾的辯證法。

我把青馬牽到馬群，抹去籠頭，照它屁股上輕輕一掌："給你自由啦！"青馬向前顛了幾步，才發現沒有什麼束縛著它的東西，突然大跑起來，快活地向空中尥著蹶子，"嘶嘶"地長嘶著，找同伴去了。

1973年7月7日

我和A舒服地船在包裡，貪婪地大口吸著煙，都有一種如釋重負的感覺。A看了我一眼："你瘦了。"我不覺摸了摸臉。真的，一個多月辛苦弄得我倆都有點疲憊不堪了。"我想提醒你，"A說，"準備參賽的馬都按規矩紮起了燈籠尾，綁上了頂花。現在當務之急是該打扮你的寵兒了。譬如說，頂花的綢緞，還有小孩騎馬的服裝，顏金老太太給縫呢，你難道不去看看式樣和進度？""我的老兄，你提的總是極有建設性的意見。"我趕緊坐了起來，極表贊同，"可五彩綢緞上哪兒弄去啊？""轉營子唄！"A指手畫腳地坐起來，"運用你拿手的甜言蜜語，許點空頭支票……""對呀！你真是草原上的智多星，你的光輝永遠普照蒙古包。"我扣上帽子躍到門口："說走就走！"

趕得真巧，沙蒂老太太剛燒好茶。棕黃色的奶油茶，雪白的奶皮子，閃著油光的優酪乳片 —— 好一頓大嚼。我抹抹嘴："啊，天下最可尊敬的沙蒂怪，請吸一枝好煙吧。"我抽出一枝珍藏的"上海"牌，老太太高興地接了過去。"沙蒂怪，你看我的青馬……""跑得真好，人們天天誇它，我這把'何勒格怪亞斯（沒有用的骨頭）'也想去看看。"這種話我真是再聽一萬遍也還想聽，對，得開始天花亂墜了：對老太太說青馬今天突然栽倒，躺在地上扶也扶不起來。"烏吉格（驚歎詞）！亞吉白（怎麼啦）？"老太太嘴裡的煙差點沒掉下來。我暗暗忍住笑說："後來我趴在它的嘴上，聽見它說：如果沒有沙蒂怪給我一塊金黃色的綢緞做頂花，我就要'烏呼啦'（死了）！""啊，死東西，嚇死我了！"老太太鬆了口氣，笑得不可開交，爬向櫃子跟前。翻騰了好一陣，一塊二尺見方的金黃色錦緞扔了過來。真是好東西啊，上面還佈滿了大大的菊花暗影，只有青馬才配用它！我讚歎著，撫摸著。告辭時，我趴在包門上說："沙蒂怪，你可真是我們的好額吉。"老太太"撲"地笑起來，抄起灶旁的一根柳條："快走，快走！再不走我就摑打你這個多嘴多舌的……"

散射著紫光的白尼龍是從其其格那兒掏騰到的；花言巧語從老加木蘇的小哈斯手裡拿到粉緞時，我多希望口袋裡有塊糖啊，而不是那一小撮細碎的煙末……一路上我都在欣賞著自己的表演天才，不知不覺到了顏金浩特。"李，你為什麼才來！"老太太在包門外呵斥著，還生氣地雙手叉腰。""誰說的，我的腳不是已經邁進來了嗎？"我趕緊賠笑，攙著顏金進了她的包。三件用白絲綢做成的小騎手服平整地攤在氈子上，短袖小開領，胸前用紅絲線繡著"雅幹錫力"，背後還有號碼數字！"好！縫得好極了！"而老嘎嘎卻在旁邊搖了搖頭，從懷裡掏出一個紅布包。他一面把紅布一層層地打開，一面說著："過去，賽馬的孩子們胸前要掛佛爺像，說是可以無凶無難。可今天 —— "啊！是三枚大大的毛主席像章。"雅格塔勒借那（對極了）！"所有的人都喊了起來。

晚上，我和 A 看著龍怪老伴用絲線精巧地縫著青馬的五色頂花，我為我的個人榮譽感慚愧不已。是啊！沙蒂、其其格、小哈斯、顏金、老嘎嘎、龍怪……都是為了什麼？

1973 年 7 月 13 日

青馬抓回來了。為了讓它先適應適應，是在馬群給它戴上頂花牽回來的。青馬不習慣地擺動著腦袋，五色頂花"嘩嘩"作響。真是"三分模樣七分打扮"，我覺得它一下俊了起來。我和老龍怪約好，15 號上午一起出發去查幹淖爾，馬可以休息一天，估什 16 號就要賽了。還有三天，多麼難熬啊。

1973 年 7 月 15 日

雨快到中午才停，火熱的太陽報復性地用奪目的光輝在雲屏上射出一道彩虹，百草千花迎風搖曳……我們興致勃勃地出發了。打扮好的幾位女生的頭飾都換成了絲綢帶，精神不少；龍怪、嘎嘎兩個老頭居然扯起並不動人的嗓子唱起來。一年一度的那達慕盛會，對牧民有著多大的吸引力啊！登上高坡，看得見四面八方都有騎馬趕車的奔向查幹淖爾。兩個鐘頭之後，我們到達目的地 — 烏日根隊的擠奶站。這裡並排坐落著九頂蒙古包，距那達慕會場只有兩里地。"賽努？勃業賽？賽蘇烏吉白努？瑪勒賽？（好嗎？身體好？過得怎樣？牲畜好？）"走進老朋友烏日根隊書記格力格的包，我們按老規矩發出一連串的問候。老先生是顏金的親弟弟，和姐姐一樣有個高聳入雲的大鼻子。格力格高興地招呼我們落座，女主人給我們倒上奶茶，又端上節日規格的豐盛奶食。格力格探身向門外看了一眼："瑪乃渾（我們的人，親近的稱呼）的青馬拿來了？""湊個熱鬧唄，撿撿別人的馬糞。"格力格重重一掌打到我背上："道爾吉早就來替你吹過了，青馬厲害，厲害！把那小子嚇得紅馬也不拴了，拴了也是白白的。"我忍不住哈哈大笑："老實說吧，我就是來拿前五名的。"吹牛的惡癖是死活改不了啦！

夕陽西下，紅霞漫天，參加開幕式的人們都回來了，穿著可真是五顏六色：粉的、天藍的、墨綠的、月白的，還有老喇嘛才穿的杏黃色的，大家熱烈地談論著白天大會的盛況。我注意到有幾個人在馬椿子那兒忙活著，沒錯！都是要參賽的馬，去相相？唉，等沒人再去吧。

1973 年 7 月 16 日

不知怎麼搞的，日夜盼望的日子真正來到了，卻感到一種莫名其妙的惶恐，有一種異樣的波動在心底翻騰。沒出息！我暗暗罵著自己。嘎嘎來了，那次格來了，嘎那也來了……他們一下馬就圍著青馬議論開了，交頭接耳地說著什麼。龍怪在給青馬仔細地紮著頂花，每繞一圈都小心地整理著花紋，生怕有一點不夠出色的地方。嘎嘎用一根細細的黃羊皮條繫著青馬的尾巴，攏上去的馬尾像個燈籠，垂下的只有很細的一縷，絕對妨礙不了馬的奔跑。

我讓小平頭騎士用香皂洗了三遍臉，連耳朵眼兒都摳得乾乾淨淨的，然後讓他穿上賽馬服。沒說的，完全合身！又用七尺長的黃綢蒙在頭上，在兩耳邊打結，形成自然小帽。金黃色的綢緞經胸前從肋下繞至背後打成大蝴蝶結，真是精神極了。小騎手興奮地舞著鞭子，"啾啾"地在包裡轉圈。

早茶時人們議論紛紛："打扮得是不錯，就不知跑得怎麼樣？""錯不了，五名以內！""啊呀！難說，難說。去年旗那達慕上跑第一的阿納旗的黑馬來了，東蘇旗拴馬名手老普森也拿來了至少五匹好馬！"我心神不定地端著茶碗。

我們一群人驅馬到了會場，參賽的馬已經開始站隊了。龍怪跑向主席臺報到，一會兒就趕回來了："名報了，去站隊吧。"突然高音喇叭裡響起了《騎兵進行曲》，入場式開始了！查幹淖爾公社的正副書記各騎一匹高頭駿馬，舉著旗，引導著兩行長長的馬隊進入會場。我的眼睛隨青馬轉著，呀，還行！馬隊繞場三周，浩浩蕩蕩向西北方向出發了。Ａ追隨著馬隊拼命按照相機的快門。我和龍怪仍不放心地追上去對小孟克囑咐："今天賽 65 里，要拽好嚼子……保持在五六名左右，最後五里放開……要跟住穿紅衣小孩的黑馬……"老龍怪下馬，從一個小瓶裡倒出些液體，在青馬的胸口擦著。我聞了聞：酒精！嗯，可以散熱，對心臟的血液迴圈也有幫助。老頭子真是集草原原始拴馬和現代醫術之大成！我興奮得心直顫抖。馬隊遠去了，最後只能模糊地看見一條黑線……

我和Ａ去看了會兒摔跤比賽，又去飯館要了一斤餡餅、兩個炒菜、半斤酒……中午我們漫無目的地在人群裡穿行。我腦子裡

"青馬,青馬"地胡思亂想著,"啊呀!"把一個老太太撞倒了,我忙扶起她連連賠不是,老太太抬眼看看我的眼鏡:"掃豪勒淖白西特(原來是個瞎子)!"她是在多麼寬洪大量地踩咕人!算了,算了,我沒心思置這份氣。青馬,青馬⋯⋯喇叭裡播送著蒙古族歌手查蘇榮唱的長調民歌,經常我們最喜歡他的歌了,可是今天,A在旁邊說多麼粗魯的話:"這蠢驢窮嚷些什麼!"後來龍怪找到我:"李,嘿勒格借努(激動沒有)?"把我們拽進雅幹錫力的蒙古包。

突然A喊著:"別睡了,馬快來了!"我趕緊爬起來,衝出包,跨馬向終點的大旗處奔去。人群黑壓壓地奔向終點線,站成一堵人牆。拿著馬牌的一行人立馬列隊在人群對面,中間留出的就是馬道。我剛剛站到指定的馬主人接馬的地點,便見西邊五里遠的大樑頂出現了一輛卡車,車頂飄著一面旗,這是引路車。轉眼樑頂出現了幾個黑點,眨眼間又變成數道白煙向這邊滾來。我呆呆地望著白煙,覺得一陣劇烈的心跳,持韁的手微微發顫。只有二里地了,我舉起望遠鏡,辨認著⋯⋯找黃頭巾,只有孟克是黃頭巾!突然,鏡頭裡飄忽閃現出黃頭巾,一、二、三⋯⋯我不敢相信,也不能相信!青馬居然在第八!跑在最前面的是穿紅衣的小孩 — 阿巴哈納爾的黑馬!啃他們的馬糞?我的腦袋幾乎就要炸開了,瘋子似的向青馬跑去。"青馬!你給我快跑!孟克!追上去⋯⋯"我搞不清自己在喊什麼。就在這一瞬間,奇蹟發生了。孟克的小馬鞭在空中連續畫著弧線,"啪啪"聲中青馬像一股鐵青色的旋風從我眼前刮過去,其他的馬突然都好像在原地踏步⋯⋯等我清醒時,有人已經高舉著馬牌衝向主席臺。青馬第幾?孟克第幾?我嘶喊著我的小騎手,在人群中像瘋子似的狂奔。啊!看清楚了!孟克高舉著"1"的牌子!我衝上去,一把把孟克從青馬上抱了過來。小騎手站在我坐騎的屁股上,雙手扶著我的肩,我感到黃綢輕撫著頭頂,也感到小英雄急促的、熱熱的呼吸。迎

面，龍怪、A 跑過來了！嘎嘎、那次格……雅幹錫力的牧民都向
這邊跑來。

我覺得鼻子一陣發酸……

1973 年 7 月 20 日

隆重的授獎儀式開始了。喇叭裡在大聲宣佈著："長途賽馬
第一名，巴彥德力格爾牧場雅幹錫力分場北京知識青年李的青馬
── 于青包勒；騎手孟克巴特爾。再說一遍……"龍怪捅了我一
把："快牽馬進場吧。"我突然爲難地望著龍怪："這是分場的
馬，您牽著進吧。"老頭子笑起來："沒聽見廣播嗎？一個勁說
北京知識青年，看見進去個蒙古老頭兒，還不把人嚇死。快去吧。"
真是萬般無奈，我抖擻起精神牽著青馬走向主席臺，只沉得全場
所有的目光和議論都集中在青馬、馬上的孟克和我身上，我渾身
燥熱……

附近最有名的唱馬人那木吉拉老漢騎上一匹高大的白馬，站
在授獎馬隊的前面開始爲大會唱馬。當老人用富於音樂性和節奏
感的蒙古語盛讚"幹青包勒"和北京"思赫騰"（知識青年）時，
我把臉緊貼在青馬粗壯的脖子上，熱淚奪眶而出。

（選自《草原啓示錄》，中國工人出版社 1991 年版）

擔　子

士　敏

挑擔子是我們生活中常見的平凡勞動。對那些身負重擔，健步如飛的勞動者，我常常懷有一種不可言傳的欽佩之情。回想起來，這種感情早在少年時代就產生了。

那是在一九四八年，當時我才十五歲，小學剛畢業。那年的夏天，一個偶然的機緣，在黃浦江畔的金開泰碼頭上，我結識了一個碼頭工人。

記得那天天很熱。我只穿一條短褲、一件汗衫，還熱得汗流浹背，柏油馬路被烤得像梨膏糖一樣，一踩一個腳印。黃浦江水蒸發著陣陣熏人的熱氣，令人頭昏腦脹。我坐在江邊等輪渡。旁邊就是金開泰碼頭，碼頭邊上泊著一艘美國船，碼頭工人正在烈日下，打著沉重的號子，從船上卸下一隻只沉重的大箱子。這其中一個大漢吸引了我。他那高大的身材，就像神話中的巨人一樣，除了一條黑褲衩外，他全身都赤裸著。身上的肌肉，疙疙瘩瘩，油黑閃光。

那些沉重的大箱子，每只有二百多斤重，人家都是兩人合一根杠棒抬一箱，他卻一人一根杠棒挑兩箱！一面走，一面大聲地喊著號子："吭唷嗨 —— 吭唷嘿！……"這粗獷洪亮的聲音和他那驚人的力量，深深地震動了我的心房。一種好奇心驅使我走到碼頭上，在江邊一隻帶纜樁上坐了下來。

不一會兒，他提著杠棒，像尊鐵塔似的一搖一晃的走了過來。只見他滿身都是汗水，寬闊的胸膛劇烈地起伏著。走到我面前，他也沒注意我，將杠棒撂在地下，從帶纜椿邊拿起一隻洋鐵罐頭，從黃浦江裡吊上一罐水，咕嚕咕嚕喝起來。一條水流，沿著他的嘴角，流到汗水涔涔的脖子上，流到冒著熱氣的胸脯上，一直到他喝淨為止。隨後他用手背一抹嘴唇，長長地喘了一口氣，在我旁邊地上坐了下來。這時我仔細地把他打量了一下，看上去，他是這樣粗壯、高大，但面孔卻很和善。他右邊肩胛上隆起一團厚厚的肉饅頭。他也打量我一眼，和藹地問道：

「小阿弟，你是哪兒來的？」

我努了努嘴，說：「從擺渡口那兒來的。」他點點頭。我羨慕地說：「你力氣真大嘞！」他苦笑一下，算是回答。我又問道：「大家都兩人抬一箱，你幹嗎要一人挑兩箱呢？」他又苦笑笑，說：「嘿，你以為我存心有勁兒沒處使嗎？咳，沒法子嘞！」用手指指腳旁的杠棒，「五張嘴都在這上頭挑著呢，擔子沉啊！」說罷，又苦笑了一下，那意思似乎是說：說再多你也不懂。

這時，又有一個老工人走來，用洋鐵罐從黃浦江中吊水喝，我忍不住說道：

「你瞧這江水有多髒。這大熱天，扛這麼重的東西，連點開水都不給喝嗎？」

他冷笑一聲：

「哼，開水，不給你鞭子吃算好的了。」

正在這時，對面走來一個頭戴巴拿馬草帽，眼架墨鏡，身穿黑香雲紗褂子的矮胖子，手執皮鞭，搖搖晃晃地走過來，舉起鞭子就向喝水的老工人抽去，痛得那老工人將手中的水罐也掉下了。那傢伙冷笑說：

「嘿嘿，你老小子活兒幹得不多，水倒喝得蠻勤。」

這時那大漢從地上跳起來，憤怒地說：

「喂，我說二把頭，這大熱天，咱們扛千斤、壓萬斤，喝幾口黃浦水也不犯法，你總不能把人逼死啊！"

"他媽的，'鐵肩膀'，你小子想找死啦！"那傢伙又舉起鞭子，瞪圓眼睛。

"你試試！""鐵肩膀"挺前一步，緊握雙拳，渾身的肌肉都繃緊了。那傢伙怕吃眼前虧，悻悻地轉身溜了。"鐵肩膀"這才轉身對我說道：

"小阿弟，再見了。我叫張大虎，外號'鐵肩膀'，就住在浦東爛泥渡，有空歡迎你來。到了那兒，你只要問一聲'鐵肩膀'，他們都曉得。"

後來，我果真去看望了他一次，他住在茅棚裡，家裡有妻子和兩個孩子，再加上一個老母親和他自己 —— 正像他說的，五張嘴都挑在一根杠棒上，生活的擔子真沉啊。他懷著憤怒的感情，給我講述了封建把頭壓榨剝削他們的情況，可惜當時我年紀輕，不太懂。我對他那驚人的力氣和那肩上的"肉饅頭"最為羨慕。他說："挑擔子全靠這副肩膀，不過要練出這'肉饅頭'很不容易哩！"他告訴我：他從十七歲開始做童工，二十七歲上碼頭抬杠棒，如今已經整十年了。

"十年，一年三百六十五天，每天要挑三四百擔，七八萬斤的分量壓在這上頭。你想想這'肉饅頭'上壓過多少分量了。"

我感歎地說："這肩膀真是壓出來的。"

他點點頭："是啊，開始時細皮嫩肉，三天杠棒一壓，肩膀頭就發青發紫，而且還皮開肉綻，化膿出血。"

我說："那受得了嗎？"

他苦笑了一下："有啥辦法？受不了也得扛，不扛就沒得飯吃；再說，在這節骨眼兒上如果怕疼不幹，這肩膀一輩子就壓不出來，惟有咬緊牙關，扛！每天早晨上碼頭前把豆腐皮蘸上老酒貼在肩上，杠棒一壓膿血直冒，可是甭管它，時間一久，細皮嫩肉的肩膀頭也就這麼壓出來了。"

　　他講得那麼不在乎，我覺得這真是一個大山也壓不垮的人。

　　解放後不久，我參加工作，一度離開上海，從此就再沒有能看見他。文化大革命前一年，我因爲搞水陸聯運的任務，到永華碼頭去聯繫工作。原來這永華碼頭就是早年的金開泰碼頭。一踏進碼頭大門，我不禁想起十幾年前的那位老工人，說來也巧，當我走進辦公室，一見那位坐在桌邊寫字的老主任時，我幾乎怔住了，他的身材、眼神，多麼熟悉啊！我的心禁不住"怦怦"直跳。呵，是他！是他！歲月這把刻刀在他身上留下了多麼明顯的痕跡呀，兩鬢變白了，臉上皺紋一道又一道，不過透過那單布衫，仍然可以看到肩胛上那隆起的"肉饅頭"，那雙眼睛仍然是那麼親切和善。他還沒有認出是我 —— 這不能怪他，哦，也許他早忘了這件小事了，也許我的面貌變得根本認不出來了。我說道："張大虎同志，你還記得嗎？十七年前的夏天，也是在這個碼頭上，一個十五歲的……"他的眼睛慢慢睜大，睜大，最後猛地向我伸出雙手……

　　不用說，這種見面是多麼快樂。晚上我又應邀到他家去做客，這自然不是十七年前那間茅草棚了，而是一幢新型的工房，屋裡的佈置都挺不錯。我們談生活，談工作，談自己的經歷，談碼頭的巨大變化，談久別的朋友見面後所能談的一切，我感慨地說："老張，現在你的生活太幸福啦。"他樸實地說："是啊，全靠黨和毛主席。"

　　他告訴我，上海一解放，他就積極參加了碼頭上的民主改革運動，一九五六年入了黨，一九五八年大躍進時，組織上提拔他當了裝卸隊長，不久前，擔任了裝卸區的主任。

　　在碼頭的幾天裡，我又接觸了許多工人，他們一致讚揚這位工人出身的區主任。他的文化水準不高，而碼頭上的業務又非常繁忙，可以想到他面臨著多少困難。張大虎常常白天黑夜都泡在碼頭上，困了，就頭枕柳條帽，在辦公室裡躺一下；醒了，戴上帽子，又上碼頭去了。他兩隻口袋總是鼓鼓囊囊的，一邊是筆記簿，一邊是饅頭。他是很少有時間安安頓頓吃頓飯的。

臨走時，我懷著深深的敬意，說："老張，你這幹勁兒真足啊。"

張大虎搖搖頭："不行啊！如今肩上這副擔子比過去的更沉啦。"

"擔子？"我疑惑地看著他："如今肩膀上再不壓槓棒了，還有啥擔子？"

他笑笑："過去一根槓棒挑五張嘴，那只是個人生活的擔子。可現在黨要我領導這兩千來人的裝卸生產，過去的槓棒擔子再沉怎好比呢？"

我的心一動：是呀，過去的擔子沉，是受著資本家的壓迫；現在的擔子沉，是寄託著黨和階級的信任啊！

轟轟烈烈的無產階級文化大革命開展以後，我一直非常關心他的情況。一次，我遇到一位碼頭工人，聽他說張大虎也積極投身到這場偉大的運動，特別是在一小撮走資派大刮反革命經濟主義妖風時，他和無產階級革命派的戰士和廣大革命群眾緊密團結在一起，戰狂風、頂惡浪，表現得非常出色。前年夏天，我抽了個空，又去永華碼頭看望他，他已參加了"三結合"的領導班子，擔任裝卸區的黨委書記。儘管兩鬢又增添了不少白髮，但是經過文化大革命的戰鬥洗禮，我看他更加生氣勃勃，精神煥發了。那天晚上，我倆聊了大半夜。才迷迷糊糊地睡去了。第二天，天剛亮，我就被一陣說話聲驚醒了。只聽得從窗外傳來一個渾厚而又熱情的聲音：

LongLiveChairmanMao！

這麼早是誰在這兒讀英文呢？睜眼一看，原來是張大虎，他站在面向黃浦江的水泥陽臺上，手捧英語書，正在大聲朗讀哩。我穿好衣服，走到他身邊，不由得笑著打趣說："我當是哪個用功的小夥子，原來是你呀。哈！人家說八十歲學吹打，你這是五十歲學洋文。我不懂你怎麼會心血來潮想起學這玩意兒的。"他嚴肅地說："這可不是心血來嘲，而是肩上擔子的需要。"　"肩上擔子的需要？"我又疑惑地看著他。心想：作為一個黨的基層領導幹部，做好本職工作，完成上級黨組織交給的任務，這就是為革命挑好擔子了，為啥還一定要學外文？

　　他遲疑了一下，說："這是文化大革命後，在碼頭上出現的又一新生事物。"接著他告訴我：自從無產階級文化大革命，特別是黨的"九大"以來，由於毛主席革命外交路線所取得的偉大勝利，進出上海港的外輪和外國朋友越來越多。許多外國海員兄弟和外國友人都非常關心我們的港口碼頭以及我們國家的發展和變化，尤其是文化大革命所取得的成績。為了更好地向外國友人宣傳馬列主義，交流思想，增進友誼，工人們建議舉辦工人外語學習班。這個倡議提出後，在碼頭上引起很大的震動。張大虎對這一革命建議十分重視，他帶頭報名參加了外語學習班。

　　我欽佩地看著他，他自豪地說："外文，一向是資產階級的世襲領地，別說咱們這些被資產階級認為是見人矮三分的臭苦力，就是一般群眾也都挨不上邊，而從現在開始，我們就要熟悉它，掌握它，以便更好地宣傳毛主席的革命外交路線。想想吧，這是件多麼了不起的事啊！"

　　我激動地點點頭："是啊。不過你不比別人，你是黨委書記，肩上的擔子已經夠重的了，再學這玩意兒，行嗎？"

　　他豪邁地說："行！確實，眼下肩上這副擔子是不輕！不過，你記得我過去給你說過的煉肩膀、壓擔子的故事吧：杠棒擔子是壓出來的。革命的擔子也同樣如此，愈重愈有勁，愈重愈能磨煉人。"

　　我默默地點點頭。我承認他說的道理對，但是說實話，當時我思想上多少有些懷疑：像他這樣的文化，這麼大的年紀，工作又這麼忙,能學會外文?

時間過得很快,兩年過去了。不久前,我又因事到永華碼頭去,正好有一批外國海員在碼頭上參觀訪問。參觀完畢後,翻譯告訴接待的同志:外國朋友們想聽聽碼頭工人解放前後和文化大革命前後工作、生活的對比和變化情況。接待同志就找來了張大虎和另一位五十多歲的老工人。

翻譯和外國朋友聽說這位從小苦出身的黨委書記要用英語同他們直接談話,一個個都睜大眼睛,萬分詫異。

張大虎皺紋密佈的臉上閃耀著激動的紅暈,深沉的雙眼閃閃發亮。他呷了一口茶,解開襯衫紐扣,露出肩上的"肉饅頭",用緩慢深沉的語調說:"朋友們,我就從這兒講起⋯⋯"

就這樣,他用自己的切身經歷,向外國朋友們講述了舊社會碼頭工人的苦難遭遇,講述了今天的幸福生活,歌頌了黨和毛主席的無比恩情,歌頌了毛主席革命路線的偉大勝利。聲音抑揚頓挫,時高時低,激動處就像黃浦江的激流,奔騰豪放,氣宇軒昂;深沉處,就像山澗的溪水,委婉細膩,娓娓動人。啊,我覺得他不是在用語言而是用心靈,在敘述、在歌唱。

他講完了。室內出奇地安靜,可以聽到窗外黃浦江水漲潮的浪濤聲:"嘩!嘩⋯⋯"

"啊,好極了,太好了!⋯⋯"一位外國朋友從座位上跳起來,接著所有的外國朋友都從座位上站立起來,奔向張大虎,握住他粗大的手。翻譯同志也怔住了,她眼裡噙著晶瑩的淚花,半晌,激動地說:"啊,講得多好啊,這種深沉的感情是我們這些專職的翻譯人員譯不出來的。"

我看看他那消瘦的臉龐和網著血絲的眼睛說道:"他兩年前才開始學,你看看他這雙網著血絲的眼睛就知道,他花過多少功夫,付出過多少勞動代價啊!"

老張笑笑,輕鬆地說:"也沒啥,只要多想想肩上的這副革命的擔子，就行！"

　　"革命的擔子？"我深深明白他這話的意思。是啊，我們每個革命者都像張大虎一樣，肩上挑著一副革命的擔子，問題是過去自己很少意識到自己肩上有著這樣一副擔子。想到這兒我不禁覺得肩上沉甸甸的。

（原載《朝霞》1974 年第 1 期）

琴　手

許　淇

托婭是個馬頭琴手。

托婭的爺爺是達爾罕草原有名的老馬頭琴手。托婭是跟她爺爺學拉馬頭琴的。

托婭從小就愛聽爺爺拉馬頭琴，琴聲時而激昂，時而深沉，時而悠揚，時而蒼涼⋯⋯

草原上的夏夜多麼美啊！在夏營地，把蒙古包的套瑙[1]呀、門呀、氈圍呀，統統打開掀起，讓涼爽的風兒無拘無束地游來蕩去。月光下的小河，像一條潔白的哈達。小托婭獨自趴在小河邊的草地上，數著繁星，流星如同滴著透明的蜜，一直要滴進小托婭的心裡。爺爺照看馬群去了。她想要是現在拉一拉爺爺心愛的琴該多好呀。她悄悄地鑽進蒙古包，她的個兒還沒有馬頭琴高，她踮起腳尖取下掛在哈那[2]上的馬頭琴，抱著琴回到河邊，學著爺爺的樣子，膽怯地拉動弓弦。嗡 ── 聲音像一股電流通過周身。聲音趕跑了膽怯，她的手指顫動著，開始摹擬風的呼哨和河底細流的縈迴。她拉得那麼專心，連爺爺回來站在她身後都沒有覺察。

"噯，小托婭，應該這麼拉，這麼拉⋯⋯"爺爺俯下身來輕輕地說。

---

1 蒙古包天窗。
2 蒙古包支架。

“阿貝[3]！教我拉琴吧！”

“行啊！只要你肯學，爺爺就教你。”

爺爺從呼和浩特給小托婭買了一把新的琴。琴，沒有爺爺的那把音色醇厚，但比那把雕工要精緻，音域更寬廣。

琴聲，養育了托婭的童年。

歲月，隨著琴聲流去了。那是充滿了歡愉的琴歌的歲月啊！充滿了翻身的貧下中牧對黨和毛主席的熱愛，表達改變草原面貌走社會主義道路的決心。托婭就像定居地前面種植的一排那仁花[4]，在陽光雨露下迅速成長。

當白雲礦山要培養一批工業戰線上的蒙古族新兵的時候，托婭按照黨的期望和安排，背了馬頭琴，跨上她的棗騮馬，到白雲礦山學當電工去了。

轉眼間，學徒期滿，托婭成了熟練的青年工人。白雲礦山，從山上到山下，從廠房到宿舍，哪一根電線她沒有摸過？哪一柱電杆她沒有爬過呀？她給電機車、穿孔機、電鏟、潛孔鑽接通電源，她頭戴綠盔安全帽，掛著電工“三大件”，臉色和在草地上一樣的黧黑，襯出那兩排珠貝母般的牙齒。

她和少年時代的夥伴——馬頭琴漸漸疏遠了，如今那把琴，寂寞地靠在她宿舍的屋角，周身蒙上一層灰塵。因為現在，托婭的心裡裝滿了“電”；她研究電流、電報、電的各種技術，這個“電”呀，就像沒來礦山前她馴的生個子馬一樣，脾氣是暴烈的，但當你馴服了它，它就乖乖地為人民服務了。她常對“三八”作業班的組員們說：“電，社會主義祖國處處需要電，這礦山的建設和生產，電鏟，電機車，哪裡離得開電呀？停電一分鐘，都會帶來很大的損失……”

有時候，電和琴這兩個夥伴的形象在托婭的心裡融合在一

3　爺爺。
4　向日葵。

起。礦山的風,草原的風、塞北的風,時而狂暴,時而固執,時而溫柔,在越嶺飛巒的電線上彈奏出各種聲音,就像琴弦被琴手撥動,發出不同感情的音樂語言。托婭在電線杆木下傾聽著,她能從風在電線上拉奏的歌,辨別出內在的電流是暢通還是受到阻隔。當她爬上輸電塔,白雲勾出她矯健的身影,她撥弄修理那電線的時候,輸電塔不正像巨大的琴身,而電線不正像琴弦一樣嗎?

三月,春草發芽;四月,草原開花。托婭來到礦山的第五個春天,接受了工業支援牧業的一項任務,帶領她的"三八"作業班把電線引向故鄉,電泵從深井抽出清流,灌溉了成百畝飼料基地。定居地家家戶戶都安裝上電燈,晚飯後,大家圍著廣播喇叭,收音機或半導體,傾聽北京的聲音。爺爺將奶茶熬好後,興致勃勃地取出又一把馬頭琴,邀請托婭說:

"和阿貝合奏一曲吧!你的琴呢?怎麼沒有帶來?"

"阿貝,我給家鄉帶來了電,忘了帶我的琴……"

於是,爺爺開始獨奏起來。這把琴和爺爺的年齡同樣老了,但是不,托婭卻發覺琴變了,不同往昔;就和爺爺過去是王爺的奴隸現在成為先進的公社馴馬手一樣,爺爺越活越年輕,馬頭琴也煥發出青春的光輝。琴已經經過改製,聲音不再單調低沉,發展到低音、中音、高音三個八度的寬廣音域。爺爺的弓法也不再只是來回推拉,有時候也使用短弓、跳弓,有時候又使用切弓、碎弓、抖弓,來反映英難時代、英雄人民豐富多彩的生活內容,無產階級文化大革命以後人們意氣風發的精神面貌和戰天鬥地的激越情緒。這是一支托婭從未聽過的新的曲調。聽著聽著,托婭的眼眶裡不由得閃動著晶瑩的淚花。

托婭如同小時候一樣,重新向爺爺學習拉馬頭琴的弓法和指法。回到礦山以後,她揩去琴身的塵土,到俱樂部報名參加業餘文藝隊。她自身是礦山的戰鬥者、建設者,同時,她還用琴聲喚起戰鬥和建設的熱情,用琴聲來報告草原鋼城的春天。

今年年初，礦山召開了工業學大慶先進集體先進個人的代表大會，托婭代表她們的班組出席會議，她又是先進個人代表。會議結束的那一天，在礦山俱樂部舉辦聯歡晚會，由代表們和礦山業餘文工團聯合演出，代表們推選托婭演出馬頭琴獨奏。節目單已經張貼了出去，正巧爺爺從草原來探望托婭，本想在這一天趕回，不料氣候驟變，下午刮起早春的暴風雪，大風咆哮著捲起漫天的雪花、把個礦山攪成白茫茫的一片。到傍晚，風還是不停地刮，雪還是不停地下。托婭特地換一身藍緞子的蒙古袍，圍上朱紅的頭巾，夾著馬頭琴，領爺爺一塊去出席晚會。

剛走出宿舍門口，撲面的風雪刮得門前的電線嗡嗡直響，使托婭意識到這樣的天氣電線很容易被風刮斷發生故障，尤其是礦山西部家屬宿舍的民用電。電工的責任心使她又返回宿舍拿了電工工具，掛在蒙古袍裡面工作服的腰帶上。

俱樂部裡暖烘烘的，把風雪摒棄在外面。托婭和熟人打招呼，領爺爺徑直上後臺去，因為第三個節目就安排了托婭的獨奏。

報幕員報了節目。托婭從容地走向台前，腳燈的強光耀得她眼花。馬頭琴，托婭的親切的夥伴啊，如今架在懷裡，不知為什麼，覺得心神不寧，難道是怯場嗎？托婭望著台邊，爺爺正捋著鬍子，笑著鼓勵她；又望望台下的觀眾，全都靜悄悄地等候著她演奏新調。靜極了，能聽見俱樂部外面風雪的呼嘯，不是在遙遠的地方呼嘯，卻貫滿了托婭的耳鼓。平素麻利灑落的托婭，這時動作多麼遲緩呀！這時，她心裡琢磨的並不是將隨著弓弦奏出的曲譜，她記掛著礦山的每一根風雪中的電線，估計著哪裡有發生故障的一絲一毫的可能性，彷彿連半分音符都不差的樂譜一樣清晰。忽然，她從俱樂部的窗戶望見對面宿舍有一片燈光霎時間熄滅了，她捏著弓的手不自覺地停住了，她呼地站起來，將馬頭琴交給爺爺，推爺爺到舞臺跟前，悄聲對爺爺說：“阿貝，你先代我拉一曲，我去了就來……”沒說完，就順著舞臺的後門跑出去了。

她朝燈火熄滅的地區飛奔。她沿路時時停下來聽聽電線的喧嚷。驟然她發現山路拐角電杆木的一根電線被風刮得離開電瓶掛了下來,她迅速地解下蒙古袍,掏出工具,向電杆木上爬。沒有腳扣,杆木被雪打濕,滑溜溜地無法攀登,她全身貼住杆木,咬緊牙一寸寸挪動,困難地爬上頂端。風刮開她的圍巾,圍巾飛了。雪珠撲簌簌拍打她的眼睛。電線在她的手裡掙扎、搖晃、呻吟,但是,她沉靜嫻熟地操作……這時,"三八"作業班的夥伴們紛紛趕來了。

十幾分鐘以後,托婭回到俱樂部,從後門奔向舞臺,正趕上爺爺在奏第二支曲子《草原連著北京》的最後一個音節。拉完,她接過琴,在四周強光的輝耀下,出現在觀眾們的眼前。

大家驚訝地見她頭髮紛亂,圍巾沒有了,蒙古袍沾上許多污漬,肩頭雪還沒有消溶,冒出水蒸氣;雖然不太明白這一會兒工夫,究竟發生了什麼事,但是已經猜出大半。於是,他們用持久的熱烈掌聲歡迎她。

托婭從窗戶望見對面一片燈光,照得鵝毛大的雪片像銀色的火焰,她的心也在燃燒,也在飛舞。礦山、鋼城,迸濺的鐵花,騰躍的火龍……《草原鋼城頌》的樂譜已經佔據了她整個身心,猶如電流發自她的心底深處,奔放的旋律順著她的琴弦流瀉,和台下共鳴起來。

這是一次成功的演奏。托婭和她的馬頭琴給晚會的每一個觀眾留下深刻的印象,人人稱讚:托婭不愧是個出色的琴手。

(原載《內蒙古文藝》1974 年第 1 期)

向　日　葵

李　天　芳

十樣樣花，百樣樣花，

比不過延河畔上的向陽花……

延河岸邊的田地裡，昂然站立著一排排生機勃勃的向日葵。清晨，到河對岸去上工的；傍晚，在河邊散步的、洗衣的，誰看見了都欣喜地說：「長得好快啊，一天一個樣！」

不是嗎？在陽光明麗的春天，一群蹦蹦跳跳的孩子，把向日葵的種子，撒在這肥沃的泥土裡，幾經春雨，那些種子，爭先恐後地破土而出，冒出兩瓣鮮嫩鮮嫩的葉芽來。從此，小苗兒天天經受陽光的沐浴，河水的滋潤，像飛樣地長上來了。起先，它挨在我的腳腕；再是與我齊胸；如今你瞧，已經高過我半頭了……向日葵啊，難怪人們說，你是大步大步朝上走呢。

有誰不喜愛向日葵？在我的記憶裡，保留著多少向日葵的畫頁啊。

那幾年，我在鄉下。村頭的軍屬艾奶奶，年年春上，都在窯前的院地裡，種一大片向日葵。村子裡，雖說差不多家家都有向日葵，可是誰家的也沒有艾奶奶家的種得多，長得好。一到夏天，向日葵杆發得又粗又壯，肥大嫩綠的葉子，面面朝上，托出一輪鮮豔奪目的花朵。金燦燦的花兒，高高地露出圍牆，遠遠望去，像童話裡的小武士，披甲擁盾，威風凜凜。

老人們都說：「七歲八歲，雞狗見不得。」孩子們，長到這個時候,念書之餘,要割草,打柴,帶弟妹,但淘氣的勁頭也依然十足。穀雨過後,天氣剛剛暖和,小棉襖一摔,像出殼的山雞,成群結隊地飛向山坡。用土塊向半崖上擲去,打去年留在棗刺上的幹酸棗,再往後就打野杏,摘毛桃……凡是可以吃的,不論酸甜,都想去嘗嘗。自然,等到向日葵開了花、結出果實的時候,小東西們早已打上主意了。

"千萬不要侵害," 艾奶奶常常提醒孩子們, "等到秋後,籽兒長飽了,給你們一人一棵。" 孩子們知道,這不是空話。可眼下,院牆裡邊,那實實在在的葵花,卻有不可抗拒的魔力:為什麼要等到秋後,那細茸茸的花蕊底下,不是明明長著籽兒嗎?

那天中午,人們都在歇晌。我從村外回來,一爬上山坡,老遠就看見幾個小鬼,站在艾奶奶院牆外邊,指劃著向日葵。要動手了!我腦子裡立刻這麼一閃。果然不出意料,領頭的是柱兒,這是全村馳名的小機靈。他扒在艾奶奶的大門縫上,朝裡一望,向他的同夥們揚揚手。野姑娘猴榮,立即跑過去給他放哨。柱兒踩著兩個小夥伴的肩膀,一躍身就爬上牆。他撤住一片葉子,向日葵緩緩地彎過腰來。我急了,正要喊,猛聽見院子裡傳出艾奶奶的聲音:"是哪一個呀,給我抓住他……"

孩子們像受驚的麻雀,撲哄 —— 命地朝山下跑來。艾奶奶連大門也沒有出,可孩子們頭也不回地只顧跑,一拐彎,都撞在我懷裡。我張開胳膊,一把把他們抓住。那一張張小臉紅撲撲的,驚慌得張大了嘴巴。我忍住笑,把我的獵獲物們帶到樹陰底下,申斥說:"山桃、毛杏都叫你們吃光了吧?"

最小的一個,聽不來我的口氣,搖搖頭:"還多哩。"

"那為啥又來侵害人家的葵花?侵害軍屬的東西,你們害臊不?"……

艾奶奶的院裡,為什麼年年都種那麼多的向日葵?村裡上了年紀的人都還記得。

　　蔣胡匪幫進犯延安那年，艾奶奶把兩個兒子一齊送進咱們軍隊。十四歲的小兒子山旺，在哥哥走後，突然不見了。過了好幾天，他才回來，渾身的衣裳撕成碎布條條。爬高山，鑽榾林，不知跑了多少路，可是這個倔強的孩子，沒有追上哥哥的隊伍。

　　這天夜裡，老村長帶領鄉親們，把預備送往前線的糧食打整好。他回到家，想闔會眼，準備天亮就動身。剛躺下，就有人敲門，老村長開門一看是山旺。這孩子幾乎是哭著對他說：

　　"大伯，帶我去支前吧。我會背糧食、扛彈藥，還會趕車車。那套車的黑叫驢聽我的話哩。"

　　老村長被孩子的心深深打動了。他抬起一隻手，撫摸著山旺圓圓的頭："你娘叫你去嗎？"

　　艾奶奶披件夾襖，從坡底下急急走上來，她把一袋乾糧遞給老村長："就帶他走吧，要不，他還要跑……"

　　山旺在自家窯前，每年都要種一片向日葵。葵花熟了他不捨得吃一點，但每一回他去送軍糧、抬擔架，都鼓鼓囊囊裝上一布袋。到了前線，他會人不知鬼不覺地把葵花籽塞在戰士的口袋裡……

　　那是第幾次出征？山旺一去，再沒有回來。他，為了搶救傷患，在一次戰鬥中壯烈犧牲了。

　　窯前的院地裡，還留下一片盛開的葵花。

　　像成千上萬的陝北鄉親，艾奶奶這個無比剛強的革命老人，第二年春上，把兒子留下的向日葵，又種在窯前的院地裡。

　　從那時算起，一年又一年，多少年頭過去了，艾奶奶的窯前，從沒有斷過盛開的葵花……

　　講完這個長久地震動我的故事，孩子們默默注視著遠處。遠處是一片金光燦爛的向日葵。柱兒的小嘴巴緊閉著，烏亮的眼睛閃爍著少有的嚴肅的光。

　　不久，我離開村子，回到學校工作。

　　一個新學年開始時，我在一大堆前來報名的新生裡面，一眼就看見那個熟悉的臉龐。"柱兒！"我興奮地把他拉到跟前，這個小淘氣，念中學了！他看見我，高興地想喊，可終於咧開嘴笑了 — 在村子時，柱兒和他的小夥伴們，都叫我"幹部姨"，如今，他怎麼好意思這麼稱呼呢？

　　"咱村的大壩建成沒有？西頭的川地栽上稻子了吧？老支書德成叔腿上的病還犯不？"我一口氣問了一連串。這小鬼竟靦覥起來，儘管我急切地想知道村裡的一切，他卻敘說得很簡單。

　　"艾奶奶呢，她還硬朗吧？"提起艾奶奶，柱兒的眼睛忽然一亮。他把帆布書包拉到身前，掏出一個小布袋，遞給我：

　　"艾奶奶給你的。"

　　我連忙解開紮口袋的細繩 — 噢，葵花籽。抓一把放在手心，每一顆都是那麼圓實，那麼飽滿。我的眼前立即閃現出艾奶奶窯前盛開的葵花，閃現出她的小兒子山旺的音容神態。我懂得這位歷經滄桑的老奶奶的心，那顆飽含仇恨、又滿懷希望的心。

　　在熱火朝天的春播季節，我想起艾奶奶送來的向日葵。何不把它種下？可校園裡的空地都植了樹、育了苗，連屋前屋後也撒滿了大麻籽。這麼多的向日葵籽，該種在哪裡？

　　太陽快落山時，柱兒臉上流著汗，渾身沾滿泥土，興沖沖地跑來要葵花籽，說是他們有了地方。沒等我細問，他拿起那個小布袋，就朝學校門外跑。

　　學校外邊，隔著一條公路，就是長流不息的延河。在寬寬的河灘上，柱兒和十幾個男女同學正在掘土搬石。我走近一看，在雜草和亂石遮蓋的地方，露出一片平整的土地。

　　不記得是第幾場春雨，靜悄悄地落了一夜。清早，雨住了。新鮮的泥土裡，冒出一層豆瓣似的嫩芽。孩子們高興得心花怒放，他們雀躍著、拍著手，站在地坎上，指指點點：這是我種的，那是你種的，這一棵，是老師種的……

　　從春天到秋天，澆水、鋤草、施肥，流下的汗水是無法計算的，可終於換來收穫的喜悅。當陝北高原上收割莊稼時，我們的向日葵也成熟了。沉甸甸的果實，裝滿了一筐又一筐，堆起來簡直是一架小山。

　　由於柱兒的提議，孩子們歡天喜地，把向日葵送繳給農產品收購站。

　　我們的向日葵，還是傳播友誼的種子。每逢外國友人來訪時，向日葵和自栽的香梨、蘋果，都是招待客人的禮品。一次，在聯歡會將結束時，一位非洲朋友，指著盤內的葵花籽說：

　　"可以給我一點生的嗎？"

　　孩子們微微一怔，接著便愉快地笑了。柱兒連忙跑出去，拿來一棵留作種子的向日葵。非洲朋友興奮地接住它，俯下高大的身軀，深情而親切地對柱兒說：

　　"謝謝您，小朋友。我要把它帶回去，種在自己家鄉。"

　　我們的向日葵，就這樣常常跟隨不同語言，不同膚色的朋友，飛向五大洲、四大洋，在亞非拉肥沃的土地上，生根、發芽、開花、結果。

　　轉眼間，柱兒和他一級的同學畢業後，響應毛主席知識青年上山下鄉的號召，返鄉已經兩年了。這年暑期，我到幾個公社去，想順便看看那些戰鬥在農業第一線的返鄉青年。我首先想到了柱兒。

　　過了河，離開公路、爬上一個高嶺以後，我走在彎彎曲曲的山間小道上，心裡在想：柱兒他們這會兒在幹什麼呢？在大田鋤地，還是在菜園澆水？

　　"轟隆——"一聲震耳欲聾的炮響，猛然把我從沉思中驚醒。響聲過後，只覺得山在搖，地也在動，空氣裡飄來濃烈的硝煙味。我這才注意到，路旁的深谷裡，社員們正在開山劈石。瀰漫的煙塵還沒有消散，石匠們像從地縫裡鑽了出來，四面八方湧上去，抬的抬，撬的撬，鐵錘和鋤頭响得熱熱鬧鬧。

亂石中間，有個後生，一手掌釬，一手掄錘，埋著頭、全神貫注地鑿石頭。火辣辣的太陽底下，連個草帽都不戴。他掄一下鐵錘，汗珠一串接一串甩下來，滴落在大石頭上。他抹了把汗，一抬頭，我怔住了：

"是你呀，柱兒 ── ！"

我端詳著這個彪彪實實的大後生，他渾身上下曬得那麼黑，黑得發亮。在學校時，男孩子們喜歡在一搭裡比皮膚、比肌肉，他們以黝黑結實爲光榮。整個夏季裡，無論勞動和運動，誰也不願意失掉太陽暴曬的機會。我猜想，假如柱兒的同學在跟前，一定會重重地給他一拳，誇獎道："好後生，足勁著哩！"

柱兒一邊幹活，一邊對我說，開春以來，鄰近幾個村子，統籌規劃，聯合行動，要修建一個大壩。他問我：

"你猜猜，等到大壩建成了，咱能奪過來多少水地？"他壓根兒就不讓我開口，伸出一隻手："五百畝呀，那時候，咱就不是一塊一塊地栽稻子了。"

我看見柱兒伸出的那只手，佈滿了厚厚的硬繭，每一個指頭節都高高地突起，使得整個手顯得又粗又大。我記起，他剛剛在村裡上學的時候，我曾經握住這只手，在書皮上歪歪扭扭地寫下他的名字，那是怎樣的一隻小黑爪呀。

我們回到村裡，天已經快黑了。柱兒吃罷飯，匆匆忙忙到隊部去，我也趁空挨家挨戶去串門。從艾奶奶家裡出來，外邊黑得連路也看不見，可是村裡竟沒有一家掌燈。都睡了？院裡分明還有說笑聲，孩子們還在上下奔跑。我奇怪地問艾奶奶，她神秘地一笑，就是不對我說，問緊了，只答我一句：

"停一陣，你就知道了。"

我抬起頭，山坡上邊的隊部大院裡，卻亮著一盞汽燈。我繞過壩畔朝上走，老遠就聽見唆唆的機器聲，一堆人圍在那裡忙來忙去。看見我上來，猴榮和幾個女子，飛快地跑過來，一把把我扭轉身，兩隻手緊緊蒙住我的眼。我還沒有弄清是怎麼回事，只聽柱兒大聲說：

「行啦，德成叔。」那聲音又興奮、又緊張。

猴榮猛一鬆手，跳起來叫道：

「你看 ——」

我眨眨眼，隊部的大窗戶裡，透出耀眼的光亮，再一看，全村上下，層層疊疊的窯洞，忽然燈火通明。

「電燈著了 ——」看熱鬧的娃娃，蹦著跳著朝自家窯裡跑。

我彎下腰，仔細地瞅著那架機器。德成叔按不住心頭的喜悅，對我說：

「都是報廢了的東西。柱兒他們從縣上拉回來，修修改改，拆拆裝裝，整整擺鬧了個把月，你看，到底叫他們弄出電來了……」

年輕人興奮地一直鬧騰到月亮上來，才慢慢散去。柱兒和我一路走一路說，他指著遠處依稀可見的青山，談述著更美好的未來。他的情緒深深地感染了我。看得出，在毛主席給青年們指出的光輝大路上，柱兒邁出的步子是切實的，有力的。但是，他能不能沿著這條路，堅定不移地走下去、走到底？

聽了我的問話，柱兒沒有立刻回答。

從山坡上下來，走到艾奶奶門前。柱兒小時，靠別人肩膀才能爬上去的院牆，如今只搭在他的胸口。院內，葵花開得正旺。一株株、一行行，密密地排成一垛牆。肥嫩的綠葉，燦爛的花朵，在朦朧的月光底下，越發可愛了。

空氣裡飄散著馥鬱的花香。柱兒望望正在中天的明月，猛然像記起什麼：

「嗨呀，恰到時候，」他指著牆內一片向日葵，神采飛揚地對我說，「你聽 ——」

　　我屏住氣、側著耳。在密密匝匝的向日葵間,傳來颯颯的聲響。

　　沒有一絲兒風,連最愛喧鬧的白楊,也靜悄悄地站在那裡。為什麼只有向日葵的枝葉颯颯作響?

　　"這是葵花跟著太陽走哩,你聽見的,就是它前進的腳步聲……"

　　我驚異地盯住向日葵。果然,那輪子似的花朵由西往東慢慢地移動著,移動著,驟然間,花頭一擺,一個樣樣地轉了過來,枝葉間又發出颯颯的聲響。

　　"還有這樣的事!"我幾乎不相信自己的眼睛,"以前怎麼沒聽你說過?"

　　"這是回村以後,聽艾奶奶說的。從那時候起,我才知道,向日葵原來日日夜夜,每時每刻都在跟著太陽轉。"柱兒停了停,眼光十分深沉,"咱們延安人民,就像這朵朵葵花,不論風裡雨裡,白天黑夜,世世代代都是一步一個腳蹤地跟毛主席鬧革命。我,為什麼不能在毛主席指出的大路上,實心踏地走到底?"

　　這一夜,我躺在艾奶奶的炕上,好大功夫都沒有睡著。第二天,天還沒亮就聽見一聲接一聲的炮響。我睜開眼,心想:準是柱兒跟社員們在開山劈石。這聲音那樣清新響亮,那樣朝氣蓬勃。我興奮得再也不願躺了。

　　拉開門,燃燒起來的早霞給山川河流都塗上奇異的光彩。滿院的葵花,掛著露水珠兒,都是那麼一個樣樣的向著東方,向著冉冉升起的紅日……

(原載《陝西文藝》1974 年第 3 期)

野營籌糧記

楊　聞　宇

後勤處長李琪，一大早就進了山，為啥？因為鳳翼嶺下有個先進戰備糧庫。

還是今年夏天，部隊從南方移防到這裡，他在地區的糧管會議上，聽過這個糧庫的事蹟介紹。當時，他就想上門取經，一來是想為部隊取得北方地區糧食收、貯、管、用的具體經驗；二來這一帶是老區，是供管人員向人民學習的大好課堂。由於施工忙，這事就擱下了。這次拉練，正好路過，又要在這裡籌糧，這才實現了他的願望。

這會兒，李琪正繞著一個個糧囤轉，量量囤底雜木支架的高低，比比一眼眼杯口般氣孔的大小，又後退幾步，望著崖壁前一字兒排開的大囤子，禁不住露出喜悅的神色……

隨著一長串滿載糧袋的大車進入曬場，一個身背挎包的年輕軍人也進了庫門。他脫下帽子，抹了一把汗水，好像完成了一件大任務似的，長長舒了口氣。忽然，他發現處長正捧起一把稻穀在手裡撥拉著，心裡直翻騰：處長呀處長，出發前你領著我們幾個助理員東奔西走，為連隊分配醃肉、粉條、海帶，還特地為回民戰士背回來兩筐羊肉。昨晚，你又把司務長們拉到山村去學習粗糧細做，什麼金銀卷啦，炸糕啦，棗餅啦，末了，還和老鄉煙鍋對煙鍋拉了半宿。今個一大早，你又轉到這兒來了……一種敬愛的感情湧上心來，他激動地叫了聲："處長！"

李琪一看是徐光，忙問：“聯繫好了？”

徐光從挎包裡取出張三聯單遞了過去：“公社黨委想得很周到，讓我們就從這個庫裡提糧，真是便當極了！”

處長看著提糧單，沒有吱聲。他抬頭打量著興奮的徐光，好像要從對方臉上尋求出什麼答案似的。

在處長心目中，徐光是個工作熱情，辦事認真的小夥子。他接手的事，一絲不苟，在執行政策上從未出過差錯。可就是最近有兩件小事，在處長心裡劃了個不大不小的問號。一是半月前設點調查，處長考慮到山區交通不便，為了不致因部隊沿途大量購貨，而使山村小店的商品脫銷，他讓徐光通知各連，要多帶火柴、肥皂、煤油之類的日用品。徐光卻咕噥道：“咳！沿途百貨店都有‘擁軍專櫃’，隨用隨買多省事。”雖說他向連隊作了交代，處長還是在心裡給他記上了一筆。第二件，昨天他倆到公社糧站辦提糧手續。糧站主任很熱情，部隊情況問得很仔細：戰士都是哪裡人呀，喝這一帶的水慣不慣呀，有沒有病號呀……很顯然，是為了更好地照顧我們。可徐光對這些不介意，人家問啥他答啥。就這麼兩樁事，處長就覺著小夥子身上少了點什麼。眼下，處長捏著提糧單，這個問題又閃上了心頭。

“粗糧才百分之五，這麼少？”處長問。

“就這百分之五，還是我硬磨才給加的。按他們原來安排根本沒有。”

“這裡是雜糧產區，粗糧是群眾的主食。拉練中讓部隊儘量多吃點粗糧，團黨委不早就定了嗎？”

“我強調過。公社領導說這是個細糧庫，沒那麼多粗糧。”

“他們庫存的幾十萬斤粗糧呢？”

“在桃花峪的庫裡。”徐光往山北一指，“離這兒遠著哪！”

處長一聽，寬額上細密的紋路更深了。

徐光說：「人家已經安排了，就這麼辦吧。」

處長好像從這句話裡發現了什麼，沉默了片刻，搖搖頭，一字一句地說：「這個糧，我們不能要！」

徐光一愣：「怎麼？」

處長平和地說：「咱們得多吃點粗糧！這樣吧，群眾把糧食送到這裡不容易，咱們到沿線九個生產隊來個就地籌糧，與群眾方便，對咱們也是個學習的好機會……」說著把提糧單還給了徐光。

「下去籌糧？」徐光木然地望望山下，半晌才說，「處長，你又翻老帳本了，現在和戰爭年代籌糧不同了，部隊摩托化，車上都是自動蒸飯……」徐光本想繼續往下說，見處長變了臉色，就將後半截話咽下了。

處長炯亮的目光注視著徐光：「汽車多了，裝備好了，我們和群眾在生活上就應該劃開嗎？」

「……」徐光倒噎了一口氣，剛才那熱呼呼的勁頭一下子涼了。頭上的汗一乾，感到有點冷，他把帽子往頭上一戴，心裡挺彆扭。前幾天發生在海子公社的事一下子又翻上來。這個公社為了支援部隊，提前調來了三萬斤白菜，部隊還沒到，就遭霜打了，他們把碰磕壓爛和有飛幫、黃葉的全挑出來堆在一邊，選出結實肥嫩的整整齊齊地碼在司務長們面前。處長知道了，特別叮囑徐光，要他帶領各連司務長將爛菜全部按原價買回，不能讓地方受絲毫損失。分配給各連後，飛幫、黃葉的白菜還剩下千把斤。徐光正準備給各連再加上百拾斤，誰知，公社書記聞訊後搶先了一步，親自帶了人來，硬把這些菜送進公社幹部食堂去了。為這事，處長教育徐光說：「小徐呀，群眾越是照顧我們，我們越要愛護群眾的利益。一千斤菜事是不大，但反映了我們在熱愛人民的自覺性上有差距呀！」當時徐光心裡就窩火，這又沒違犯群眾紀律，幹嗎這麼大驚小怪的！做好供給工作，主要的是保證部隊吃飽吃好嘛。想到這兒，徐光看了處長一眼，唉！他又看啥哪？

太陽直射在長滿山丁子的大溝裡。溝裡薄霧已散盡，顯露出昨天安下的營地：炮車已偽裝就緒，物資正在車上捆紮，戰士們在折迭帳篷、打背包，夜行軍的準備工作正緊張進行。處長的目光從山下緩緩地收了回來，又移到了寬闊的曬場上，盯住了那群卸罷糧車已開始休息的送糧的社員。最後，目光落在一個年輕人身上：他，肩上搭著解下的灰布長腰帶，一手端著帽子，帽窩裡裝著碎草和馬料，正餵那鼻孔裡噴著汗氣的大轅騾；另一手，舉著一個黃澄澄的苞米餅，香甜地啃著……從戰爭歲月過來的人，對人民群眾的這一舉一動，在心裡最容易激起波瀾！

那是一九四八年深秋，李琪在華東野戰軍的一個連隊當司務員，當時部隊從魯中開赴淮海戰場。一支魯中人民組織的送糧隊，肩挑手推，一眼望不到盡頭緊隨著部隊。歇息時，他們就這樣，從布袋裡掏出糠餅子，和著溪水一口口地咽著。……當時，指導員激動地站在路邊大聲地說："同志們，你們看看吧！我們的親人，頂著寒風，爬山涉水，隨我們南征北戰，他們吃糠餅，咽野菜，卻省下了糧食，送到部隊上。這樣做為的是啥？為的是早日打倒蔣介石，解放更多受苦的同胞……"

如今，人民群眾在生活富裕的條件下，仍然省吃儉用，把最好的糧食支援國家，支援自己的子弟兵。處長心中被一種強大的責任感鞭策著，這就是，為了打倒帝、修、反，我們部隊，特別是和群眾接觸得更多些的供管人員，一時一刻也不能忘記我軍的建軍宗旨啊。

徐光一直盯著處長的臉，這時，他發現處長的眉梢一動，眉頭豁然開展。這是他下定決心時的表情。忙說："處長，既然要搞粗糧，我看還是上桃花峪糧庫吧。車來車去，用不了兩個小時。"

處長回過頭來看了看徐光說："等等。"隨即轉身快步往糧庫辦公室走去。緊接著，裡邊就傳出打電話的聲音。

　　聽著處長在電話裡和公社書記大聲地爭論，徐光心裡衝上一股火。他一屁股在石頭墩上坐下來，但好像有什麼東西紮了一下，又站起，煩躁地來回踱步。等處長打完電話神色滿意地出來，他不高興地問：“公社同意了？”

　　處長點點頭：“公社同意了，咱們政委也同意了。”

　　“三七開？”

　　“對開！”

　　“……”徐光臉膛漲得通紅，不知該說些什麼，他腦子在打轉：粗細糧按三七開搭配，比例就不小啦，搞成對開，幹部戰士會沒意見？再說部隊馬上就轉入近似實戰的演練，要爬山，挖工事，體力消耗多大！照這麼折騰，下一步供給工作怎麼搞？他氣呼呼地衝著處長：“這個家真難當！”

　　處長平靜地說：“是啊，把這個家當好，是不那麼容易。我們做供管工作，要想到部隊，更要時時刻刻想到人民群眾。過去，老區人民吃糠咽菜，省出半碗小米也支援了咱們，今天，細糧多了，他們還是省著。為的啥？再說，機關和部隊都向我提過不少增加粗糧的建議，咱可要好好想一想啊！”

　　就在這時，山區高音喇叭響起來了：“社員同志們，公社黨委要求你們，馬上全力以赴為子弟兵準備糧食。這是一次戰備支前大演習！要碾淨、磨細、收拾好，有組織地送往駐地……各生產隊的任務是……”

　　處長聽著，心裡忽地一熱：“聽聽，人家工作又做在咱們頭裡了！”說罷，忙從衣袋裡摸出個小本，撕下頁白紙，蹲了下來，掏出鋼筆飛快地畫起來。徐光一看，發現處長繪的是生產隊分佈簡圖，便說：“這都是些分散的山村，車子開不進去呀！”

　　“要什麼車嘍！往回扛不行嗎？”、

　　“連隊哪有這麼多麵袋、口袋？”

　　“戰爭年代，被單一卷，褲腳一紮，就是很好的代用品！”

處長注記完各連的徵集位置後，把簡圖交給了徐光。又詳細地交待了具體做法，並且要他特別關照供管人員和連隊參加扛糧的幹部戰士，都要到自己的徵集點上去參加勞動。徐光心裡雖然老大不高興，但還是接過簡圖，轉身朝山下走了。

處長眯起雙眼，望著他遠去的背影，心裡覺得沉甸甸的。徐光身上流露出來的，僅僅是個別供管人員中間一些大大咧咧、不扎實的工作作風嗎？不！這裡值得深思的是：我軍的革命傳統在他們身上能不能傳下去的問題。今天，每到一處，群眾總是像以往一樣，伸出一雙雙暖騰騰的手，而我們有的同志對群眾的感情卻淡薄了，這不讓人揪心嗎？革命的路還長著哩，我們批判林彪資產階級軍事路線，部隊供管隊伍就要在這社會鬥爭的大課堂中鍛鍊成長啊！

午飯後，處長又出去了。他一連走了幾個山村，到處是沸騰的景象。電磨飛旋，機聲隆隆，那些不常動用的石磨也在人推驢拽。戰士們和群眾正忙活，到處是忙得飛星濺火的人影，是軍民歡樂的笑聲。

在一孔寬敞、明亮的窯洞裡，處長正和一位頭髮花白的老大娘拉話。

"同志喲，你們收這麼多粗糧，同志們剛從南方來，吃得慣嗎？"

"大娘，我們就在這兒安家啦，還要準備打仗呢，不學會吃咱北方的粗糧行嗎？"

"看你說的，咱又不是沒有，別說庫裡，咱家就給隊裡囤了三千斤稻穀，還不算咱自己攢下的戰備糧呢！"大娘說著，往側窯一指。

處長走過去，推開門，一股新糧的清香撲面而來。窯正中一囤稻穀滿滿上尖，下面用柳木墊著，它的旁邊是幾個盛麥子、包穀、糜子的小囤，收拾得乾淨整齊。處長看見貼在囤上的"藏糧於民，備戰備荒"八個大字，心頭一熱，對大娘說："咱貧下中農落實毛主席的指示，真扎實啊！"他扛起盛滿玉米粒的口袋，"大娘，我跟您一塊幹！"

麵磨邊，大娘麻利地給磨眼裡插了根半尺長的高粱稈，又端起白瓷盆輕輕給磨道灑水。這動作多眼熟呀！讓糧食下得勻，研得細，麵裡落不進灰塵，當年群眾支前就是這麼做的。處長覺得胸中血在往外湧，他扶住碗口粗的磨杠推了起來。

這時，不知從哪裡忽閃出一群社員來，把處長圍在中間，吵嚷開了："老同志，行軍這麼累，怎麼能給同志們吃那麼多粗糧啊？"

"給你們粗糧，咱心裡不是個味兒呀！"

"你快去勸勸收糧的同志，活泛點，別那麼強著性子了！……"

一見這陣勢，處長心裡更是熱辣辣的。一張張可親的面容，一句句熱呼呼的話語，他覺得整個山村的大動脈在劇烈跳動。

正在這時，徐光焦急地分開人群闖了進來，和處長站了個面對面，那雙閃動的眼睛裡，分明在說：處長喲，你得考慮群眾情緒呀，你說服得了我，能說服群眾嗎？當他和處長眼光相遇時，不由地愣住了：處長那嚴峻的目光，像是一下子鑽到了自己心裡，他嘴角嚅動了幾下，什麼也沒有說出口。

只見處長登上一旁的碌碡，雙手壓了壓，笑微微地對大家說："鄉親們，我們吃些粗糧，是為了發揚咱們軍隊小米加步槍的老傳統……"嘈雜聲打斷了處長的話，這當兒，大娘揮動小笤帚喊了起來："咱們軍隊聽毛主席的，給細糧他們不要，愣要吃咱山溝裡的小米子，是為著將來打仗呀！咱能拖後腿嗎？……都快回去，跟從前支前一樣，磨細、碾淨、拾掇好，按時送到部隊去！"

人們爭論了一陣，才鬧哄哄地散了。處長又扶住磨杠推了起來。他步子是那樣堅實、穩重，老遠就能聽到他那"撲撲"的腳步聲。這腳步聲傳到徐光心裡，一聲一聲的是那麼清晰。他的眼睛一直放在處長一雙握著磨杠的粗壯有力的手上。剛才那種埋怨的心情漸漸消失了，一種從未感受過的溫暖流進胸膛！他愣了一會兒，突然想起了什麼，忘記了一天的奔波勞累，一步上去，坐在草墩子上，"沙沙"地搖動小圓籮篩起面來。

大娘掃著磨臺子，問："老同志，有四十出頭了吧？"

"過年就四十六啦。"處長臉上淌著汗，笑微微地回答。

"是那年到咱隊伍上的？"

"四七年。"

"幹哪一行啊？"

"就幹這一行。"

"呵喲，你也是個司務長哪！"大娘跟在處長後面，用小笤帚翻動磨盤上的苞米麵，"我可知道幹你們這行的。自打紅軍三五年經過這裡，你們不管是籌糧、收草、買燒的，總將咱窮人放在心上。鄉親們想多塞給你們一點，不知要費多少唇舌……"

處長崇敬地望望大娘，截住了他的話茬："大娘，鄉親們對咱軍隊，可真是掏心也捨得啊！"他滔滔不絕地說起來，"四八年，我們趕到了長江邊上。有一次我出去籌糧。由於蔣匪逃跑時搶劫糟踏，當地群眾摻糠拌菜，日子夠苦的了。可他們為了支援自己的軍隊，家家戶戶翻箱倒櫃，你一升，我一合，很快湊合了幾袋糧。當我走進一家茅屋時，一位瘦伶伶的老大娘從後牆上卸下一個葫蘆，把裡邊不滿一碗南瓜籽全倒了出來，顫抖著遞了過來。我看出這是她留的隔年種籽，推託著不肯收，就說：'大娘，我們是人民軍隊，不能讓你們餓著，我們會想到辦法的。'大娘鼻子一酸，說道：'什麼時候嘛，還老替我們想！'硬扯我要往口袋裡倒……"處長說到這兒，大娘撩起衣襟擦眼淚。徐光羅面的手停住了，他感到處長的話像一把火，照得心裡溫暖、明亮！

他覺著眼前突然開闊了，處長常常給自己講的話，一下子全湧到心頭。他明白了，每當批判林彪鼓吹的"軍隊中心論"時，處長就滿懷激情地回憶戰爭歲月的經歷，就是在時時刻刻提醒他、告誡他不要忘記我軍的光榮傳統啊！他不覺抬起頭來，只見處長那雙炯亮的眼裡，閃爍著一種奪人的異彩，他的手握得更緊，步子更穩、更快了……

暮靄裡，群眾舉著火把，打著燈籠，和戰士們一起扛著糧出了山村。處長和徐光每人扛了一袋，緊緊跟在後面。剛翻過山坳，啊！不知什麼時候，環山四處已是一叢叢、一串串燈火，它正從一眼眼窯洞裡傳出，穿過了林梢、崖壁，在山峁上移動、匯集，頃刻間，像無數條金色的巨龍，在山山嶺嶺間遊弋、滾動……

望著遍地燈火，處長渾厚的聲音在閃亮的夜空中響起："小徐哪，你看看！戰爭年代，千百萬革命群眾就是這樣，他們節衣縮食，一捧小米一碗高粱地湊起來，推著小車，扛著擔架，舉著火把，把我們送過了長江，解放了全中國，為我們搭起一座座通向勝利的大橋。毛主席說：'人民，只有人民，才是創造世界歷史的動力。'要記住這個真理。任何時候，我們一刻也離不開他們啊！……"

徐光覺著眼裡熱浪在滾動，扭頭一看，在燈火輝映下，處長寬大的臉膛，像一簇火紅的山丹丹。

（原載《解放軍文藝》1974 年第 3 期）

我們的"雷鋒班"

沈功銘　新繼鋒

一九七三年八月二十九日，黨的十大勝利召開的喜訊，傳到了雷鋒同志生前所在連隊。戰士們豪情滿懷，決心把十大精神貫徹到行動中去。

深夜，營區小路上走來兩個人：一個是剛從教導隊趕回來的副營長于泉洋，另一個是連副指導員周方和。這些年來，每逢黨中央、毛主席發出新的戰鬥號令，他們都要回"娘家" ── "雷鋒班"，看看班裡的新老戰友。

他們走近"雷鋒班"的住房的視窗，見戰士們都睡了，只有班長張思榮還俯在桌前寫著什麼，桌上，燃著一盞墨水瓶做的小油燈！

多麼熟悉、多麼親切的小油燈啊！十幾年前，雷鋒同志為保證在沒有電燈的地方或熄燈後也能看書學習，用舊墨水瓶做了這盞小油燈。就在這盞燈下，他通讀了《毛澤東選集》一至四卷和許多馬列著作，寫了近二十萬字的學習體會和日記。就在這盞油燈下，雷鋒班長和于泉洋談心，鼓勵他發揚"釘子"的"擠勁"和"鑽勁"，刻苦學習馬列和毛主席著作。也是在這盞小油燈下，"雷鋒班"班長于泉洋，和戰士周方和一起學習毛主席關於"向雷鋒同志學習"的偉大號召……

如今，這盞燈傳到了張思榮手中。批林整風運動中，張思榮帶領全班發揚雷鋒老班長對敵人"像嚴冬一樣殘酷無情"的無產階級革命精神，憤怒聲討批判叛徒、賣國賊林彪的滔天罪行和他的反革命修正主義路線。他們還和駐地附近的貧下中農、知識青年一道，狠批"克己復禮"、"勞心者治人，勞力者治於人"等孔孟之道，深挖林彪反革命修正主義路線的思想根源。在批判林賊反動的"天才論"的時候，有的同志在理論上遇到了一些困難。他和全班同志緊緊抓住"天才論"這個黑靶子，刻苦攻讀《反杜林論》、《唯物主義和經驗批判主義》、《實踐論》等光輝著作，掌握批林的思想武器。有時為了弄通一個基本觀點，他們常常點著小油燈鑽研到深夜。"雷鋒班"被譽為全團批林整風的先鋒班……

輕輕一聲門響。張思榮回過頭來，驚喜地喊道："老班長！你們……"

"噓——"于泉洋握住他的手，壓低聲音問道："同志們都好吧？"

"都好。"張思榮說，"方才聽了十大的喜訊，大家討論得可熱火了，很晚才睡。這不，我正代表大家寫決心書。"

于泉洋點了點頭，深情地端起小油燈，用手掌罩上。然後，就像他在"雷鋒班"當班長時那樣——不，就像當年雷鋒班長那樣，一個一個地從戰士們的床頭走過。三個月不見，戰士們更壯實、更可愛了。在馬列主義、毛澤東思想的哺育下，在批林整風的偉大鬥爭中，年輕的戰友們成長得真快啊……

挨著班長的鋪位，睡著戰士鄒仕傑。這小夥子還在農村插隊時，就被"納新"加入了中國共產黨。入伍後，他以雷鋒同志為榜樣，一個心眼為人民服務，多次被評為學習雷鋒的標兵。可他對自己從沒有滿意的時候。

于泉洋問："那張紙條到底是怎麼回事？"

"就像咱們預先猜想的一樣，這小夥子……"周方和說。

那是一個雨後的早晨，通信員楊建祥打掃會議室，在桌子上發現一張紙條，上面寫著："黨支部：給鄒仕傑請功我不贊成，他學習雷鋒雖然有一些進步，但畢竟還是一個新兵，對他應該嚴格要求。"署名是：戰士。

奇怪，請功名單是全連討論通過的，提到鄒仕傑沒有一個不同意的，爲什麼現在又……幹部們都很納悶。爲了慎重起見，黨支部又召開一次支委擴大會，讓大夥兒再討論討論。

第一個搶先發言的是一排長趙大海，他說："上次，我帶領全排上山砍伐木料。大夥正幹得熱火朝天，突然，一根木頭滑了扣，從山上直向山下正在裝車的十幾名戰士飛滾而來。就在這千鈞一髮的時刻，小鄒幾步猛撲過去，用身體擋住了木頭，避免了一場嚴重的事故，而他的右臂卻被木頭砸傷了。給這樣的戰士請功，我舉雙手贊成。"他還想繼續說下去，但話頭立即被大家接過去了：有一次，老鄉的房子失火，鄒仕傑冒著生命危險，衝進火海搶救；駐地群眾理髮不方便，他就帶著雷鋒用過的那套理髮工具，利用休息時間，走村串戶，去爲群眾理髮……

大家正爭著說個不停，通信員小楊推門進來，把一封用大紅紙寫的感謝信交給了連長。連長打開一看，見是衛生隊表揚鄒仕傑的：昨天上午，我們接收了一位元少數民族女患者，需要大量補血。可是，我們衛生隊沒有血庫，正在著急的時候，"雷鋒班"的同志們聞訊趕來了。鄒仕傑同志搶先伸出胳膊，硬要爲階級姐妹獻血，我們見他也是剛出院不久，身體虛弱，再三謝絕。他說："搶救階級姐妹要緊，快抽吧！"最後，只得從他身上抽出了一百毫升鮮血。我們建議給他獎勵，以表彰這種崇高的階級友愛精神。"連長讀完信，滿有風趣地說："同志們，兄弟單位也來投小鄒的票啦！"

會議結束後，指導員又找了好幾個戰士談心，給鄒仕傑請功仍然意見一致。那麼，紙條究竟是誰寫的呢？深夜，指導員走出辦公室，看見"雷鋒班"存放工具器材的小倉庫裡，還閃耀著一線燈光。鄒仕傑正在燈下聚精會神地寫著什麼。桌上放著毛主席《在中國共產黨第七屆中央委員會第二次全體會議上的報告》，旁邊放著一本新出版的《雷鋒的故事》。

"小鄒，還不休息啊！"

小鄒看見指導員，忙站起來靦腆地說："指導員，睡不著啊！"

停了停，他又說："指導員，聽說黨支部已決定給我請功，是真的嗎？"

"嗯。你是怎麼想的？"指導員笑著問。

"我想，我是個新兵，在繼續革命的道路上，剛剛邁出第一步，應該嚴格要求。特別是開展批林整風以來，形勢發展這樣快，我更覺得趕不上趟。所以……"

"所以，就寫了那張紙條，是吧？"指導員意味深長地說："小鄒啊！你嚴格要求自己的精神是好的。但是，問題不在榮譽多少，而在於能不能正確對待。一個自覺的革命戰士，就會把黨和人民給予的榮譽當做是繼續革命征途上的新起點，你說對嗎？"

"指導員，我懂了。"小鄒說，"可是，和我們班裡的同志比，我還有很大差距。論看書學習，我不如班長刻苦；論為人民服務的思想，我不如張景江牢固；論生活作風，我不如曾樹林艱苦；論駕駛技術，我不如李嘉陵熟練……"

聽到這裡，于泉洋深深地點了點頭。是啊，一個自覺的戰士，無論什麼時候都能找到自己的差距，找到自己學習的榜樣。只因為："為人民服務是無限的"！

鄒仕傑說駕駛技術比他強的李嘉陵，就是睡在他身旁的那個小戰士。入伍三年來，他駕駛的汽車已安全行駛了四萬多公里，曾多次單獨執行重要而艱鉅的戰備任務。但是，熟練的技術不是輕易得來的。

　　一天,"雷鋒班"的汽車到採石場去運碎石。李嘉陵把汽車開到長長的漏槽下,裝滿了碎石,正要發動,沒料想發動機"嘣嘣"地響了一陣,突然熄火了。他趕忙打開引擎蓋,把各個部位都檢查了一遍,還是不知毛病在哪裡……這時,恰好張思榮開車來到李嘉陵跟前,立即幫他修好,這才沒有耽誤施工。

　　晚上,全班圍在小油燈前,學習、討論了政治與業務的辯證關係。張思榮說:"叛徒、賣國賊林彪製造政治與軍事的對立,叫咱們放棄軍事訓練。我們可不能受騙上當啊!別忘了咱們雷鋒老班長就是以又紅又專來要求自己的。現在,蘇修社會帝國主義在我們邊境上陳兵百萬,時刻想吞掉我們。我們不很好掌握軍事技術,能完成黨和人民交給的戰鬥任務嗎!"

　　從此,一個在政治統帥下苦練業務技術的高潮,在"雷鋒班"更加熱火朝天地掀起來了。

　　李嘉陵的鑽勁就更大了。他拉著班長,走到雷鋒開過的十三號車旁,心裡非常激動。這輛車,原來是個"耗油大王",雷鋒卻不怕困難,主動把它接過來,想出了種種辦法,使耗油量大大降低,摘掉了"耗油大王"的帽子。雷鋒為人民服務這樣完全、徹底,對技術精益求精,可自己呢?……他說:"班長,來,我開車,你來給我出情況,我得加緊練!"

　　李嘉陵按著張思榮出的情況,一會兒試馬達,一會兒排故障,忙得不得了,身下的坐墊被汗水浸得濕淋淋的。

　　經過一段時間的勤學苦鑽,小李不但掌握了汽車的一般操作規律和維修保養方法,還和同志們一起研究出來許多處理突然情況的辦法。汽車上的容電器壞了,他們一時找不到替換的零件,就用別的東西代替;發動機火花塞上的高壓線脫了,他們就用別針別上,堅持繼續行車……

　　馬達隆隆,車輪飛轉。"十三號車"帶領著"雷鋒班"前進,雷鋒精神召喚接班人更快地成長。新戰士曾樹林接過艱苦奮鬥精神的故事，是又一個例證。

　　曾樹林是雷鋒同志犧牲後的第八批新戰士。一到班裡，學習時他積極發言，勞動時他爭挑重擔。但也有個叫人焦心的毛病，就是愛花錢。一次，他寫信向家裡要錢，被班長張思榮知道了。

　　第二天，張思榮把小曾領到 "雷鋒紀念館"，拿出雷鋒生前穿過的那件補了二十八個補丁的襯衣，給他講起了雷鋒老班長艱苦樸素的故事，又和他一起學習了毛主席關於艱苦奮鬥的教導。

　　後來，為使小曾更快地成長，連裡又讓他跟副班長何平生和戰士鄒仕傑一起，趁外出執行任務的機會，取道雷鋒同志的家鄉 ── 湖南省長沙縣雷鋒公社雷鋒大隊，向貧下中農學習和匯報。他們住在雷鋒童年住過的小茅屋裡。這裡還留著雷鋒的母親被逼迫懸樑自盡時踩過的凳子，雷鋒童年討飯提的破籃子。在雷鋒童年砍柴的山上，他們看到雷鋒當年被地主婆砍三刀的地方，走過雷鋒要飯走過的路。就在這地主階級罪惡歷史的見證面前，戰士們和貧下中農一起，憤怒批判了叛徒、賣國賊林彪妄圖開歷史倒車，讓勞動人民再吃二遍苦、受二茬罪的滔天罪行！

　　白天，他們挽起褲腿和社員們一道插秧。他們親眼看到雷鋒家鄉的貧下中農，怎樣堅持黨的基本路線，自力更生，艱苦奮鬥，用雷鋒精神建設雷鋒家鄉，被樹為湖南省農業學大寨的先進單位之一。

　　所有這一切，給 "雷鋒班" 的戰士們上了一堂深刻的階級鬥爭、路線鬥爭教育課。曾樹林比比自己，更加心潮澎湃。他在日記本上寫道： "我是勞動人民的後代，更應該保持勞動人民的本色。我一定像雷鋒老班長那樣，像貧下中農那樣，艱苦奮鬥幹革命……"

　　有一段時間，連隊來到一個偏僻的山區執行運輸任務。連裡辦公沒有桌椅板凳，小曾決心自己動手做。開始，小曾連鉋、鑿、斧、鋸都不會使用，他就趁運輸任務不太忙時，請假到加工連去學。白天運輸任務重，騰不出時間，他就利用晚上點起馬燈幹。班裡的同志也都積極投入了戰鬥。幾個月工夫，家什用具就做了一大溜兒，爲國家節省了一大筆經費。

上級在運輸連的車場旁邊，設立了一個臨時加油站，供來往的車輛加油。一天，曾樹林往車上裝空油桶，發現裡面還剩下一些沒有抽乾的油底兒。他決心要把這些油底兒收回來。起初，他用抽油機往外抽，這樣雖然省勁，但抽不乾淨。後來，他在地上放一個臉盆，雙手抱起油桶，讓油一點一滴地落到盆裡。三伏天，經烈日暴曬的油桶，像一盆火，往胸前一抱，就烤出一身大汗。但是，他想起雷鋒老班長說的"對待工作要像夏天一樣的火熱"，想起鐵人王進喜同志帶領大慶人艱苦創業的情景，就感到渾身有一股使不完的勁頭。這一年，他先後翻倒了幾千個空油桶，一點一滴地回收汽油兩千六百多公升，被評爲部隊的節約標兵。

于泉洋、周方和、張思榮 —— "雷鋒班"的班長們，在戰士們床頭輕輕地走著、想著，耳畔久久地迴響著"十三號車"那隆隆的馬達聲，響著"雷鋒班"前進的腳步聲。小油燈在微風下一明一暗地閃著，彷彿雷鋒正微笑著眯起眼睛，望著這些生龍活虎的新戰友⋯⋯

走到門口，于泉洋把小油燈交給張思榮，問道："咱們班的決心書是怎麼寫的？"

張思榮說："按照大家議的，剛開了個頭。第一條是：刻苦學習馬列主義、毛澤東思想，進一步抓緊抓好批林整風。"

周方和插了一句："這也是我們連的決心！"

"寫得好！"于泉洋顯得異常興奮，"以前靠它，今後還靠它！"

三雙有力的手，緊緊地握在一起；三個人的目光，一齊投向那盞光芒四射的小油燈⋯⋯

（原載《解放軍文藝》1974 年第 3 期）

洪州城散記

卞　卡

剛剛過了寒露，太行山野已經呈現出濃重的秋色。漫山遍嶺的柿樹，葉子火一樣的紅，一疙疙一串的柿子，猶如小紅燈籠，累累掛滿枝頭。山裡紅熟了，一個個恰似紅瑪瑙，掩映在綠葉之中，把巍峨蒼翠的太行山點綴。山坡上，一群群肥壯的牛羊，在藍天白雲下歡快地遊動著。層層梯田裡的莊稼，成熟了，收穫了，社員們以無限歡樂的心情，迎來了又一個豐收年！

就在這處處洋溢著豐收喜悅的時節，我又重訪了位於太行山腳下的 "洪州" 古城。我第一次來，是在三年前，就住在屬於 "洪州城" 範圍的槐樹坪大隊，是在一位貧農老大爺的家裡，住了足足半個月。就在那半個月時間裡，槐樹坪的貧下中農向我介紹了關於 "洪州" 古城的情況。

說是 "洪州城"，其實並不見城池的影子，只是一片亂石荒灘。據傳說，在很古很古的時候，這裡曾有一座城廓，由於泥石流的侵襲，把整個城給淹沒了，而且埋得很深很深。留下的只是 "洪州城" 的名字和方圓二十多萬畝的亂石荒灘。龍門河、石門河、黃水河連同它們大大小小的支系，從這裡穿流而過，每當夏季山洪暴發的時候，怒濤翻滾著的洪峰，攜帶著砂礫和大大小小的石塊，奔騰咆哮，飛瀉而來；可是，一旦雨過天晴，這裡立時就變成了飛沙走石的幹河灘，卵石遍地，沙丘連綿起伏；荊棘叢生，苦槁沒人，野狼出沒，完全是一片不毛之地。解放前，這裡曾流傳著這樣的民謠："出來黃水口，一片亂石頭，不長莊稼，光長狼尾巴狗"。解放後，縣林場曾試圖在這裡植樹造林，結果是"十二年的柏樹一人高，十六年的槐樹不成椽"。

那次來，槐樹坪大隊團支部書記楊青山曾帶我到"洪州城"看了整整一天。在我印象中，"洪州城"的確是荒涼的。但是，楊青山卻不這樣認為，他把我拉到一個高高的沙丘上，滿含深情地說："別看這裡荒涼，這裡的一草一木，都是革命先烈用鮮血和生命換來的，都是屬於人民的。過去劉少奇搞修正主義，路線錯了，群眾的積極性調動不起來；現在經過無產階級文化大革命，毛主席革命路線勝利了，群眾的社會主義勞動積極性發揮出來了，只要捨得花力氣，我就不信這裡長不出莊稼，打不出糧食來！"

他說話的語氣是很堅定的，信心也是很足的，紅紅的臉膛上泛出了剛毅的神情。

這都是三年前的事情了。

今天，我又來到了槐樹坪。那位貧農老大爺的身體依然是那樣健壯。當我問起楊青山的情況時，他先反問我："你還沒見到他？"

我說："先來看看您，再去找他。"

老大爺連忙把我按到凳子上，倒了一碗水送到我手裡，問我："文化大革命中，青山在莊上第一個起來造反的事，你忘了沒有？"

我說："沒有忘！"

老大爺繼續問："林彪一夥推行反革命路線，硬說青山是啥子'反革命'，整了他幾個月，這事您知道不？"

我說："我已經聽說了。"

"那就好！"老大爺臉上頓時浮現出了笑容，"給你說吧，青山如今是咱大隊的黨支部書記了！"說著，老大爺點燃一鍋煙，像是對我，又像是自言自語地說："有出息，好樣的！"

這時，我腦子裡立刻浮現出楊青山這個青年人的形象來："二十一二歲年紀，高高的個子，寬寬的肩膀，黑紅的臉膛，濃黑的臥蠶眉下一雙閃亮的眼睛，說話辦事乾淨俐落，渾身充滿著青春的活力。在無產階級文化大革命的急風暴雨中，他迎著階級鬥爭的風浪前進，事蹟很突出，也是很感人的。把這樣的一代新人提拔到領導崗位上，這是毛主席關於培養革命事業接班人的百年大計、千年大計！這樣的一代新人，是在鬥爭的風尖浪口上湧現出來的，黨組織信得過，貧下中農信得過！有了這樣的帶頭人，什麼困難不能克服，什麼奇蹟不能創造！

我的心裡是很激動的。老大爺大概看出了我的心情，用手摸了摸碗，怕水涼了，把碗慢慢推到我跟前。等我喝完了水，他笑著問我："你猜青山如今在哪？"

"在哪兒哩！"我不解地問道。

"在'洪州城'裡安營紮寨，開荒造田哩！"大爺滿懷喜悅地說。

我說："真的幹起來了！"

老大爺樂呵呵地說道："嘿！幹起來了！青山的脾氣就是那樣，辦啥事，說今黃昏幹，就不會等到明清早。"老大爺又點了一袋煙，嘶嘶吸了兩口，接著說："創業可不是一件簡單事呀！就在去不去'洪州城'開荒這件事上，還有一場鬥爭哩！"

接著，老大爺給我說了這場鬥爭的原委。

楊青山當選黨支部書記後，首先考慮到的問題是怎麼樣堅持農村社會主義道路，把"農業學大寨"的群眾運動引向深入？槐樹坪大隊是個大村子，人口多，土地少，每人可耕地平均只有四分一厘。一九七二年，糧食平均畝產雖然達到了一千二百五十六斤，居全縣第一位，但儲備少、貢獻小、標準低，又在全縣落了個倒數第一名。

　　怎麼辦？楊青山認爲，是守業還是創業，這是兩條路線的鬥爭。毛主席領導的無產階級文化大革命，就是爲了解放生產力。現在，新的紅色政權建立了，不領導貧下中農走社會主義道路，不闖出一條新路來，就對不起黨，對不起偉大領袖毛主席。

　　幹！革命者不怕苦和累，到"洪州城"裡開荒造田！

　　黨支部會議開始了，楊青山手捧著毛主席的光輝著作《介紹一個合作社》，讀了一遍又一遍，字字扣動著每個領導成員的心弦！

　　一個個夜晚，楊青山手捧著這本書，走家串戶，把毛主席的話深深地印在每個貧下中農的心坎裡！

　　"窮則思變，要幹，要革命"！

　　"一張白紙，沒有負擔，好寫最新最美的文字，好畫最新最美的畫圖"！

　　向"洪州城"進軍的號角吹響了！

　　可是，就在這個時候，街上突然出現了一張大字報，大字報寫的是順口溜：

　　　　楊青山，好逞能，

　　　　吵著要進"洪州城"；

　　　　"洪州城"裡石頭多，

　　　　磨破肩膀砸爛腳！

　　　　"洪州城"裡茅草高，

　　　　種一葫蘆打兩瓢；

　　　　大家都要想一想，

　　　　千萬不要去上當。

　　當老大爺說到這裡時，我問："這大字報是誰寫的？"

　　大爺說："還不是那個劉老歪！"

　　這個人我知道，是個專走資本主義道路的人。文化大革命前，他不安心農業生產，自己燒窯賣砂鍋，搞投機倒把；文化大革命中，楊青山發動群眾狠狠批了他一通。現在，正當人們準備向"洪州城"進軍之際，他又跳出來了。

大爺說："青山說這就是階級鬥爭！他這張大字報一貼，大家的心更齊了。"

大爺給我說，就在這大字報貼出的第二天，天剛朦朦亮，楊青山就帶著一幫子人向"洪州城"進發了。那時候天還很冷，地上還結著厚厚的一層霜凍，可是誰都不覺冷。楊青山舉著一杆大紅旗，雄赳赳地走在最前頭。他們還唱著這樣一支歌：

> 踏破千難與萬險，
>
> "洪州城"裡把家安；
>
> 為革命造田不怕苦，
>
> 誓叫荒灘把糧獻！

這口號是多麼豪邁啊！它熱烈奔放，充滿著革命激情！

對於"洪州城"的情況，我是瞭解一些的。要在這樣的亂石荒灘裡造出一塊田來，先得把石頭挖出來，或集中到一起，或挖幾米深的溝，把石頭深深地埋在底層，而後，再去找土，墊上一米高的活土層。那工程，不用說有多難！

要說難，也確實是難！但這難只能嚇倒那些懦夫懶漢。英雄面前是沒有困難的！特別是像楊青山這樣踏著風浪闖過來的青年一代，什麼樣的困難都是無所畏懼的！

大爺告訴我，大隊人馬來到"洪州城"以後，楊青山就帶領著人們挖地窖。既然是安營紮寨，他們把鍋灶都帶去了。一個個地窖挖好了，把帶來的麥秸鋪進去，高粱杆、玉米杆蓋在上邊，再壓上一層土，這就是他們的住室。這裡是風口，黃風一起，風沙瀰漫，鍋灶也壘在了地窖裡。

第一天的戰鬥是十分繁忙而緊張的，但每一個參與這種戰鬥的人，心情也是十分歡快的。對勇於創業的人來說，這就是幸福！

我雖然還沒有見到楊青山，但他那崇高的精神境界，他那潑潑辣辣的戰鬥風格，他那一往無前的鬥爭精神，他那勇挑重擔的工作作風，他那閃光的性格特點，都彷彿一齊向我撲來，使我心潮澎湃，噴湧出奔騰的浪花！

傍晚的時候，我懷著激動的心情來到了"洪州"古城，我要來看一看楊青山是怎樣率領著貧下中農，在這荒蕪的亂石灘裡生活和戰鬥的。

當我來到這裡的時候，一縷縷炊煙，開始在"洪州城"上空嫋嫋升起，向著巍峨的太行山輕輕地飄去。夜幕籠罩了大地，一盞盞馬燈點燃了，一掛掛燈籠閃亮了，一堆堆篝火燃起來了，一隻隻手電筒發出了耀眼的光束，奇異多彩，氣象萬千！我們常常形容童話世界的美，這不就是童話般的世界嗎？

在一個十分簡陋的地窖裡，我見到了楊青山。他還是三年前我們在一起時那個樣子，健壯的體格，紅紅的臉膛，眉宇間流露著英氣，眼睛裡閃耀著光澤。不同的是，更加沉著老練了，這從他那穩健的神態裡完全可以感覺出來。他高挽著褲腿，敞著懷，臉上油光閃亮，好像是汗，也好像是塗上了一層彩釉。如果說三年前在我印象中他還是一個二十一歲的小青年，言談舉止還帶著一些幼稚的色彩，那麼今天，站在我面前的楊青山，卻完完全全變成了一個農村基層黨的領導者的形象了。

我握住了他那粗壯的大手，彷彿覺得他身上湧灌了千鈞般的力量，這不正是一個普通勞動者固有的特點嗎？

我們兩個把手緊緊握在一起，不知道怎樣說出第一句話來。

這一夜，我們談得很多，也談得很遠。從文化大革命，談到槐樹坪的階級鬥爭；從來"洪州城"開荒，談到如何落實毛主席"農業學大寨"的偉大號召；從槐樹坪的遠景規劃，談到全縣的巨變。從談話中可以覺察，他的心胸是很開闊的，看問題是很銳敏的。

這一夜，我們是在幸福的交談中度過的。

　　第二天，天剛朦朦亮，我和楊青山一起參加了開發“洪州城”的戰鬥。但見拖拉機、汽馬車、架子車、小推車，一拉溜，一片片，往來如飛；钁頭、鐵鎬、鋼鍬，上下起舞，錚明閃亮。到處是繁忙的人群。紅旗在舞動著浩蕩東風！機器轟鳴，人喊馬嘶，歡聲笑語，歌聲陣陣，那陣勢，那場面，令人眼花繚亂，心血沸騰！

　　什麼是戰鬥？這就是戰鬥！楊青山說得好：“輕輕鬆鬆學不了大寨，舒舒服服改變不了面貌！”眼前這動人的場面，不就是在毛主席革命路線指引下，經過無產階級文化大革命的戰鬥洗禮，貧下中農所煥發出來的社會主義勞動積極性的光輝寫照嗎？有這樣堅持毛主席革命路線的領導幹部，有這樣為改變山區面貌而忘我勞動的貧下中農，什麼樣的艱難險阻不能逾越，什麼樣的人間奇蹟不能創造出來！

　　下工的哨聲響了，社員們扛著勞動工具，三五成群地說笑著離開了勞動場地。

　　楊青山沒有走，他拍著我的肩膀，說：“走，我領你轉轉去！”

　　三年前，他曾領著我在這十里荒灘中轉了一天，那時給人的感覺是荒涼的、冷漠的。可是今天情況就完全不一樣了。由於這些“拓荒者”的出現，這裡，一方方的地塊形成了；一道道防風林帶開始出現了。那近三十萬棵大冠楊，像列隊的戰士一樣，守衛著一塊塊用心血和汗水澆灌而成的耕田，守衛著一群群勤勞善戰的“拓荒者”。

　　此時此刻，我們的心情是歡快的。

　　我們走著說著。楊青山突然指著對面的太行山問我：“那個高峰你知道叫啥名字？”

　　“象鼻山！”我順口答道。

　　他說：“那裡正在修著石門水庫。”

我說："我去過那裡。工程好大啊！"

他興致勃勃地說："石門水庫一修成，這裡的面貌一下子就變了。把山洪蓄起來，把水渠修起來，嘿！叫啥時候來水，就啥時候來水，這古老的荒灘，就變成米糧川了！"說著，他又用手比劃著，"這裡南北打個大壩，黃水河漲水了，叫它順著規定的河槽走。這個工程，俺公社已開始規劃了，明年你再來看看，管叫你認不出'洪州城'到底在哪裡。"

他說得非常自然，充滿著自信感。

他說的這些話都是真情實意的。路線對頭了，方向明、幹勁大了，群眾真正發動起來了，什麼理想的目標都是可以達到的。在以前，誰能相信荒灘裡會造出良田，長出莊稼？可是，眼前這一方方耕田，一行行蔥籠繁茂的樹木，不就是在這亂石荒灘裡出現的嗎？

沒等答話，他把話鋒一轉，說："但是，今天幹什麼事，都得堅持鬥爭，與天鬥，與地鬥，與人鬥！就拿我們來這裡開荒造田來說吧！來之前，在村上就鬥了一下；到這裡後，還是有鬥爭的。要敢鬥，還要善於鬥！鬥則進，不鬥則退！"

回到住地後，我瞭解了一下來這裡後鬥爭的情況。這鬥爭還是那幾個要走資本主義道路的人挑起的。說實在的，不論勞動條件、生活條件，比起在家，那是比較艱苦的。於是，那些人就不樂意了，說什麼："楊青山就會挖地壘石頭，他就不知道福該咋享哩！"

對於這種論調，楊青山聽到後理都沒理。可是，貧下中農聽到後不願意了，找到那幾個人一直辯論了好幾場，駁得他們理屈詞窮，不管心裡服不服，反正不敢吭聲了。

對於楊青山的情況，村上的貧下中農都是十分清楚的。他的祖父和父親都是老石匠。但是，在那暗無天日的舊社會，縱使把太行山的石頭全都鑿穿鍛透，又能得到些什麼呢？爺爺為地主老財鍛了一輩子石頭，累死了！父親爲地主老財鍛石頭，終日不得溫飽！一九四九年，當五星紅旗第一次在天安門廣場升起的時候，楊青山迎著朝霞來到了人間。他作爲貧下中農的一棵好苗苗，生在山區，長在山區，渾身充滿著太行山人的特點。今天，作爲一個共產黨的基層幹部，仍然以普通勞動者的身份出現在人民群眾之中，群眾身上有多少汗，他身上有多少汗；群眾身上有多少泥，他身上有多少泥！挖地疊石頭，這不正是勞動人民的本色嗎？這不正是精神上閃光的特點嗎？怎樣理解"幸福"的含意，去追求什麼樣的"幸福"，他的心裡明鏡一般啊！

還有的人嫌這裡勞動強度大，直接了當地問楊青山："來這裡開荒，是公社的決定，還是你個人的意見？"

更有甚者，還有人造謠說楊青山犯了"冒險主義"錯誤。

楊青山認爲這並不奇怪，這是在新形勢下，階級鬥爭、路線、鬥爭的反映。

群眾性的大批判烈火點燃起來了。一張張大字報，猶如戰鬥的檄文，對各種奇談怪論，展開了猛烈的轟擊！

就在這個時候，公社黨委書記老趙來到了"洪州城"。一見楊青山就問："有人去公社告你的狀了。怎麼樣，頂得住嗎？"

楊青山笑了笑，堅定地說："路線鬥爭就是這樣，告狀有什麼了不起！"

老趙也笑了："你們敢於大戰'洪州城'，這是新生事物，大方向是完全正確的。屬於糊塗認識的，要作工作；屬於階級敵人破壞搗亂的，要揭露，要批判！"

這天，老趙沒有走。白天，他和大夥一起參加了勞動，晚上就和楊青山同睡在一個土窖裡，兩個人說啊，談啊，誰知道說了多久，談了多少！小地窖裡升騰著蒸蒸的熱氣。

這天夜裡，天空忽然飄起雪花，輕輕地散落在一個個地窖上。雪，悄悄地在溶化著。勞累一天的社員，酣然入睡了，睡得是那樣香甜，又是那樣的愜意！可是，在老趙和楊青山的土窯裡，卻依然亮著燈光⋯⋯

一天下午，楊青山把我領到了大田裡，放眼望去，那菜園裡的冬瓜，沒膝深的藤蔓開始塌架了，一個個披滿一身白毛毛的大冬瓜，白嘩嘩地躺滿一地。那玉米，棒槌似的玉米穗，神氣百倍地斜插在粗壯的杆子上，向人們炫耀著自己的英姿。那紅薯，每一棵的根部，都拱起了一個大堌堆，肥大的薯塊，透過裂開的縫隙探出頭來⋯⋯

人們沉浸在豐收的歡樂之中。因為這不是一般的春種秋收，這是在荒蕪冷漠的"洪州城"裡，第一次獲得的好收成啊！這是毛主席革命路線的偉大勝利！是無產階級文化大革命的豐碩成果！是批林批孔運動的新成就！是廣大貧下中農，高舉"農業學大寨"的鮮紅大旗，堅持黨的基本路線，與天鬥，與地鬥，與人鬥，以忘我的勞動熱忱，戰勝各種艱難險阻的結晶！

看到這喜人的莊稼，我的心裡翻滾著激動的浪花。對楊青山，對槐樹坪貧下中農，堅持黨的基本路線，戰天鬥地所取得的豐碩的戰鬥果實，我真是從內心讚歎不已！對他們大無畏的革命精神，我從內心裡敬佩啊！我覺得他們的形象是高大的，精神世界是美麗的！像楊青山這樣的一代闖將，在無產階級文化大革命中湧現出來的不是一個兩個，而是成千上萬啊！有這樣好的接班人，我們黨的事業，就興旺，就發達，我們的國家就會千秋萬代永不變色！⋯⋯

在同楊青山和槐樹坪大隊貧下中農相處的日子裡，我的心情始終是十分不平靜的，他們的精神，他們的幹勁，給我以鼓舞，給我以力量，感情的波瀾時時在我胸中湧起、奔騰！

就在我將要離開"洪州"古城的一天下午，那位貧農老大爺突然到"洪州城"裡找我去了。一見面，他就熱情地給我說："聽說你快走了，把我自己編的快板給你說說吧！"

　　我還不知道大爺有這個特長，連忙說：「大爺，你說吧！」

　　老大爺把他那長杆煙袋往肩膀頭上一搭，兩手一合，輕輕地拍著說了起來。他說得很熟練，口齒也很清晰。

　　這個快板很長，內容也很豐富，有歌頌偉大領袖毛主席的，有歌頌文化大革命的，有表揚大隊黨支部的，還有述說「洪州城」變化的。

　　老大爺說完之後，激動地說：「要不是毛主席領導得好，要不是開展了文化大革命，要不是青山領著大夥潑命地幹，俺大隊會變化這麼快，這『洪州城』會長出恁好的莊稼！」說著說著，老大爺動感情了。我看得真真切切，兩行明晃晃的眼淚，順著大爺那多皺的面頰，緩緩地向下滾動著，滾動著……

　　我就要離開「洪州城」了。那天早起，剛剛吃過早飯，一轉眼卻不見楊青山了。我在東河灘戰鬥的人群中找到了他，向他辭行。站在我面前的楊青山，手掯一把鐵鎬，高挽著褲腿，敞開著胸懷，黑紅的臉上閃爍著青春的光澤，英氣煥發，洋溢著灼人的朝氣，明淴淴的汗珠，在臉上閃亮著。我握著他那結滿老繭的、粗壯的大手，不知該再說些什麼，再問些什麼。我渾身熱辣辣的，心裡翻滾著波濤！

　　眼前是沸騰的戰鬥人群，遠處是春雷般滾動著的開山炮聲！

　　放眼向太行山望去，巍峨蒼翠的太行山，秋色更濃了！但此時此刻，感覺到的卻是處處春意盎然！

　　因為每個人心裡都裝滿百花盛開的春天！

　　　　　　　　　　　　（原載《河南文藝》1974 年第 4-5 期）

紅旗渠畔擺戰場

林 風

紅旗渠畔，一派大好春光。登上太行山，只見紅旗迎風招展，聽到隆隆的炮聲不斷，號子聲響徹山谷。英雄的林縣貧下中農在深翻改土、劈山造田、攔河填地，繼續重新安排河山。

黨的第十次全國代表大會勝利閉幕以來，林縣人民滿懷革命豪情，歡呼毛主席革命路線的偉大勝利，憤怒批判反動沒落的剝削階級意識形態 ── 孔孟之道，批判林彪反黨集團的反革命罪行，抓革命、促生產，正在為大辦社會主義農業而繼續奮勇作戰。

在林縣縣委召開的廣播大會上，狠批了林彪反革命的修正主義路線；每一座山莊、村落的喇叭裡都響著同一個聲音："同志們，我們在毛主席的革命路線指引下，艱苦奮鬥，自力更生，建成了紅旗渠。今天，在黨的十大精神鼓舞下，我們應當發揚修紅旗渠的革命精神，大打深翻改土這個硬仗。"

澤下公社上莊，是林縣農業學大寨的先進大隊。廣播大會剛剛結束，這個大隊的幹部就登上不脊腦下的石堆，居高臨下，俯瞰工程全貌。四年前的多天，為了改變上莊的缺水狀況，他們曾經在這裡學習毛主席"窮則思變，要幹，要革命"的偉大教導，制定了建設的藍圖，一面批判林彪反黨集團破壞紅旗渠建設的罪行，一面掀起挖渠築庫的熱潮。此後，他們帶領廣大群眾堅持深入開展革命大批判。貧下中農聯繫個人親身經歷，暢談社會主義制度的無比優越，狠狠打擊了階級敵人的破壞活動，使上莊在鬥爭中不斷前進，接連建成了幾個小水庫。今天，他們又登上這個地方，看遠方，一條條長龍似的水渠閃著銀浪，奔騰不息；看近處，一條條石崗正等待人們去削平，一塊塊土地正等待人們去改造。貧下中農都說：「過去我們靠黨的基本路線指引，挖了管道，建了水庫；今天，我們牢記黨的基本路線，也一定能把眼前的高崗削平，薄地深翻，建成平展展的大寨田。」

第二天一早，在不脊腦下，點響了削崗平溝的第一炮。一炮點響，百炮呼應，林縣大地浸沉在隆隆的炮聲中。

那站在石灰窯頂，緊張地指揮裝石塊、擺煤餅的，不正是當年修建紅旗渠的勞動模範李五喜嗎？這位老英雄，從紅旗渠的總幹渠，到三條幹渠，再到支渠配套工程，轉戰了多少個地方！這次他又來到治理桃源河的工地。在桃源河工地，像這樣的人物何止李五喜一個？正是在這種革命精神的鼓舞下，他們在不長的時間裡，就墊出了土地四百三十畝；扎扎實實的石岸，平展展的土地，同正待改造的亂石滾滾的河灘，形成了鮮明的對照！

在一座老墳崗上，有三百畝「土薄僅有半尺深，種上啥也不紮根，幹活使斷脊樑筋」的裂石地，這裡的貧下中農正在進行著一場緊張的戰鬥。他們先把熟土倒過一邊，將下面的裂石挖掉，再把熟土墊上。這可是一場硬仗呀！

天氣還冷，北風捲著砂粒，在老墳崗上呼嘯，大地凍得像塊鐵，遍地硬梆梆，用鑊頭挖半天崩不出一道縫，只能印個白點點。工地上，钁把折斷一根又一根，鑊頭撬斷一把又一把，貧下中農胳膊幹得酸疼，身上累得出汗，可是，什麼困難也動搖不了英雄人民改天換地的決心。看！一個青年婦女隊長，從隊裡背來了鐵錘、鋼釺，領著一夥鐵姑娘叮叮噹噹幹起來。一錘錘，一釺釺，她們終於在凍土上鑿出個巴掌大的缺口。這個婦女隊長又拿來木杠子伸進缺口，在木杠下頭墊塊石頭，和另外三個女青年「嘿喲嘿喲」喊著號子，把木杠狠狠地按下去，碾盤大的凍土塊被撬開了。她喘了口氣,隨即又推來小膠車,向姐妹們招呼: "抬上去,我推走它!"八九個姑娘一齊用勁,把那塊凍土抬到車棚上,婦女隊長兩手緊握車把,腿一蹬,身子向前一挺,車子飛快向前。正是這些不怕苦、不怕累的鐵姑娘們,破土揀石,一塊一塊,一車一車,兩個月就深翻了二百四十畝土地。

在全縣農田基本建設熱火朝天搞起來的時候,在三道灣工地,也傳來大幹苦幹趕先進的捷報。

在這裡,白天,崗上坡下一片人;晚上,溝裡河邊一片燈。為擴大澆地面積,長達六百八十米的"過江渡槽"正在修建,"五溝八崗七面坡"上已出現新面貌。這裡的渡槽上,一面面紅旗,迎風招展;溝裡,一道道石壩,平展展的土地;坡上,一條條石牆,一層層梯田,像一級級直登藍天的雲梯。

這裡的革命大批判搞得好,把修正主義路線批了個人仰馬翻,貧下中農把煥發出來的勁頭,投入治理三道灣的戰鬥。設岸壘壩沒有料石,他們從山頂把石頭撬開,一塊一塊背到溝裡。造田沒有土,他們爬上懸崖陡壁,從石縫裡摳出一把把土來,墊在新修的田裡。原定三個多天完成的任務,一個多天就完成了。然而,他們在勝利面前並不滿足;百尺竿頭更進一步,他們認真總結經驗,重新制定規劃,提出要在三岔河上設岸閘溝,這樣可以再墊出土地十二畝。可是窟窿山正好把這十二畝地擋成一片背陰,一年有九個月見不到太陽,怎樣把陰溝變成陽溝呢?人人出主意,想辦法,最後決定:推倒窟窿山,陰溝變良田!

窟窿山向裡凹進,張著大口,像個老虎嘴,要掀掉它,就得飛繩下崖,鑿眼點炮,這還是第一次。叫誰去好?幾十個小夥子擁到大隊,向黨支部請戰,爭當"叫窟窿山開花"的爆破手。黨支部從中挑選了四個健壯的青年。他們堅定、樂觀、沉著,身上捆著鐵釺、大錘,飛繩下到虎嘴。往上看,險峰筆直,往下看,深澗無底。朔風呼呼,懸崖邊掛著的冰柱不時被狂風折斷,墮入澗底。淩空倒掛的老虎嘴，本來石面上就是一層光溜的青苔，現在又覆蓋著一層冰霜，別說站人，連塊石頭也放不住。他們用鐵釺搬掉一塊浮石，找了個立足之地，在老虎嘴的下邊叮叮噹當幹了起來。正幹得起勁，氣溫驟然下降，一股寒流夾著陰沉沉的雲塊，帶著狂風轟響，緊擦著懸崖陡壁的老虎嘴飛馳而來。天空變得越來越暗，幾隻凍得直哆嗦的飛鳥驚慌失措地飛向巢穴。懸掛在半空中的青年人，剛剛出了一身汗，寒流一來，遍身透涼。但是誰也不叫苦。他們冒著嚴寒，頂著飛霜，整整幹了五個小時，挖出炮洞，裝上炸藥，點燃導火線……

"轟！"隨著炸雷般的響聲，幾乎半架山都倒了下來，人們從四面八方跑來，歡呼勝利。有人問："下崖怕不怕？冷不冷？"一個青年挺著胸膛撲嗤一笑："咱要推倒窟窿山，窟窿山要鍛鍊咱，就是把青春全部獻出來也心甘。"這是多麼豪邁的語言！它表達出毛澤東時代的青年的崇高理想！

英雄的林縣人民，在批林批孔鬥爭中，抓革命、促生產，以忘我的勞動精神，頑強的革命毅力，繼紅旗渠建成後又譜寫了一曲改天換地的新篇章。看今日林縣，管道縱橫，水庫遍地；亂石滾滾的河灘變成了農田，土薄石厚的土地變成了海綿田，高低不平的溝凹地變成了人造平原，少邊沒堰的溝坡地築起了大堤岸，陡峭的石山上修起一級級梯田，它們在飄浮著白雲藍天的背景上，勾畫出了一幅社會主義新山區的壯麗畫圖。

工程還在繼續，炮聲還在轟鳴。英雄的林縣人民在毛主席革命路線的指引下，抓革命、促生產，戰鬥不息，奮勇向前！

（原載《光明日報》1974 年 5 月 1 日）

途　中

菡　子

　　緊靠外灘的停車場，瀰漫著清晨的霧氣。經過夜雨衝刷的綠色卡車，散發著汽油的香味。車上後半節已排滿了飽經風塵的板車，我和兩個在指揮部似曾相識的同志，忙著把到工地安家的行李，揀板車的空隙朝裡塞，然後就踏著車輪，跳進卡車前半節，在車篷下面一個位子坐下。裡面已坐了幾個朝氣蓬勃的同志，看來也是準備去我們新工地的先行小組的戰士。前面黃浦江上勁風吹過，挺立的桅杆，飄揚的旗子，給我們一種鼓舞的力量；水上還響著清亮的喇叭聲，吹奏著遠航的呼號。我們的車子也迅速地發動起來。

　　綠色的卡車不停地奔馳著。在開往前方的車子上，人們很快地熟悉了。車上最年長的是老盛，最年輕的是小諸；老徐是工地的老將，他已去過多趟。從性別來說，我是極少數，被他們稱爲"半月天"。挨小諸坐的是程遠，細高條兒，全副電工打扮，腰裡掛滿了鐵傢伙。據說他原是小諸的高年級同學，畢業後曾參加幾次工業大會戰，擔任了團幹部。這次是剛從幹校學習出來。老徐看了看大家，風趣地說："我們這些爲了一個革命目標走到一起來的同志，夠搭一個'班子'。"

　　大約過了一個小時，我估計快到渡口了，就站起來掀起車篷的一角對外張望。

　　"阿姨，快看見海了吧？"聽得出是小諸在我背後問我。這時車子已到渡口，極目瞭望，浦江也有海貌，浩浩然伸向遠方。我不禁歡呼：

"你快來看，這是大海的兄弟，也有海的模樣。"

陽光帶著水影映在小諸的臉上，"我們工地的海可是藍的？"他帶有不滿足的情緒試探地問。

我沒法形容我們工地附近江海橫流的壯觀，只好請他自己去看。

車子上了駁船就向前方衝去。這一路原是很熟悉的啊！這條路的右邊分道直通我在那邊學習過的五‧七幹校，這次只能從拐彎的路口擦身而過，向母校遙致敬禮了。不料車子戛然而止，路旁站著個大個兒，撐起一條扁擔向我們招手致意。身邊放著慣於野營的簡單行裝。他先使力氣搬他那只隨身自帶的木箱，朝車上送。老徐見物如見人，欣喜地向我們解說：

"準是老馬來了，這箱書跟著他走哩！"

小夥子們站起來去接，挪開自己的鋪蓋卷，把書箱放在我們的中央。

"啊，老馬！你真是馬不停蹄啊！不是說讓你探了親才上陣的嗎？"老徐拉著老馬的手說。

"要攔海就要趁這個寒天啊！錯過機會又要拖一年。快馬還要加鞭，何況我這匹老'馬'！"老馬渾淳的口音，使我親切地感到戰爭年代山東農村幹部的踏實勁兒，打五‧七幹校出來，他更帶著幹練而純樸的風貌。

"五十五還是出山虎呢，你配賣老？"老盛打趣地說，眼睛裡滿是笑意。我猜想他們是工交系統五‧七幹校的戰友，果然老馬回答說：

"我哪敢在你面前賣老呢？'盛老'！"

"我怎麼？！剛滿三十公歲，正當壯時！"不料這個"盛老"惹惱了老盛，引起他的抗議。

"什麼公歲，倒是第一次聽到。"老馬滿有興趣地提問。

"我沒有發明權，這是女將們說的。她們認爲按照市斤與公斤的比例，年歲上加個'公'字，也可以少算一半。到工地嘛，年齡打個對折，這是我們特殊的權利。"老盛頗爲風趣地解釋著。

車上最年輕的小諸聽見這些稀罕話，忙伸著九個指頭認真地抗議："我不贊成，打對折我才這麼點兒，不行，不行！"

一場哄笑飛揚到車外去了。老馬早就喜愛地注視這個年輕人。"你們是頂呱呱的小將，保證不打折扣。"他殷切的眼光落在幾個青年的身上。他又滿懷深情地看著小諸問道："小鬼，你叫什麼名字，到工地擔負什麼工作？"

"諸海生，就是說在海船上生下來的。"小諸特別打起精神大聲地答道。提到工作，他好像有點顧慮，忽然閃著俏皮的眼光問老馬："老馬同志，你到工地擔負什麼工作？"

"我嘛，跟大家一樣，學做老愚公，移山塡海！"

幾個青年顯然很贊同老馬滿懷豪情的回答，他們像在奔赴前線參加大會戰的途中，突然知道第一個戰役的內容似的，精神百倍。我也讚賞老馬說得確切有力，大長了我們革命集體的威風。接著老徐解釋說，老馬主管石料，要到浙江去搬山；他自己聲明：除石塊以外，攔海的材料都歸他管。老盛也插進來說他是管做堤的。我說不出自己擔任的具體任務，只好老實地承認："我和大家一塊兒塡海。"看來他們並不滿足我的回答。忽然想到挎包裡自備的照相機，我又補充說："我還搞些政宣工作，又是照相的，到工地要照什麼，你們可要多指點啊！"

在談論這熱烈的話題中，小諸開始有些躲閃，但也看出他隨著我們的談話，逐漸開朗起來，他終於最後說明自己的情況：

"我是七一屆畢業生，去年分配我到商業部門學做花色點心，現在到工地來了，能用著這個嗎？"

小諸話音未落，程遠就頂上火了："噢，你腦子裡還在推磨？！”看來他挺清楚小諸心裡的疙瘩。老馬卻拉著小諸的手認起親來：“想不到咱倆還同過行呢，我當兵那陣也是當炊事員。”這個在小諸眼裡已有英雄形象的老馬的表白，對他有些震動。說來也巧，這車上的老、中、青，原來都有做飯的經歷：老徐說他當年在解放區當過事務長。程遠在別的工地也燒過大鍋飯。連老盛也承認，他在家裡是包燒小菜的。不過他鼓起勇氣補充說：“有句‘君子遠庖廚’的話，把我束縛了半輩子，要不是文化大革命，我絕不肯公佈自己在廚房裡的地位。”

“什麼‘君子遠庖廚’，這是孔老二的臭玩意！說的是大人物要離伙房遠一點兒，可他吃起來卻是‘食不厭精’。我八歲就到孔老二徒子徒孫家‘扛活’。他們吃了人，還說人是該給他們吃的。”滿腔階級怒火的老馬，一語道破了孔家店推銷的黑貨。

“說得對，這些四體不勤、五穀不分的傢伙，世世輩輩騎在勞動人民的頭上，還放這些臭氣來熏人。”

老徐也憤慨地批判道。他又對著小諸敬重地說：“你最小，管的事可是最大的。先給你報告一聲，我一天非啃八隻饅頭不可。”

“那我到工地就做饅頭好了！”小諸微笑的眼角這時露著幾分隱約的歡意，程遠親熱地捅了捅小諸的胳膊，會意地笑了一笑。

車子開始沿著海邊前進。即使我們坐在車內，海也滿天滿地閃在眼前，還有什麼比它更廣闊的呢？那只有我們將來建成的廠織出的布吧！年輕人沉浸在真正的喜悅中了，幾個老兵新戰士，正如剛才的談話所顯示的，胸襟也格外寬廣起來。繼之而來的高潮是 —— 我們已開進海邊一片叢林地帶，到家啦！

入口處還不是車道，一輛四噸卡車很難駛進去。為了拓寬道路，林場的同志正在砍去便道兩旁的刺槐，地上鋪著橫七豎八的樹段。看來最近這裡下過大雨，我們車子一轉彎就陷在爛泥裡了，老馬說了聲"推！"先蹦下車去，"一起幹，扛也扛它起來！"程遠邊說邊動，一伸腿就跨在地上。我們幾個也跟著跳車，隨即步調一致地推起車來。

"一、二、三，嗨！一、二、三，嗨！"

跟我們一起並肩戰鬥的還有路過這兒的貧下中農。大家臉上同時出現了泥點和汗珠，身上濺滿了泥漿。車子也在一步步地前進。忽然林子裡奔出一群人來，一人扛一根樹段，來回奔跑，一會兒就掃清了我們前進道路上的障礙。推車過去，我們和支援的同志對視了一下，這才看出他們不是林場工人，原聽說這個縣的五·七幹校就在這裡，憑這兩年我們親切的感受，一眼看出他們也是五·七戰士，想不到他們更熱烈地跟我們招呼："歡迎，歡迎！來開工廠的想必都是五·七戰士囉！"

"向你們學習！"我們連聲回答。在這個"五·七戰士"的光榮稱號裡，包含著黨和人民的多少信任和期望啊！

車子停下以後，大家揀了一塊場地，首先把車上的板車搬下來擺好，各人的行李也卸落在場地上。然後大家不約而同地都回到車上去找自己的扁擔。這支滴溜光滑的武器，有著無產階級艱苦奮鬥的烙印，原是五·七幹校的紀念品。看著幾位老同志很快認出了各自心愛的"老夥計"，我更覺得他們是我在五·七幹校的學長；估計能挑二百斤重的是程遠的扁擔，它是深山老林的產物，兩頭翹翹的格外神氣。他們的扁擔也都像他們本人一樣，堪當新建工地的重任。看到自己近年來因病而缺少磨練的那支毛竹扁擔，與他們相比不免黯然失色。這時老徐正把它遞給我："這是你的畢業證書吧？"他大有給我發獎的神態。

"上學證明！"老馬經過沉思，在一旁糾正道，"瞧，我們這不又到了五·七幹校！"

一抬頭，果然見借居的屋子的大門上，掛著"xx縣五·七幹校"的牌子，再也沒有比這幾個簡樸的字留給我那樣深刻的印象了。老馬說得好，我們要始終走在毛主席指引的五·七大道上。我望著前面的大海，把我們共同的誓言刻在心裡。

一會兒功夫，老馬已連小諸的行李一起紮好，就要上肩，小諸趕忙搶過老馬放書的木箱，拿出他扛麵粉的本領，把箱子托在肩上，緊緊地跟在老馬的後面。

兩個月很快地過去了。我們珍惜圍堤大戰中每一寸光陰，潮裡來，潮裡去，趕著起早摸黑的日子。排好堤線的石塊，準備好裝泥的草包，只等十二月潮位最低的時期，千軍萬馬一擁而上，這近萬畝灘地就是我們的了。想不到這年度最後一次潮汛帶來百年未遇的風浪。

在迎戰大潮的途中，只見白浪滔滔，水天一色。風驟雨緊，我們一步步迎著風雨前進。在近處還能辨認的沙崗道上，人們星星點點地在雨霧中出沒，我又見到了車中相識的戰友，老馬原是第一個跑出來的，他那頂風冒雨半節泥半節水的身影，總像走在我的前面。五·七幹校的幾支扁擔參加了海灘戰鬥的行列，它成了測量石堤水位的標杆，加固工棚和搶撈草包的工具。在中心點會合的一瞬間，大潮來了，它淹沒了我們的腳背，猛回頭，它就彷彿在我們肩頭潑過，棉褲濕了半節，跨過水下的坑坑窪窪時，步子有點踉蹌，全仗咱們的扁擔支撐著探索前進。穿過一段瀑布似的橫流，我們手牽手，跨過了浪頭。隱約看見那滄海的一角，有一個人在頑強地戰鬥，跌倒爬起，又跌倒又爬起，可他的上半身卻始終挺立著。原來是我們的小諸，頭上頂著一隻籃子送饅頭來了。他的棉衣全浸了水，籃裡的饅頭卻冒著熱氣，在透明的塑膠布下，聚成晶瑩的水珠。他迎面向我們撲來，腳邊濺起飛射的浪花，在我們心上湧來一股暖流。接著他又向水深浪高的地方奔去。根據往日的印象，估計前面的灘地有不少水塘，我急忙趕到他前面用扁擔為他探路。

「英雄在那裡吶！」小諸抬起頭往高處指點，「我原是來慰問他們的。"他著重地聲明著,好像他給我們的饅頭跟這個還有點區別。

除老馬以外,像海燕般迎著暴風雨淩駕高空的架線工人,原是我這一天中最敬仰的對象。他們拆卸近水的開關木箱,裝到電杆的更高部位,梯子和他們的下半截身子都浸在水裡;對高處安裝,那就更在風雨中工作了。他們像大海裡的一葉小舟,乘風破浪,戰鬥不息。從天亮出來還沒有吃過午飯,要不是那奮不顧身的緊張勞動,哪能像一枝金箭一樣的挺拔,懸掛在海面的豎杆之上?我已經用照相機為他們照了像,這活的塑像該是小諸眼中的藍海了吧!他猛往前衝,要不扶住我的扁擔,差一點在一個水塘邊上滑跤,他沒有絲毫的驚慌,反而很高興。我聽見程遠的聲音在向他呼喚:"大海作課堂,水灘擺戰場!海生,你來得好啊!"

我們走近程遠,只見他眼裡露出剛毅的光芒,我覺得眼前一亮,海也更廣闊了。他慎重地對小諸說,"我們的老馬同志真行;爬電杆我們幾個賽不過他;剛才又領頭跳進海裡撈毛竹去了。"我和小諸都滿懷敬意地向遠處的海面張望著,回想我們第一天到達工地時老馬的開場白,我更堅信這次入學是五‧七幹校鍛鍊的繼續,但任務更艱鉅、鬥爭更複雜、道路更長、生活也更壯麗,我們所迎接的也正是這海上日出般光輝的前景。在繼續革命的途中,要怎樣的努力才能完成這個偉大的歷史使命啊!小諸,我的最年輕的同學,你一定也意識到了吧!

給分散在幾根柱子上的電工送了饅頭,我們已走到接近中部小堤試點工程。二百五十米的堤面,雖有五米五的高度,經過浪頭拍打,土層被衝擊得七零八落。整理過的石坡赤膊擋陣,吞吐著一陣陣湧來的潮水。一節矗立的石坡上,站著我們的老馬和老盛,他們好似在浪潮中時隱時現。

"看來小堤要做到六米標高,那得馬上增加三萬噸石料。這兩個月搞五萬噸已夠棘手了,再加三萬噸,戲法變不出來。"老盛有點憂心忡忡。

「這好說，愚公也沒有說他會變，就是會挖山不止。我們靠的是群眾，抓五萬噸的經驗夠我們抓五十萬噸。」老馬的聲音鏗鏘有力，它不僅在海面上作響，也深沉地響在我的心上。

「還有老徐的草包呢，要添也是二十萬隻，這你也得承認，難吧？」

「正是因為難，老徐昨天連夜出門，不會沒有一個奔頭。再說，他也不是光杆司令。五萬民工上堤的住處，你不是也愁沒法解決，求助沿線的貧下中農嗎？但只不過三天功夫，不就都安排好了嗎！」

瞧見我們爬上石坡，老馬連忙問我：

「你有什麼看法？你是跟水打過交道的！」

想到老馬從不放過由別人的經歷中吸取有益的東西，我很感動，向他匯報了自己過去的見聞，我還興奮地說：「就照你說的辦，最大的山也能搬得過來。」

「小諸，你看呢？」老馬又認真地問我們的小將。

「我做饅頭，有空就來搬石頭。加強海灘鍛鍊，原是我缺少的功課。」聽到小諸堅定的回答，連老盛也展露了喜悅的笑容。

「唉，我呀……」老盛摸著自己的頭說，「這裡面總比大家少一點什麼。」

「不僅少點什麼，很可能還多點什麼東西。我們都有個改造世界觀的問題……」老馬沒有細說，我想他很可能想到毛主席的《五‧七指示》中說到工、農、兵、學、商和黨政機關工作人員都有個共同的任務：「批判資產階級」，這是促使我們的集體和個人前進的動力。「廣大幹部下放勞動，這對幹部是一種重新學習的極好機會」。和在五‧七幹校一樣，海邊的課堂繼續鍛鍊著我們，我們應該能夠分析批判自己多點什麼或少點什麼。他們的談話對我也是如此親切，引我深思。愈是在火線上，愈要掌握鬥

爭的哲學，不破不立，在這新建工地上，要不是深入批林整風，
這兩個月我們工作上的進展不可能這樣迅速啊！

　　一群大雁正從頭頂飛過，它們排成"人"字形的隊伍，進行
一年一度的南征。它們向戰鬥在海上的人們歡呼："幹！── 幹！
── 幹！── 幹！"洪亮的歌聲在海面回蕩，我的戰友們定神聆
聽，大約他們也聽出了這響徹雲霄的大幹之歌。

（原載《文匯報》1974 年 5 月 5 日）

銀花燦燦

路　遙

八月，我來到了渭河平原。

渭河瘦了。透過車窗望去，它，像一條細細的銀練，從遙遠的地方蜿蜒而來，又伸向遠方。

渭河能不瘦嗎？你看那一望無際的平原夠多麼的肥！

偉大的無產階級文化大革命，給渭河流域帶來了翻天覆地的變化。短短的時間內，規模宏大的引渭工程，就在渭河兒女結滿繭花的手掌上落成。在引渭渠正要到達的那些地方，星羅棋佈的抽水機、電灌站，早已日日夜夜地唱歌了。河瘦山川肥，往日狂奔無羈的渭河濁波，而今已化作八百里秦川滾滾綠浪。

列車在綠色的渭河流域飛馳，我的思想伴著它呼嘯奔騰的車輪，早已飛到了綠色的黃河流域、長江流域；飛到了綠色的天山腳下、松嫩平原……在我們可愛祖國的大地上，到處都孕育著豐收，孕育著勝利啊！翻開一九七四年全國各地的報刊，農業戰線上那一條又一條振奮人心的報導，在我們的面前展示了一幅多麼瑰麗的圖畫！社會主義到處都在勝利前進，誰能阻擋她呼嘯奔騰的車輪？！

當列車跨過渭河大橋的時候，視野內一片濃綠間，突然出現了點點潔白的色彩。

啊！渭河流域著名的棉區到了。一望無垠的棉田裡，枝權交錯，碩桃累累。第一茬棉桃已經綻開，那銀燦燦的花朵，在八月的陽光下，多麼耀眼！多麼美麗！

豐收引起的激動，使人無法抑制。南來北往的旅客，紛紛把頭探出車窗，望著，讚美著，笑咧了嘴。我看見：坐在我對面的那位攝影師，以百分之一秒的速度，把一張銀棉豐收圖，留在了他那彩色的膠捲上……然而，在我記憶的畫頁裡，此時又一次閃現出來的，是那位穿著綠底白花襯衫的植棉姑娘……

五月下旬，為了瞭解棉花前期管理的情況，我在渭河流域的棉區走了好多地方。無論走到哪裡，都是一片抓革命、促生產的熱氣騰騰的景象。田野裡，歌聲激蕩，銀鋤起落。村裡的白牆上，刷著醒目的大字標語："無產階級文化大革命勝利萬歲！" "把批林批孔的鬥爭進行到底！"……

根據棉花辦公室老劉同志的介紹，我來到了武家莊。

武家莊緊靠渭河，是個近百戶人家的生產隊。由於多年農村工作的習慣，我沒有先進村，徑直向渭河灘走去 —— 武霞領導的"銀花植棉組"的田塊，就在那裡。

來到棉田邊，我看呆了：在這塊"海綿"地上，一株又一株翠綠肥壯的棉苗栽得多麼整齊！橫看，是一條線；縱看，還是一條線。無論從整個田塊看，還是從其中的任何一塊看，你會覺得，這不是一塊地，而是一張用三角板打出來的幾何圖案！

站在這樣的田地面前，難道不使你詩情橫溢，豪情進發嗎？你會說，它的主人是在繡花！可是，她們是怎樣繡花啊！她們的畫布，就是那廣闊無際的田野；她們繡花的針，就是那粗大的鋤頭！

姑娘們正在鋤草。地邊上擱著一隻水桶，十五雙沾滿泥巴的鞋。

"誰叫武霞同志？"我向那一行穿著花衫子、正在埋頭鋤草的姑娘們喊了一聲。

她們齊齊轉過了身子。一個女高音向我喊："你先等著吧！”那聲音比我的大五六倍。

她們又只管埋頭鋤地了。我想參加到她們的行列裡去，手裡又沒有工具，只好等她們鋤到地頭。

姑娘們扛著鋤頭嘰嘰喳喳地過來了，不用數，十五個。那位穿著綠底白花襯衫的姑娘，把鋤往地上一擱，用響亮的女高音說：“我是武霞！”

“啊！你就是武霞？”我趕忙把早已拿在手裡的介紹信，遞給這位粗手大腳、梳著兩根硬刷刷短辮子的植棉組長。

她根本沒有仔細看，就把介紹信還給我：“王同志，材料可以搞，可不許張揚人家的名字！要張揚，到別處去吧！我們可不歡迎你！哈哈哈……”一串大笑引來一群姑娘的笑聲。

這是一個火辣辣的角色！我拉開塑膠提包，正準備把介紹信放進去，不料，一位十六七歲的小姑娘尖著嗓子喊了一聲：“他要拿照相機咧！”這一喊，像下了一道口令，十五個人一下子都把臉轉了過去，背朝著我。

真叫人哭笑不得！這是些什麼樣的人物啊！

在兩秒鐘之後，我已經完全理解了這些臉兒曬得紅撲撲的姑娘們那崇高的精神境界了！她們，在腳下的土地上灑了多少汗？費了多少心血？可是，她們不願意、不允許別人炫耀她們所做的這一切！在她們看來，做這一切都是應該的啊！

這個時候，我想起了在老劉辦公桌上看到的武霞那份講話材料，那裡邊有這樣一段話：“……務棉花，奪取棉花高產，是為了你自己吃、穿、用？為了圖名聲？不！我們鋤這一鋤地，保這一個棉桃，收這一朵花，都是為了革命，為了社會主義建設……無私才能無畏，我們之所以敢與天鬥，敢與地鬥，敢與階級敵人鬥，正是因為我們敢於向自己的私心鬥！……”多麼質樸的語言！多麼崇高的思想！

我向這些抱有“成見”的人們聲明：我沒帶照相機！

姑娘們相繼轉過身來。武霞笑著和我握手，說："俺老支書在村裡呢，你先回去休息吧，你看，"她指了指鋤剩的一塊地："我們還得鋤！年輕的老同志！"

"哈哈哈……"姑娘們笑得彎下了腰。

我知道，是我那多時沒刮的串臉胡引她們發笑。好一群落落大方的姑娘！

中午，我和老支書面對面坐在屋外槐蔭下，喝著一壺茶。

當我誇他們那塊"海綿"地的時候，他"叭"地磕掉煙灰，站起來激動地絮說著："王同志，那原來是塊茅草窩子呀！叫外扒地草、三棱子草給繡滿咧！這草鋤過三天就冒頭。先前我們種棉花，一畝只收三十斤。後來改種紅薯，可到了秋後，一人一天只能刨三厘地，咋咧？紅薯都鑽到草根窩裡咧！"他重新裝了一鍋煙點著，繼續說："支委會上，有人提出，乾脆丟掉做墳地吧！可是，俺那支委武霞站起來，說：'茅草窩子不能丟，我們要向它鬥爭！'鬥爭？有幾個人頭搖得像撥郎鼓一樣，他們可鬥怯火咧！可武霞耶娃硬得很咯！她高喉嚨大嗓子說：'叔，咱們打了好多硬仗，可在茅草窩子上能敗陣嗎？原來種棉花，後來種紅薯，現在又要做墳地，真是步步倒退！難道我們準備把它交給你的小三孫子那代人去治理嗎？告訴大家，我們銀花植棉組要在十天內拿下它，挖地三尺，斬草除根！'……啊，王同志，娃幾句話，可把大家心裡一把火給點旺咧！我說：'鬥吧，叔支持你們！'"

"後來呢？"我問。

"後來嗎，娃們可把力出紮咧！一個拿鍬翻，一個拾草根，白天晚上不停點。困了，輪著在地邊睡，餓了，就啃塊冷饃。十五個人在這塊茅草地裡熬了七天七夜，撬折八根鍬把，拾了一百多筐茅草根……啊，"他長長地噓了口氣，"後來嘛，就整治成了你看到的那塊'海綿'地……"老漢在地上走了一圈，然後意味深長地說："王同志，娃們一下把這些保守腦瓜給敲靈醒咧！

不論幹什麼，都得鬥爭！」

　　鬥爭！在革命者戰鬥的履歷表上，那一行沒有這兩個閃耀著火花的字眼？當第一代共產黨人把它寫進自己的哲學著作中後，它，就成了我們整個階級最寶貴的財富！今天，這份寶貴的財富傳到了我們這一代人手裡，我們能不能讓它放射出更加燦爛的光焰？武霞和她的戰友們，我們時代千千萬萬的革命青年，正在用行動來回答這個問題。

　　新的鬥爭說到就到。第二天中午，雷聲隆隆，黑雲翻滾，一場暴風雨挾著冰雹洗劫了武家莊，洗劫了銀花植棉組的五十多畝棉田！

　　下暴雨時，我正在老支書家裡刮臉，一聽外面孩子們喊：「看雹子！」我丟下手裡的刮刀，抓起半袖衫就往武霞她們的棉田跑去。

　　我像落湯雞一樣來到了棉田裡，風雨漸漸小了些。

　　真叫人心痛啊！我看到了鬆軟的「海綿」地變成了一片稀泥灘；看到了那碧綠肥壯的棉株，伏倒在了爛泥湯裡……可是，我看到的不僅僅是這些！我看到了一個動人心弦的場面：武霞，和她的十四個姐妹，渾身淌著水柱，就像一組鋼澆的塑像，在泥糊糊的棉田裡站成一個圓圈。她們，一人拿一頂草帽，聚成一個傘形。在那金黃色的傘形下面，挺立著一株株翠綠的棉苗！啊！她們，這些平均年齡只有二十來歲的公社女社員，為了保住這一小塊棉田，在那挾著冰雹的暴風雨中挺立了四十分鐘！這四十分鐘，在無限的時間長河裡，是多麼短促的一瞬；這一小塊綠色的傘形棉田，在這龐大的地球上，是多麼渺小的一點；同志，你能算出來這些數字的價值，可是，你能算出來這十五顆紅心對黨、對領袖、對革命、對社會主義的赤誠嗎？

　　雨停了。社員們都來了，在那個鐵一樣的圓圈外又圍了一個大圈。一百幾十雙眼睛望著這十五位英雄。

地主孫福仁也來了，灰塌塌的破帽簷下，那對鼠眼分明在說："鬥吧！茅草地你們鬥勝了，看你們怎鬥這老天喀！"

"我們要繼續鬥爭！"武霞把風雨冰雹打散了的頭髮攏在腦後，用響亮的女高音向所有在場的人說，"大家別難受了！與天奮鬥，其樂無窮！現在，別繃得像二姑娘一樣！我們應該笑！"她真的笑了。

在這種情況下，她那樂觀的情緒能不感染別人嗎？大家都笑了（只有孫福仁哭喪著臉）。這笑，是對老天的蔑視和挑戰！

頭髮斑白的老支書站在武霞旁邊，拳頭一揮，吼著："鬥爭，和老天鬥！全隊不分男女老少，不分白天黑夜，扶苗！鬥爭！"

"鬥爭！"一百幾十個口音，在這廣闊的渭河灘上，掀起了一個巨大的聲浪！

我走過去握住了武霞的手，握住了老支書的手，我祝賀他們在精神上打了一次大勝仗！

武霞笑著說："王同志，你事情不急的話，也和我們一塊鬥幾天！"

"能成！"我一口答應了。

"喲，還沒鬥爭哩，你就先負傷咧！"她指著我臉上刮破的口子，開玩笑地說。

"哈哈哈⋯⋯"這些渾身沾滿泥漿的姑娘，笑得彎下了腰。

我被她們那革命的樂觀精神強烈地感染著，到現在，到將來，永遠不會忘懷！我想，在這樣的人民面前，還有什麼克服不了的困難嗎！

就這樣，我在武家莊參加了一次大打扶苗救棉的"人民戰爭"。

在那戰鬥的幾天裡，我親眼看到了經過無產階級文化大革命鍛鍊的貧下中農，以怎樣一種精神面貌投入了改天換地的偉大鬥爭！

他們在地頭批判了林彪、孔老二鼓吹的反動的"天命觀"，提出了豪邁的戰鬥口號："不信天命要革命，誓奪糧棉大豐收！"全村男女老少日夜站在這爛泥湯裡，用一雙雙手，扶起了一株又一株棉苗，用清水，洗綠了一片又一片葉子……武家莊人民終於戰勝了這場天災，迎接了新的喜悅。而我，也拿著一份頗為滿意的材料離開了這裡……

汽笛一聲長鳴，列車停在一個小站上。我下車的地方到了。不用問，我這次跑的第一個點，就是武家莊。

下午，我來到了這個渭河岸邊的村莊。你綠色的林蔭路！你新嶄嶄的房屋群！多麼的親切喲！

巧得很！我在村口碰上了支書。老漢雄赳赳地扛著把鐵鍬，正準備去給谷地放水。

我的第一句話當然是："棉花長得怎樣？"

"棉花嗎？"他還像先前一樣，回答你的話老是反問一句，"那還用說，你去看看就知道咧！"

接著他告訴我，在我走後不久，就是乾旱。當時秋苗都等著喂水，六口機井連軸轉也轉不過來，武霞她們就給棉田裡挑水，十五個人，共挑了一萬多擔水啊！

老漢急著要去放水了，臨走又補上這兩句："這些保守腦瓜，可叫娃們越敲越靈醒咧！他們現在說，要勝利，就得鬥爭！"

我沒有進村，像第一次一樣，徑直來到了渭河灘。

呀！多好的棉花！一片齊胸高的棉田，綠蔭蔭的像一個湖泊。腰層和頂層，閃著青光的稠密的大棉桃，壓彎了那些縱橫交錯的擔子；底層，棉桃已經綻開了，從根部望過去，大地像落了一層雪花……

我興奮地從這邊走到那邊，看不夠！愛不夠！

我在寫著"棉花單株潛力試驗"的木牌前蹲下來，認真地數一株棉花的桃。數完後，我像小孩一樣樂得直拍手："八十個！"

"呔！"背後一聲喊叫，嚇我一大跳。

還用問是誰嗎？

武霞照樣穿著那件綠底白花的襯衫，這顏色和整個大地是多麼的協調！她那被太陽曬得紅撲撲的臉上，仍帶著那份什麼也難不倒的神色。在八月的陽光下，她，就像這棉株一樣：質樸，倔強，蓬蓬勃勃。

"你看，王同志，棉花開了！"她從兜裡遞給我一朵棉絮，聲音裡充滿了豐收的喜悅。

潔白的花絮啊！你的每一根纖維，都包含著一場風雨雷電，都滲透著公社社員的汗水和心血！

我把這朵珍貴的花絮，夾在筆記本裡。

"其他的姑娘們呢？"我問她。

她沒有回答我，用響亮的女高音向碧綠的棉田裡喊："喂 —— 那個王同志又來咧！"不一會兒，那十四個姑娘都從棉田裡鑽出來，一人懷裡揣一兜雪白雪白的新棉。她們遠遠地向我揚手打招呼，然後把兜裡的棉花放在地邊的大包裡，就又鑽進那碧綠的棉海裡去了。她們忙得很哪！

"聽說你們擔了一萬多擔水澆地？"

"那都是小事！七月下旬，棉鈴蟲可倡狂咧！眼看著棉鈴被咬落了一層。"她帶著嚴峻的神色說。

"那怎辦哩？"

"噴藥！"她手一揮，"可是，還有比棉鈴蟲更壞的呢！"

"什麼蟲？"

"孫福仁！"她咬著牙說。

"啊？孫福仁！他要幹什麼？"

"這個瞎貨，偷偷給滴滴涕粉劑裡攪了些石灰！"

"攪了石灰？"

"哼！"她像念解說詞一樣："滴滴涕粉劑注意事項第二條

寫著：本劑易爲強鹼分解，失去毒效，故不可與草木灰和石灰摻和使用……"武霞揀去兜裡棉花上的一根柴草，繼續說："可是，他能翻得了大浪嗎？狐狸尾巴沒過一頓飯功夫，就給抓住咧！……那幾天，我們同時和兩種害蟲鬥，白天往棉田裡噴藥，晚上批鬥孫福仁！……"

在這塊小小的棉田裡，鬥爭真是一場接著一場啊！可是，革命者從來沒有鬆懈過鬥志！她們與天鬥、與地鬥、與蟲鬥、與階級敵人鬥，終於鬥出了碧海一片，銀花朵朵。

火紅的晚霞燃燒了起來，給碧綠碧綠的棉海鑲了一層紅亮的邊。一陣陣涼爽的風，從開闊的渭河灘吹過來，搖拽著高大敦實的棉株。

武霞把兜裡的棉花送到地邊的大包裡，回來對我說："晚上，我們大隊要召開批判會，批判林彪、孔老二這兩個瞎貨，王同志，你也參加吧！我要代表銀花植棉組開頭炮！"

"我一定參加，你的發言稿子寫好了沒有？"

"早寫好了。"她微微一笑。

"讓我看看吧！"

"你看，那不是——"她指著那碧綠的棉海，豪邁地說。

啊！我的心潮隨著她的手勢話語，在激蕩！在澎湃！

這茅草窩子上出現的碧海銀花，是一張多麼強有力的批判稿！這樣的批判稿，在渭河流域、黃河流域、長江流域……在整個祖國大地上，何止千張萬張！在這樣的批判稿面前，那些鬼話和謊言，能不被擊得粉碎嗎！

武霞又去摘棉花了，那件綠底白花襯衫，和整個棉田溶在了一起。

我面對著這碧綠的棉海，久久地望著。是的，勝利之花，永遠爲敢於鬥爭的人們開放！

（原載《陝西文藝》1974 年第 5 期）

匯　報

梁　衡

剛參加完熱烈的歡送會，又在打穀場上投入了一場激烈的夜戰，我的心很難平靜。最近北京市要召開知識青年上山下鄉報告會，明天一早我就要接受貧下中農的委託去北京。

整整五年啊！黨和貧下中農的培育、教導、關懷……從哪個方面談起！該怎樣向首長和同志們匯報呢？

十月，正是北國火紅的深秋。晚風吹來，涼爽的空氣中散發著濃濃的五穀的香味。我推開窗戶，飽吸一口田野的芳香，心情格外舒暢。打穀場上脫粒機還在歡快地歌唱，燈光人影中，脫粒的玉米像飛跌下來的急流似地翻滾著。

滿室燈光輕灑，一切都是這樣的靜謐而親切。窗臺上放著一排書，有朝夕攻讀的馬列和毛主席著作，有整齊的農技讀物，還有幾冊紅皮的日記本。牆根靠著鐵鍬、扁擔、鋤頭；牆上掛著鐮刀和草帽。看著這些，我的思緒翻騰，心情激蕩。我走過去，握住了這鍬把，立時感到一股力量湧到了我的手上。啊，我的好夥伴，你該最清楚我走過的路程。記得我們開始相識是在一次大會上，那是我下鄉不久，黨支部在西石灘召開了一次農業學大寨的誓師大會。這個灘，雨天山洪流，旱天黃沙烤，是全公社最拉後腿的地。黨支部決定啃下這塊硬骨頭，踢開這只攔路虎。那天，紅旗飄揚，鐵鍬、扁擔密密層層，好一派征服大自然的磅礡氣勢！老貧農張大爺激昂地說："我們每個人手裡都有把鍬，可這一把鍬也能分出兩條路線來。劉少奇一夥要我們拿著它去鬧‘三自一包’，挖社會主義的牆角；毛主席指引我們拿上這把鍬去劈山引水，築社會主義的大壩。我們學大寨就要認準路線，苦幹、大幹！”青年突擊隊長跳上臺說：“老愚公一把鑊頭能挖掉兩座山，我們這一把鍬就不能填平這亂石灘？”“能！”吼聲震得山搖地動，偉大的無產階級文化大革命激發了群眾中蘊藏的無窮力量。我是剛剛跨出教室門的新兵，就像初上戰場一樣，也激動地跳上臺，表示一定要改造自己，改造山河，在這裡紮根、成長。這時，老支書像對新戰士授槍一樣，把這把鍬遞給我，說：“好樣的，拿著它，讓我們共同把河山重新安排。”就這樣，你伴著我晨迎朝霞，晚披月光。你可曾記得，那時我的手是那樣的小，手指是那樣的細。你，也是白把黑頭還沒有和泥土打過交道。可現在，你已經給了我一副粗大的手和一層厚厚的繭，而我的汗水也洗染了你的身軀。有多少個夜晚和多少個晨光中，我們結伴出工，戰天鬥地，修出了多少畝大寨田，開出了多少條管道。就是那個西石灘，現在也是麥浪滾滾，畝產六百斤啊。偉大的無產階級文化大革命，改變著這裡貧窮落後的面貌，改變著人們的思想。就是你，也不像當初那樣鈍了，已變得鋒利、明亮，銀光閃閃，煥發著一股催人向前的朝氣。這是因為天天劈荊斬棘，鏟沙挖土，才使你磨煉得這樣銀光閃閃。同時，也使我進一步懂得了：思想得在鬥爭中煉紅，才幹要在實踐中增長。

長江後浪推前浪，今年北京市將有更多的同學要上山下鄉，我拿什麼禮物去送給他們呢？看看牆上那一彎銀鐮又勾起了我的許多心事。記得剛下鄉不久，我去割麥子，不小心一鐮砍在手上，我又氣又疼，把這把鐮刀一下甩出兩丈遠，眼淚順著鼻子直往下掉。這時隊長走過來給我包好傷口，又輕輕地拾起鐮刀，說：“走，到樹下歇一會兒，我給你講一個鐮刀的故事：解放前，咱們這一帶都是地主陳老財的土地。那年月，烏雲遮天，貧下中農累斷了筋骨，年年只存下一把鐮。有一個青年佃戶因為交不起租子就被五花大綁送進土牢。那天晚上長工們把一把鐮刀悄悄地塞進牢窗。他口咬鐮刀，割斷了手上的繩索，放火燒掉地主的院子，上山參加了遊擊隊。他，就是咱們的老支書。"我聽著，早已忘了疼痛，雙手接過鐮刀，心裡熱乎乎的……還有那個永遠不會忘記的莊嚴的日子。支部大會接收新黨員的儀式正在進行，老支書挺身站在我對面，我慢慢地舉起右手，眼睛注視著那火紅的黨旗，注視著旗上那把閃光的鐮刀，喜淚充滿了我的雙眼，只覺得秋收起義的火炬，井岡山的硝煙，大渡河上的飛舟，一幕幕地在我的眼前閃過……今天，我成了一個新農民，成為一個無產階級先鋒隊的戰士，才真正理解到這把鐮刀的份量。啊，閃光的銀鐮，你幫我理解了多少東西！我用拇指試了試它的鋒刃，把它別在了背包上……

還有什麼要帶呢？對，再帶上幾穗金黃的玉米和這束火紅的高粱吧。它們能充分地證明我們的豐碩收穫，也能夠激勵新戰友們來投入這火熱的生活，書寫自己金色的年華。

夜，深了。打穀場上的機聲已經停歇，遠處秋翻的拖拉機還不時傳來隱隱的轟鳴。窗外月光如水，雲漢蒼茫。一條長長的林帶，雄偉地伸向遠方。莊稼在夜風中沙沙作響。公社的田野真是天高地闊，經過無產階級文化大革命洗禮的大地是這樣莊嚴、美麗。這時，我思想的波濤也像這夜空流雲似的翻騰不已，想起那時，《炮打司令部》的春雷一聲震響，我們這些毛主席的紅衛兵造了修正主義教育路線的反，步行串聯來到這裡。早晨就是在這棵老柳樹下，大家仰起一張張稚氣的臉，靜聽著老支書給我們上走向社會的第一課。他敘述了那悲壯的村史，又講了合作化、公社化和社會主義教育運動中的一場場激烈的階級大搏鬥，最後，他說："同學們，現在這場波瀾壯闊的運動又在等待著你們，希望寄託在你們身上。"……五年的道路就這樣走過來了。剛才的歡送會上，老支書樂呵呵地說：「孩子，回去向毛主席和首都人民匯報，咱講講山村經過無產階級文化大革命的巨變；匯報一下你這幾年來的成長。」是的，五年來我在三大革命運動中，已由一個學生娃娃成為一名戰士。我得向毛主席他老人家報告：「敬愛的毛主席，您的紅衛兵已經長高了。」我將向同學們說：「農村需要我們，我們更需要農村。上山下鄉，這是我們社會主義接班人的必由之路。」我將向首都人民表示感謝：「您們遵照毛主席的教導，把我送到祖國最需要的地方，讓我迅速地鍛鍊成長。」

天，快亮了。一個戰鬥的早晨又要來臨。我收拾好東西，順手翻開了日記本，一個鮮紅的東西映入我的眼簾。這是一片北京香山的紅葉。記得當初告別北京的時候，同學們相約去遊香山。大家站在山頂上，對著滿山的紅葉，俯瞰著遠處的玉泉山、頤和園，不覺心潮澎湃。大家折葉相贈，互相勉勵，要像這紅葉一樣，永保青春。

啊，又是一個深秋時節，從我們離開算起，香山紅葉該是第五次紅遍了。我現在才懂得，這紅葉所以這樣紅，是因為它經過了風霜的浸洗，才去其嬌綠，現出了淳紅的本色。我意識到，我們這一代，確是風華正茂！但革命的征途還很長，讓我們勇敢地去經受千百次風霜，來錘煉我們為共產主義事業奮鬥到底的赤膽忠心！

早霞染紅了窗紙。老支書他們就要來送我了。

我暫時記下了這些感受，到北京就把它向同志們談一談，算是一個簡單的思想匯報。

（原載《內蒙古文藝》1974 年第 6 期）

一個普通戰士的胸懷

袁 厚 春

去年春天，我在炮團四連的操場上認識了一個新戰士，叫華阿根。那天，還沒吹起床號，我就見他在樹蔭裡伸胳膊撂腿地練拳。小夥子長得很虎勢，眉毛稍向上挑著，那一招一式剛勁利索，看來真有些功夫哩。他發現了我，收住拳，笑笑。

"練這個，有用？"我問。

"怎麼沒用？"小夥子一邊蕩著手一邊說，"外練筋骨皮，內練一口氣，好挑革命重擔！"

好大的氣派！我心想：學生兵，就是愛高談闊論。你說練練力氣好扛炮彈，不是更實際些嗎？

今年三月，我由機關調到四連任副指導員，這時連隊已經開到農場搞生產了。我聽說阿根去年被連裡樹為學雷鋒的典型，今年又被選為理論輔導小組的副組長，心想：連隊就是出息人，他變得多快啊！

可是，到連不久發生的一件事，使我對華阿根的印象幾乎又調了個個兒。

那些天，連隊為了進一步深批林彪、孔老二搞"克己復禮"，回擊妄圖否定無產階級文化大革命，否定社會主義新生事物的右傾復辟思潮，黨支部決定組織全連搞社會調查，讓我先和阿根等幾個戰士研究個調查提綱，供支委會討論。我提出兩條，一是調查解放前後的變化，二是調查文化大革命前後的變化。阿根都同意了。我說：“就這樣吧，農活忙，調查時間不會很多，有這兩條就可以了。”

阿根想了想，說：“還有一條：看情況，還可以調查一下周圍地區批林批孔運動中有什麼經驗，遇到一些什麼阻力和困難……”

“幹什麼？”我有點吃驚。

“學習呀！必要的話，向黨中央寫報告反映情況。”

“向黨中央寫報告？我們？”

“為什麼不可以呢？每個革命戰士都有責任向黨中央反映情況。兩個階級、兩條路線鬥爭越尖銳複雜，我們越應該主動擔起這個責任！”

對呀！我沒有理由回駁他。可一年前的印象又爬上我的腦際。也許由於我本來也是“學生兵”的緣故吧，我對“高談闊論”之類毛病格外敏感。

第二天，我向指導員匯報了這三條，順便談起對阿根的看法。想不到，指導員對阿根的想法大加讚賞。

“這恐怕不叫‘高談闊論’吧！可不能拿老框框看人，別忘了，現在離我們當戰士的年月，隔著一場偉大的無產階級文化大革命哪！”接著指導員講起阿根的幾個故事，都是我所想不到的。

阿根的老家在浙東農村。一八六一年，洪秀全領導的太平軍開進浙東，當地窮苦農民紛紛響應。他們跟太平軍戰士一起學拳練棒，查“妖書”，焚孔廟，奮勇殺敵。當外國侵略者進犯寧波，鎮壓太平天國革命時，他們就以簡陋的武器和一身拳法與敵人搏鬥。後來，太平天國失敗了，反動勢力又在那裡重立了孔廟，把太平軍戰士和家屬綁在廟前，加以“欺天辱聖”、“不仁不義”的罪名，殺了七七四十九人。阿根的曾祖父就是那次犧牲的。但太平天國的拳法卻流傳了下來，越傳越盛。“外練筋骨皮，內練一口氣”，窮苦農民決心與孔老二的徒子徒孫們抗爭到底。近數十年來，他們跟著黨和毛主席，打日本，打蔣匪，鬥爭不息……阿根入伍前回老家探望年邁的祖母，貧下中農專門給他講了這段往事，他就學會了幾套拳，心裡牢牢記下了革命人民偉大的歷史鬥爭……

確實，小夥子這口“氣”沒白練，鬥爭精神就是強，入伍不久，就成為連隊批林整風中的一名小闖將。有段時間，阿根參加了瞄準手集訓。當過瞄準手的都知道，在瞄準鏡前瞄上個把小時，就會眼酸頭漲，比幹重活還疲勞。這時，連裡準備開個批判會，考慮到他們課餘時間較少，就說：明天開批判會，你們就不一定發言了。阿根卻說：“不！文功武功都要練，文仗武仗都要打！多一個人發言，就多一發批林的炮彈。”他連夜趕寫了批判稿，第二天頭一個報名發了言。

批林鬥爭深入了。阿根鬥志更旺，同時也很焦急。一次排長帶崗回來，他迎上去問：“為什麼我總覺得自己批得不夠勁兒，心裡的恨吐不出來呢？”

排長也正想找他呢，便說：“要打倒政治思想上的敵人，要進行意識形態領域裡的階級鬥爭，靠拳頭不行，得有精良的思想武器……”

沒幾天，阿根就交給黨支部一份決心書。你猜他怎麼寫的？“我要爭作一名連隊的理論骨幹！”他說，“因為這是鬥爭的需要，因為黨有號召：在鬥爭中建立自己的馬克思主義理論隊伍！我是共青團員，黨給了我文化，我應該在反修防修鬥爭中多盡一份力量！”這以後，他學習馬列、學習毛主席著作果然更加刻苦，黨支部看中這棵好苗苗，吸收他參加了理論輔導小組。

連隊的時間是緊張的，學習條件是有限的。阿根就擠時間、創造條件來解決這個矛盾。每逢輪到他站第二班夜崗，那麼從熄燈到上崗有一個小時；輪到他站倒數第二班崗，那麼從下崗到起床還有一個小時，這一頭一尾反正是睡不著的，他索性看書學習。

星期天、節假日，他更不輕易放過。連隊剛搬到農場時，學習室裡還沒有安上燈泡。有的同志說："給連裡領導提個意見……"阿根說："不！別把領導的精力都引到這些具體事務上來，讓他們集中精力抓大事！"第二天，他悄悄托進城辦事的同志買了一個燈泡，安在學習室。宿舍有一張桌子，算是班裡最理想的學習地方了。可阿根從來不攏邊。他說："好條件要讓給文化低的同志，他們比我困難大。"他找來一塊舊木板，靠床頭釘了一張一尺來長的小桌子。可釘好後他還是不攏邊兒，又找來一塊硬紙板墊在床鋪上，或者膝蓋上，看書和作筆記。有一次，報上登了一篇學習材料，大家都想看，怎麼辦？白天，阿根讓別人先看，等大家睡了，他把報紙拿到學習室，把那篇學習材料一字不漏地抄下來。那時天氣還冷，外面飄著雪花，抄了一陣，便覺手腳發麻。他跑到外面打一陣拳，坐下再抄……

　　就憑這股擠勁和鑽勁兒，華阿根通讀了《毛澤東選集》，選學了《共產黨宣言》、《哥達綱領批判》、《國家與革命》等八篇馬列著作，不到半年時間，寫下了十萬多字的日記、學習筆記和批判文章。小夥子眼睛更亮了，視野更寬了。

　　去年多天，拉練途中的一個傍晚，阿根拿著幾張報紙來找指導員："指導員，你看！"原來，當天到的四份報紙上，有三份登載了批判孔丘、肯定秦始皇"焚書坑儒"的文章。阿根說："林彪罵秦始皇，那些儒生們也罵秦始皇，批孔老二不就是批林嗎？指導員，咱們什麼時候開始批孔？"指導員很贊成他的看法，說："支部馬上研究一下，等上級一有佈置，立即開始。"阿根卻說："依我看，不用等。幹革命還能等上級佈置一件才辦一件嗎？符合毛主席革命路線，咱就幹！"這以後，他真就幹起來了。凡是報上有關批孔的文章，他都搜集，還常和班裡同志一起學習討論，一起批判……

　　聽到這裡，阿根在我頭腦中的印象變了。他想的是那麼廣闊又那麼深刻，行動是那麼果敢又那麼堅實……我覺得，他身上有一種新的東西強烈地吸引著我，究竟是什麼呢，我一時還說不明白。

我本想和阿根一起出去搞調查，不巧，師裡通知派一名幹部參加教導隊集訓，支部決定我去。回來後，又趕上指導員去參加軍農生產會議，我便整天忙於安排備耕生產和日常事務，連社會調查的情況也沒顧上仔細瞭解。只聽說這期間阿根給家裡、同學、下鄉的妹妹等寫了許多信，哪個老戰士探家，他也列個提綱，請他們順便作些調查。以前他就給母校寄過批判文章，這次又嫌批得不深，重寫了一篇《批"學而優則仕"，立爲革命而學》寄去，他在信中寫道："在遠離故鄉的軍農前線，我仍然十分懷念母校，特別是母校批林批孔運動的深入發展。爲了盡一個人民戰士應盡的義務，請在學校開批判會的時候，把我的批判稿代讀一下，讓我們軍民同批吧！……"

穀雨一過，農活一天緊似一天，我真有點撥拉不開了。爲了既抓緊大事，又不誤農時，我想儘量把學習和批判安排在雨天進行。我的打算一宣佈，緊接著就來了一場雨。按說這天該安排學習和批判，可靜神一想：下一步怎麼批？一時拿不出個主意。倉促上陣，又怕走過場。索性把下一個星期天提前過，等指導員帶回新精神，再好好批一批。吃過早飯，我把一天的安排通知了各排，便披上雨衣朝五班走去，想找戰士們談談下一步工作的想法。

戰士們的學習精神真使人感動。雖說雨天休息，但大家都拿著書報坐在宿舍裡，讀著，議論著。阿根不在，大家說他一大早就和班長到抽水機埠去了。我見新戰士小喬正俯在阿根自製的小桌上寫著什麼，湊過去一看，是篇批判稿：《反覆辟，反倒退 —— 三批"克己復禮"》。小喬是五班文化最低的一個，阿根常和他一起學習和批判。小喬也很用心，已經在全連批判大會上發言兩次了。

“怎麼叫‘三批’？”我問。

“阿根和俺一起研究的。第一次批判會下來，他說有點就事論事，理論上不去；批了第二次，一對照社論，又覺得聯繫實際不緊。近些日子經過社會調查，俺倆又學了《法蘭西內戰》和《湖南農民運動考察報告》，學著毛主席總結農民運動十四件大事的法子，歸納了無產階級文化大革命的十幾件大事。這回，主要是狠狠回擊復辟倒退的右傾思潮。以後再來四批、五批……反正不批它個底朝天不撒手！”

“批得好！”我感慨道，“你們真正是在戰鬥啊！”

正說著，五班長渾身水淋淋地闖進來。

“這麼大的雨，幹什麼去了？”

“咳，去檢查一下抽水機，一看‘蓮蓬頭’堵住了，在岸上怎麼也捅不開。”五班長邊脫雨衣邊比劃著，“你猜阿根怎麼著？脫了衣服往我手裡一丟，嚕！下去了！他接連浮上來換了三口氣，才把一塊大石頭摳出來。”

“胡來！”我心疼地嚷道，“早晨水多涼！為什麼不等……”

“誰攔得住啊！他說，今天下雨，連裡肯定安排學習和批判，趁早修理好，等連隊一吹號，他就可以在機埠草棚裡自學了。”

我的心“格登”一下。這一陣，我越來越覺得今天安排休息好像不大合適。“阿根呢？”我急於找他談談。

五班長說：“可能到連部去了。”

我邁出門去，沒走幾步就見阿根從連部過來。他兩腳沾著泥巴，雨衣上淌下的水，把褲腿打得精濕。見了我，他劈頭就問：“副指導員，今天休息？”

“是啊。本來想安排搞批判，主要是因為沒準備好……”

“問題就在這兒！”他陡地提高了聲音，“不是時間緊，而是思想放鬆了，所以時間來了也抓不住。歸根結底還是對批林批孔運動的重大意義怎樣認識！"

　　我突然轉過頭去盯著他，心呼呼直跳。難道這就是他 —— 一個入伍僅一年的新戰士說出來的嗎？我曾經想到，但還沒有想透的問題，他一句話就點破了。

　　阿根並不留意我表情的變化，依然平靜而誠懇地說道："副指導員，我覺得你思想上缺少一樣東西，一樣不可缺少的東西！"

　　"什麼？"

　　"無產階級專政下繼續革命的自覺性！"

　　這"帽子"未免太大了，我一下子竟鬧不清他指的究竟是什麼。但我想，下連幾個月來有好些事情不理解，跟不上，也許正是由於缺少這樣東西。我想起今天本來安排他到機埠值班的，於是就說："走吧，我們一起到機埠去，好好談一談。"

　　好一場少見的春雨！豌豆大的雨點砸在大地上，嘩嘩地響成一片；渠裡的水也漲起來，打著旋地往前滾。巨大的響聲把偌大的原野鬧得像一鍋開水，顯示著春天正不可遏止地磅礴而來。我們在高高的堤壩上走著，任憑春雨撲打著胸懷。

　　"怎麼說呢？跟你匯報一下社會調查的體會吧。"他說，"我們不管走到哪兒，都深深感到，經過無產階級文化大革命的祖國，真像這田野下過了透雨，一切都那麼清新，那麼生氣勃勃，吸口氣都是甜的。可是，也有人吸了這樣的空氣，就渾身不舒服。林彪摔死了；孔老二的'經書'被批判了，但是有人還在按照他們'克己復禮'的反動綱領，向無產階級進攻。"接著，他激動地講述了幾件事，大概是他那些發往四面八方的調查信的回音吧。這些否定無產階級文化大革命，否定社會主義新生事物的事實，我也聽到過一些，可從來沒有現在這樣使我激動和氣憤。由於雙方精神都很集中，我們都不知雨什麼時候已經停了。

　　"你看！"他從雨衣遮著的挎包裡掏出一個小本子，打開封面送到我眼前。我立即看清了這張熟悉的照片，那是偉大領袖毛主席站在天安門上，慈祥地微笑著，向廣場上的紅衛兵小將和革命群眾揮手。

「就在這一次，我們在天安門前接受了偉大領袖毛主席的檢閱！這些年來，一看到這張照片，就像又聽到毛主席的偉大號召：『你們要關心國家大事，要把無產階級文化大革命進行到底！』」他聲音有些顫抖，激動地搓著手，靜默了片刻：「你看，兩個階級、兩條路線正在激烈地鬥爭── 我們要『進行到底』，他們要倒退復辟。對無產階級和勞動人民來說，復辟意味著什麼？」他又沉默了，兩眼望著遠方，也許他想到了舊社會的苦難，想到了家鄉孔廟前的那場慘案……

我大口地吸著雨後清涼的空氣，覺得頭腦裡的一些紛亂的思緒開始清晰起來。批林批孔，確實是上層建築領域裡馬克思主義戰勝修正主義、無產階級戰勝資產階級的政治鬥爭和思想鬥爭啊。阿根說我所缺少的，正是對這場鬥爭的自覺性。這確實是「不可缺少的」！少了它，不但春耕搞不好，還可能讓階級敵人把社會主義的春天斷送！……我忽然想到，明天應該讓阿根向全連同志講一講，發動大家認真總結一下前段運動的經驗和問題，包括對我的批評……這不正是一股抓革命促春耕的東風嗎！我不由得看看天。天正在變晴。此刻，我倒盼望明天下雨── 我們多麼需要這樣一個「雨天」啊！

聽我講了這個想法，阿根滿心喜悅地望瞭望我，轉而又深沉地說：「我們一個連隊的問題還好辦；要奪取新的、更大的勝利，黨還要領導我們全國軍民進行多少艱鉅的鬥爭啊！」他忽然轉過臉來：「副指導員，這幾天，我正在試著寫一篇文章。」

「什麼文章？」

「《堅持革命與生產的辯證法》。」他告訴我，通過社會調查和親友來信反映，他瞭解到社會上一小撮別有用心的人正企圖以破壞生產來破壞批林批孔。最近學了中央文件，他和班裡同志研究過，認爲這問題雖然發生在局部，卻是一個值得注意的苗頭，非迎頭打退這股妖風不可……

"寫給黨中央？"我想起那調查提綱的第三條。

"那要看有無必要。給黨中央反映情況也好，給黨委反映也好，給黨報也好，給連隊的黑板報也好，只要鬥爭需要，哪裡都是陣地！"

說得好啊！我們的小將！一個革命者的胸懷，怎能只用職務高低、工作範圍大小來衡量呢！"革命與生產"，多大的題目！可它正是一個普通戰士每天所想的，每天用勞動和鬥爭所從事的事業。工農兵是革命的主力軍。黨的大事，階級的大事，本來是他們分內的責任！

我站在堤壩上，一直望到阿根的背影與機埠的茅棚疊在一起。我彷彿看到他已經在茅屋裡奮筆疾書……這個連窗戶都沒有的茅棚，是多麼矮小，多麼普通啊，可它通過百里長渠，緊聯著浩瀚的太湖，而太湖的千支萬脈通連大海！

抽水機隆隆響起來了，粗大的水柱在彩虹下閃光，這是阿根開動了機器。我看那吞銀吐玉的水管正像一枝粗大的筆，它飽蘸著三江五湖的水，在無邊的原野寫下一個革命戰士的胸懷……

（原載《解放軍文藝》1974 年第 7 期）

鐵道工人之歌

陳　繼　光

　　沸騰的革命鬥爭生活中，總有一些激動人心的戰鬥場面，難忘的英雄形象。一九六七年一月七日，第一列紅色列車衝破走資派的重重阻攔，開往北京時的情景，就是這樣。此刻，一個當年前來助陣的紅衛兵小將，正在向一個當時參戰的鐵路工人繪聲繪色地講述著這個令人難忘的故事。

　　他講到：有一個青年鐵路工人，右手舉著紅旗，左手叉腰，挺立在火車頭朗誦著列寧關於鐵路員工的任務的語錄：

　　"我再說一遍：無產階級中這一部份人的工作，比其他各部份人的工作都更加直接地決定著革命的命運。"

　　接著就把紅旗往車頭上一插，從背後取出柳琴，奏起了無產階級的戰歌 ── 《國際歌》。先是靠近車頭的人們齊聲合唱，然後聲浪漸漸擴大。彙集在車站上的每一個革命造反派戰士的心弦，像被他撥動一樣，頓時都發出了迴響 ── 車站上響徹了《國際歌》聲。第一列紅色革命列車就在這雄壯的歌聲中開往北京……

　　現在，當年的紅衛兵李偉已經從音樂學校畢業，懷著革命的願望，主動要求到鐵路上深入生活，決心和那些叱咤風雲的英雄人物 ── 也包括那位給他留下難忘印象的鐵路工人共同戰鬥，接受他們的再教育，同時創作一部歌頌文化大革命的樂曲。而接待他的鐵路局生產運輸組老孫，正是當年參與這場鬥爭的鐵路工人之一。他自然知道李偉所講的人是誰，但他卻笑吟吟地這樣回答了李偉："這樣的英雄人物,在鐵路工人中是很多的。"說著,轉身在路局管內線路示意圖上指著一處說:"你就到這兒去深入生活吧!"

李偉一看,圖上有個小點寫著:紅葉嶺巡道區、巡道工共產黨員石大群。

列車經過橫跨在煙波浩渺的清水江上的大橋,就進入十裡紅葉嶺巡道區,繞山而行。這區段包括山南的向陽坡和山北的寒冰谷。地勢從東往西,越來越高,越來越陡。特別這寒冰谷夾在山峰間,終年冰雪不化,寒風怒號,是有名的困難區段。

這一天,和往常一樣,李偉跟著石大群一前一後地沿著鐵路線巡道。兩人穿著一式的有坎肩的工作服,左手提著號誌燈,右肩扛著巡道錘,腰間挎著巡道袋。有時候,李偉為了趕上石大群,踏著枕木緊跨幾步,掛在腰間的水壺和巡道袋內的道釘、夾鈑螺絲就一起搖晃著發出"匡郎、匡郎"的響聲,可以看出,他在巡道這個行檔上還是個新手。 —— 他到紅葉嶺才一個月啊!

石大群聽到身後熟悉的聲音,回過頭笑盈盈地看著李偉。這時可以看到,他有一張久經山間風霜考驗的黑裡透紅的臉龐和一雙經過長期勞動磨煉的粗壯的大手。

這一個月來,李偉和石大群一樣地起早摸黑,日夜巡道在十裡紅葉嶺。李偉覺得,就像他那淳樸的臉龐一樣,石大群就是一個勤勤懇懇、艱苦奮鬥的形象。整天低著頭一步步察看鋼軌,傴著腰一隻只檢查道釘,天天如此,數年如一日。這種精神是可佩的,但畢竟不像他創作樂曲所要表現的那種叱吒風雲的英雄人物。

石大群卻欣喜地從李偉身上看到無產階級文化大革命對文藝工作者的深刻影響,看到願意和工農兵相結合的革命知識份子的面貌。他由此聯想到文化大革命以前坐著小汽車來這兒深入生活的一個"作曲家",像蜻蜓點水似的在路基上略為走了幾步,又如遊山逛水般的在向陽坡前轉了一圈,列車開來,他連忙躲得遠遠的，列車過後，又是擦臉，又是揮衣衫。結果作了一支曲，名曰「月夜巡道」。居然把夜鶯啼鳴作為主旋律，把樹梢風聲、泉水細吟作為和聲，甚至竟然把巡道工響亮鏗鏘的敲擊鋼軌聲，變成了不陰不陽的古剎鐘聲……

當然，石大群也看到了李偉思想上的差距，看到了他對平凡勞動的意義認識不足，感到自己有責任幫助這個年輕人。作為一個革命的巡道工，他要一面為祖國社會主義建設在鐵路線上巡道，一面為李偉在前進的道路上巡道。這時他和往常一樣，用手指指鐵道右側畫著特大的驚嘆號的木牌，提醒李偉：寒冰穀就要到了。

李偉緊跟著石大群在寒風中前進。腳底下都是積雪和堅冰，不小心就要滑跤。寒風捲起了雪片，滿天飛舞，也不知雪從天上來，還是從地上揚起，整個寒冰穀渾渾沌沌，鋼軌除軌面外，都埋在雪裡，看去恰似白氈毯上的兩條青黑色長線。

道釘有否浮離？鋼軌有否裂縫？鋼軌接頭間的夾鈑螺絲有否鬆動？都要靠巡道工去檢查。所有這些影響列車運行，危及行車安全的故障，都要靠巡道工去排除。此刻石大群正在奮力砸冰刨雪，仔細檢查著，李偉也在一旁幫助著。他一用力，那水壺和巡道袋又「哐啷、哐啷」的搖晃著，在嚴肅緊張的戰鬥中，增添了一種歡樂的氣氛。

「嗚──！」遠遠傳來一陣汽笛聲，李偉知道，再過幾分鐘，一趟南行的援外列車就要通過這兒。──聽石大群講，這趟列車就是由一月革命風暴時開出紅色列車的長海大車駕駛，──這真是太好啦！到時候他可以見到這位聞名已久的英雄司機了。他喜沖沖檢查好一隻兩根鋼軌接頭處的夾鈑，正要做好擎燈開道的準備，就在這時，就在他剛剛檢查過的夾鈑上，石大群發現一顆螺絲鬆動了，立即用道釘錘砸開堅冰，又用手扒開螺絲周圍的冰雪，（螺絲上蒙著一層冰，扳起來要打滑的）然後敏捷地扳緊了螺絲，上好了夾鈑。這一切進行得那麼快，李偉看到石大群的手上都出血了。正在這時，一聲汽笛，火車頭拉著滿載的援外物資，奔馳而來。石大群先樹起一塊限速三十公里的標誌牌，同時連續向車頭方向打著降速信號。司機鳴了聲汽笛，表示已經看到。只聽一陣"嘶嚓"聲，列車已經降速。司機室也看得清清楚楚了。

李偉興奮地想，馬上就會看到英雄司機對他們打招呼，揮手致意了。但出乎意料的是司機緊鎖著雙眉，司爐也虎著臉，還用手指指車輪，又指指限速牌，再指指車後的援外物資，然後搖著頭，臉上一股不滿的表情。如果司機注意的話，將會看到，也有一個人對他們默默地反報著不滿，這就是李偉，他在為石大群抱屈。

李偉的心理活動沒有逃過石大群的眼睛。石大群望著列車遠去的方向，以深沉的語氣說："長海大車他們想的是把援外物資早日送到亞非拉戰友手中啊！因為夾鈑螺絲鬆動，援外列車在我們這兒慢了一分十五秒啦！"他停頓了一下，又語重心長地說："要知道鐵路好比祖國的動脈，鐵路線上的每一顆螺絲、每一隻道釘，都和革命、生產的全局緊密相連。我們巡道工肩負著保證運輸暢通的重任，只有促進社會主義列車飛速前進的義務，決沒有絲毫延誤列車運行的權利。可不能在我們的手裡，拖住列車的後腿，讓列車誤點一分一秒啊！"

此時此地，這一席話，句句都顯出思想的閃光，使李偉認真地思考起具體工作和革命全局的關係，平凡和偉大的關係來。

不久以後，寒冰轂內又進行著一場緊張的戰鬥。

石大群帶著李偉正在砸冰刨雪，仔細地檢查著埋在雪裡的每一枚道釘、每一隻夾鈑、每一節鋼軌、每一根枕木……刺骨的寒風發著淒厲的嘯聲，捲著雪片，向他們身上猛撲，耳旁還不時聽到"拍拍"的響聲，那是山峰上被強勁的寒風捲落下來的雪球和冰塊，有時"轟"的一聲巨響，頓時寒冰轂內更加渾渾沌沌，那是雪崩。在這兒每前進一步，都要消耗不少的體力；每檢查一枚道釘，都像是一場激烈的戰鬥！

此刻只見石大群“呼”的一下把道釘錘掀上右肩，然後把扛在肩上的道釘錘掂了兩掂，對著漫天風雪大聲說道：

“小李，我們來跟狂風比比嗓門吧！”

說著石大群一邊敲擊著鋼軌、道釘，一面喊著號子：

“抗嚴寒唻，化冰雪哎！

當當！—— 當當！

抓大事唻促大幹哎！

當當！—— 當當！

寧流千斤汗唻，定叫列車快如飛哎！

當當！—— 當當！”

號子聲、歌聲、豪邁的笑聲、響亮的錘聲，蓋過了狂風的咆哮，使寒氣襲人的峽谷，變成了熱氣騰騰的戰場！—— 循聲聽去，人以為這兒有大隊人馬，正在激戰寒冰嶔呢！是的，當你全心全意地為黨的事業艱苦奮鬥時，即使只有一個人，你也會始終覺得你身旁正有千百萬人在支持鼓勵著你！

就這樣，在號子聲中，他們檢查完了最後一隻道釘，石大群又在號子聲中開始鏟去鋼軌上蒙著的一層薄冰。開頭，李偉對為什麼要剷除鋼軌面上的薄冰並不理解。寒冰嶔嘛，還能沒一點薄冰！何況鏟冰，根本不是巡道工職責範圍的事。可是你聽石大群講：“這鋼軌上結了一層冰，就像是塗了一層油，車輪容易打滑，今天車子拉得多，如果在寒冰嶔打空轉，就會爬坡不上，使整個試車失敗呀！”—— 石大群想得真周到。原來就在今晨，巡道領工區來電話轉達了路局生產運輸組老孫下達的命令。

向陽坡巡道區：

明日淩晨將有一趟超重超長列車通過你區段。該列車成敗關鍵在於能否闖過寒冰嶔。試車成功將為加快建設物資的運輸作出重大貢獻。希望你加強巡道，為試車成功創造條件，奪取批林批孔和社會主義建設的更大勝利!

　　路局生產運輸組。

　　李偉想,整個寒冰轂沒有一枚浮離的道釘,沒有一隻鬆動的夾鈑;而且我們還劃除了軌面薄冰, —— 已經為這趟列車創造了良好的條件,現在該是休息一會兒的時候了。他正等著石大群喊他"回去吧!"卻不料傳進耳朵的是:"扛黃砂!"

　　李偉覺得石大群也太有些自討苦吃,要知道,一袋黃砂有二百斤重,從向陽坡扛到這兒要爬好幾里上坡。經過今天的激戰,力也乏了,累垮了怎麼辦?看石大群那堅決勁,李偉把話藏在肚裡,他們來回扛了好幾趟,末後,石大群怕黃砂不夠,就招呼李偉向鋼軌面上撒砂,(李偉知道這是石大群有意讓他歇下力)自己又去向陽坡多扛了幾次。當石大群噓著氣扛著黃砂過來時,李偉迎了上去,看著石大群紅棠棠的臉盤瘦削得多了:為了這十里紅葉嶺,為了這寒冰轂,為了列車跑得更快、拉得更多,他把心血、汗水都撲上去啦!

　　"要叫列車快如飛哎 —— 撒黃砂!"

　　"汗水澆出躍進花哎 —— 撒黃砂!"

　　石大群邊唱邊向軌面撒著黃砂。李偉激動地想,他哪來的這麼大的勁呢!

　　正當他們把黃砂撒向寒冰轂最後一根鋼軌時,遠遠傳來一聲汽笛,他們知道,那趟編號為"大幹快上 —— 701 次"超重超長列車馬上就要闖寒冰轂了。就立即迎上前去,做好接車準備。夜空中,傳來激烈而又有節奏的排汽聲,越來越響了。只見一道利劍似的白光一閃,忽地眼前像一道強烈的探照燈光,照亮了寒冰轂的線路。列車正在闖坡,那原來就非常強烈的排汽聲,在山谷間更是像震碎群山的霹靂;司爐正在奮力加煤,爐門開處,車頭上空不時閃射著道道紅光。從那顯得沉重而又強烈的排汽聲中,可以推測今天的噸位是拉得真多呀!

火車頭即將到達坡頂，──這是最關鍵的地段，也是最關鍵的時刻，司機從瞭望窗探出身子，──這是我們熟悉的長海大車，只見他一手握住汽門閥柄，雙目警惕地盯著車輪，爲了防止空轉，他按習慣，準備把汽門稍稍地關小一牙，有意降低車速，──預防車輪打滑空轉。長海大車大概有些覺得奇怪吧，車輪非但沒有絲毫浮滑的感覺，而且還顯得那麼著力，輪底下"沙沙沙"地響著。順著頭燈看去，他明白了：在原來亮晶晶的像油一樣滑的鋼軌面上，鋪著一層金黃色的沙子！──在他最擔心的地點，在這趟超重超長列車最不利的地點，由於鋪了一層黃砂，增加了車輪的摩擦力，加大了機車牽引力，現在這寒冰谷關鍵區段，反而變成了加快車速的有利地點！

長海大車滿身像灌注了新的動力，放開嗓門大聲喊道："汽門開大──！"

"開大好啦──！"司爐也大聲回答。

頓時火車頭呼嘯著、轟鳴著，以排山倒海之勢，雷霆萬鈞之力向前飛奔！

李偉被雷鳴般的排汽聲震得熱血沸騰。他突然想到了石大群的一句話："我們要像開足汽門的火車頭那樣全速前進！"是的，幹革命就得像奔騰的火車頭這個樣子！

車頭已經來到石大群和李偉身旁，這次長海大車爲了表示他的敬意，竟然來了個又鳴汽笛，又招手。連司爐也到司機室側門揮舞煤鍬。李偉高興地連忙招呼石大群。沒想到石大群反而朝他急急地搖著手，連連說著："快，別響，別響！"

原來他絲毫沒有注意司機的動態，卻側著頭全神貫注地在傾聽著，那神情，似乎每根神經都連在這飛轉的車輪與鋼軌上。

火車頭疾風迅雷般地從身旁奔馳而過，滿載著鋼、煤、糧、棉的一節節車廂從眼前閃過。列車尾部守車上的紅燈今天也顯得特別亮，閃射著璀璨的光芒。列車漸漸遠去，列車尾部守車上的紅燈,從一盞碗口大小的紅光,漸漸變成乒乓球大小,又變成如星星那麼一點紅光,在夜空中閃爍、飛翔……這情景與石大群提著號誌燈在夜間巡道是多麼相像呀!李偉突然聽到一聲驚呼:

"不好,── 快走!"

李偉一時不知所措。

"快,── 有一根鋼軌裂斷啦!"

李偉更加不知所措。只覺得心怦怦的急跳著:"裂在哪裡?"邊問邊掀起巡道錘。

"離這有一公里吧!"

李偉心裡一塊石頭落地,頓時舒了口氣,"那已經是在人家巡道區範圍啦!"說著又把巡道錘放下來。

李偉沒想到石大群會那麼激動地大聲說:"人家?!── 凡是影響列車朵拉快跑的事,都是我們的責任!── 鐵路工人的工作直接地決定著革命的命運啊!"

說著最後一句話時,石大群右手握住豎起的巡道錘柄,左手叉在腰間。這一句含意深刻的話,這一個氣吞山河的動作,像一道閃電照亮了眼前,啊!石大群莫非就是一月革命風暴中那位英雄!

又一個回憶像雷鳴般的震響在他的耳畔,石大群在這次激戰寒冰穀前,不是曾經帶著他一起學習過列寧《在全俄運輸工人代表大會上的演說》嗎?當石大群念著革命導師的這段話時,神情是多麼自豪:

"在無產階級中,大概只有鐵路和水運員工的日常經濟活動同工農業的聯繫最明顯了。你們要把糧食運往城市,要輸送工業品去活躍鄉村。……從這裡也就自然可以看到目前鐵路和水運部門的勞動者擔負著何等重要的任務,何等重大的責任了。"

"我再說一遍:無產階級中這一部分人的工作,比其他各部分人的工作都更加直接地決定著革命的命運。"

就像火車頭的前照燈,剎時照亮了前進的方向。李偉懂得了，石大群為什麼有這樣高度的自覺性：在這山區巡道，看來是離開了組織，遠離了戰友，既沒有人檢查，也沒有人督促，甚至千辛萬苦地工作，也沒有人知道。但他越是烈日當頭，越是巡道在向陽坡；越是風雪交加，越是激戰在寒冰穀。他的每一分勞力，每一個腳印都緊連著革命的命運。他不是用報酬多少，也不是以有否檢查督促或有否獎勵表揚來衡量貢獻大小，他是個堅決貫徹執行毛主席"抓革命、促生產、促工作、促戰備"的指示的模範共產黨員，是個自覺的革命者。

李偉學著石大群的習慣動作，"呼"的一下把巡道錘掀上右肩，抖擻精神地在肩上掂上兩掂，緊緊地追趕著石大群的步伐。

當他們把鄰區的有裂縫的鋼軌換好，朝陽已經升起，把整個線路照得金光閃閃。

此刻，他們又開始在鐵路上巡道。

李偉覺得，路基上數不清的一塊塊鋪路石子，那就是石大群的滴滴汗水；牢牢地固定線上路上的一枚枚道釘，那就是堅定地守衛在毛主席革命路線軌道上的石大群的化身。李偉又覺得，通過無產階級文化大革命的鍛鍊，就像那線路上的無數的石子、無數的道釘一樣，湧現著一大批石大群式的既高瞻遠矚，又腳踏實地的英雄人物，在他們身上，叱吒風雲的氣概和勤勤懇懇的作風緊密地結合在一起。他們可以長年累月堅守崗位、從事平凡的勞動，當革命鬥爭需要的時候他們就能挺身而出，衝鋒陷陣，所向無敵。他們是在毛主席革命路線的指引下，經過無產階級文化大革命鍛鍊的堅強戰士。像石大群這樣，何止是社會主義鐵路的巡道工，而且是毛主席革命路線的捍衛者。此刻的石大群，手裡雖然沒有柳琴，卻用他的行動，用他的心，奏出了激動人心的無產階級壯麗的戰歌！

（原載《朝霞》1974 年第 8 期）

沙漠的笑容

汪　浙　成

　　草長鶯飛時節，我們來到毛烏素沙漠上的毛烏素公社。這是內蒙古自治區牧業學大寨的一個先進單位。過去這裡民謠說："出門一片白沙梁，灘裡幾隻黑山羊。"今天，經過無產階級文化大革命，在批林批孔運動的推動下，這裡的面貌，正發生著日新月異的深刻變化。連綿起伏的沙丘上，覆蓋著叢叢密密的沙蒿、沙柳、檸條和白茨；平沙莽莽處，林帶如網，牧草似海，羊群像浪花，看到這沙漠新貌的迷人景色，心中頓時蕩漾起一片明媚的春光來……

莫爾古勒上的奇蹟

　　高高的莫爾古勒沙梁像一道門檻，橫在毛烏素公社的南面。草庫倫[1]的籬笆牆，像長城一樣從沙梁頂上向北直插過去，把這座全公社最高最大的沙梁，劈成兩個截然不同的天地。往西望，黃沙飛騰雲天矮；往東望，草木滴翠春色新。

　　前不久，來自撒哈拉大沙漠上的非洲朋友，曾經站在這裡連聲讚歎："哦，奇蹟，新中國的奇蹟！只有在共產黨、毛主席的領導下，沙漠才會出現這樣美妙的春天！"

---

1 庫倫：蒙語，園子。用柳笆、土壞或鐵絲網修築圍牆，防流沙侵襲，牲畜糟踏，以建設草場，植樹、種糧。草庫倫主要是種草育畜。

在這裡，我們看到了治沙老人阿力賓，他是南庫倫的守護人。按說，他的職責就是看守草庫倫，但他按月還給生產隊揀三十多擔柴禾，此外，一有空閒，就和基幹民兵們一起來突擊治沙。

莫爾古勒，在蒙語中是"磕頭"的意思。早先，毛烏素召廟法規定，凡是登上莫爾古勒，就得一步一跪拜，一直磕到廟前。解放前，阿力賓為了給妻子治病，曾來過一回。但當他精疲力竭地回去時，無情的黃沙早已吞噬了他住了多半生的"崩崩房"。[2]兩天后，幾個喇嘛鬼哭狼嚎地來念了一通經。又吩咐他把妻子生前穿過、用過、觸摸過的一切東西，都送到廟上給死人升天用。

阿力賓沒等他們把這套鬼話說完，便喊了聲："滾！"猛撲過去奪過喇嘛的經鼓，摔出去老遠。……

老人笑著對我們說：

"用眼下的話講，我那是造反了。原來，這沙害、廟法、遭殃軍、東官府，就像四弦琴上的四根弦兒，拉的全是坑害窮人的調子！"

十年過去了。一九五八年，乘著大躍進的東風，公社黨委決定建設基本草牧場，第一個草庫倫就建在莫爾古勒。但是，第一批沙蒿種下去，只成活了三棵。一小撮階級敵人就搬出孔老二的"天命論"，胡謅什麼："毛烏素的一草一木，是天神安排的，動不得，變不了。"接著，從劉少奇資產階級司令部那裡，也吹出一股"人民公社辦早了，大躍進搞猛了"的黑風。阿力賓老人卻挺身而出，他鋼聲硬氣地說：

"活三棵就是個勝利！有這三棵，不愁三坡。現在三棵綠，往後就會滿地青。"

一天早晨，在一支基幹民兵背沙蒿的隊伍中，白髮蒼蒼的阿力賓大步走著。他們打著紅旗，迎著朝霞治沙去了。過路的牧羊

---

2 崩崩房：用柳條、泥巴修築的簡陋棚舍。

人打趣說："老爺爺,您這日子往回過了,變成小夥子啦。"

阿力賓甩了一把頭上的汗珠:

"是變了。只要人變,沙漠就得跟著變。咱們是不信天命幹革命!"阿力賓不但是個治沙能手,他還善於總結治沙經驗,終於找出了第一批沙蒿死亡的原因。原來在沙梁上種沙蒿,得先從水分充足的低坡處種起,步步向上推進;迎風坡前要有一片自然植被,作為緩衝地帶,減少風沙對新種植株的侵害。老人說:"這叫退一步,進兩步;先穿靴,後戴帽。"第一個草庫倫就在這勝利的喜悅聲中誕生了。

一九七〇年,正當毛烏素各族人民在文化大革命的大好形勢鼓舞下,乘勝前進的時候,林彪反黨集團的一個成員竄到這裡,胡說草庫倫"搞錯了","方向有問題"。正在草庫倫裡打流沙井的阿力賓聽了氣得直跺腳,他指著四周樹海、果林、豐收的莊稼,激動地說:"我們牧民祖祖輩輩嚮往的東西,如今草庫倫裡都能出產了,怎麼能說草庫倫'搞錯了'呢?這是成心不讓咱們搞基本草牧場,永遠過那靠天養畜的老日子。咱們有句諺語:'任憑狗兒怎麼叫,不誤駱駝走大道。'不管他們怎麼講,我們還是按著毛主席指引的金光大道往前走。草庫倫是搞定了,咱們只要繼續和沙漠鬥下去,就準能鬥出個更新、更美、貢獻更大的綠色天地來!"在阿力賓老人帶動下,打井的社員和公社其他貧下中牧一起,終於提前建成毛烏素有史以來的第一眼流沙井,為在沙漠中實現水利化作出了新的貢獻。

現在,經過無產階級文化大革命,草庫倫已經推廣到內蒙古所有牧區,成為基本草牧場建設的一種主要形式。我們站在莫爾古勒向下望去,平疇遠風,牧草揚波,果花灼灼,渠水汨汨,樹浪翩翩。一個個草庫倫,正向著荒漠沙丘,不斷地展開著新的包圍戰。

阿力賓老人雖然七十多歲了,卻老當益壯,去年還光榮地加入了中國共產黨，他說，我活了幾十年，知道什麼是舊社會的苦，什麼是新社會的甜，林彪夢想效法孔老二搞“克己復禮”，這辦不到。他眼望著遠方綠蔥蔥的草庫倫，沉默了半晌，又深沉地說：

　　“剛治沙那會兒，咱們只想是爲了保護好新建的牧場，保護好這條公社的大路，好讓翻身奴隸也能坐上汽車，到北京去向毛主席報喜。如今，可想得更遠啦，毛主席教導我們要爲中國和世界的大多數人謀利益。那天，我跟來參觀的非洲黑人朋友說，好兄弟，我們過去也跟你們一樣受壓迫、被奴役。這回呀，讓咱們緊緊團結起來，爲了世界上所有的沙漠，都出現這人類的春天而奮鬥啊！”

一棵不平常的柳樹

　　我們在毛烏素公社強烈地感受到，文化大革命和批林批孔運動，不僅推動了這裡的治沙鬥爭，更重要的是造就出一批大有希望的治沙戰線的“兒童團”。鋼老漢阿力賓的孫子敖特根就是其中的一個。

　　我們聽到敖特根的名字，是在公社的批林批孔大會上。貧管會主任在發言時曾提到，學校苗圃裡有棵柳樹就是對當前一小撮階級敵人污蔑教育革命的有力批判。於是，我們便去尋找這棵不平常的柳樹。聽說早先這裡百里不見一苗樹。解放後，開始植樹，但多半種在草庫倫裡。最初是種植沙蒿，它也能固定些流沙，但由於沙蒿棵株矮小，防風效果不如高杆林。要想徹底制服流沙，還得把喬（木）、灌（木）、草三者結合起來。就這樣，從種草到種樹，毛烏素的治沙鬥爭，又邁出了新的步伐。

　　在一處苗圃整齊的苗床上，鋪蓋著各種色彩斑斕的樹苗：墨綠的松苗，黛青的幼榆，綠裡泛黃的唐槭……幾個孩子正在專心致志地育苗。他們把樹籽撒在畦裡，挖開堰子，準備放水澆灌。

這是低年級的造林小組在搞試驗，輔導員正是高年級的學生敖特根。

他是個典型的沙漠少年的形象，黝黑的面龐上，透著三分英俊七分剛毅：濃黑的眉毛下，忽閃著兩隻亮得出奇的大眼睛。敖特根看苗床裡灌滿了水，便堵上豁子，叫孩子們開始撒籽。

小葉楊籽從孩子們手裡，紛紛揚揚地撒落在水面上，不一會兒，這些樹籽隨著渠水的往下滲透，像是黏著漿糊似的，牢牢地貼在地表上。當有的孩子問他：上回培育榆苗、唐槭，都是先把籽兒埋在土裡，爲什麼這次小葉楊不這麼培育的時候，敖特根拍拍手上的粘土，解釋說：

"先前我也不懂，問了我爺爺才弄清楚：榆錢、唐槭的種籽，頂力大，能自個兒頂開浮土；小葉楊的發力小，勁兒不夠，要是拿土蓋住，就長不出來。種籽不同，培育方法也不同。"說著，敖特根便從地上拿起篩子，裝了幾鍬沙子，在苗床裡均均勻勻地篩起來。他一邊篩，一邊繼續講解："不能這樣露著，還得蓋上層沙。爲什麼過篩呢？怕沙粒過大，把苗壓住。不蓋不行，蓋得厚了也不行。咱們是在跟沙漠打仗！武器就是這一棵棵、一畦畦的幼苗樹秧。讓這些幼苗吃得飽飽的，喝得足足的，棵棵身強力壯，等明天出圃，在風沙線上戰鬥起來就有力量，就能打勝仗。……"

孩子們聚精會神地聽著，幹得更細心、更起勁了。在一排小楊樹旁邊，醒目地聳立著一棵枝葉茂密的柳樹，那蓬勃的身姿，茁壯的軀幹，圍在用土壤壘成的半截矮牆裡，這就是那棵不平常的柳樹。

原來是貧牧宣傳隊進駐學校不久，在批判修正主義教育路線的高潮中，有一天，校門上貼出張《我們堅決要求從小就學會種樹》的大字報。因爲當時牧民還沒有在沙漠種樹的習慣，所以這張大字報對大家震動很大。當天放學以後，敖特根在一位貧牧宣

傳隊員的說明下，就在一片荒灘上栽了三根柳樹栽子。經過他一
年四季的精心照料，第二年春天，其中的一根便抽出嫩枝，吐出
新芽，出人意外地成長起來了。附近的貧下中牧都騎著馬子來看
這棵沙漠裡栽活的柳樹，不久，造林指揮部還在這裡開了現場會。
樹雖小，卻像飄展在萬頃黃沙中一面綠色的旗幟，鼓舞著人們治
沙造林的信心。如今雖說公路旁、草庫倫都長滿了青蔥的樹林，
隊隊有片林，家家有樹木，平均每個人有三百多棵樹。但人們卻
永遠不忘記這第一棵在沙裡栽活的柳樹和栽樹的少年敖特根。

夜校裡的春風

　　"看到這裡的沙漠綠，更得看看牧民的思想紅"，這是我們
經常聽到的一句耐人尋味的話。公社黨委為了讓我們在這方面有
更多的感受，建議我們到批林批孔的政治夜校裡去看看。

　　夜校座落在綠樹叢中。過去，這是個喇嘛的誦經房。正房裡
電燈通明。雖說是接羔保育、植樹造林的大忙季節，但這裡的批
林批孔運動卻抓得很緊。村裡發電機剛一轟鳴，人們便從四面八
方的勞動崗位上，帶著"奧力"[3]，扛著鐵鍬，背著柴禾湧向這裡。
雪亮的燈光，映出了一張張汗漬漬的笑臉；寂靜了一天的小院落，
頓時人聲鼎沸，笑語喧嘩。東西兩鋪大炕的"幛子"[4]上，早已坐
滿了人。這裡有我們認識的鋼老漢阿力賓，學校貧管會主任，還
有敖特根試驗小組的夥伴們。新刷的粉牆上，醒目地寫著"把批
林批孔運動深入、普及、持久地進行下去"的大紅標語。一個抱
著孩子的牧民大嬸，正衝著跨在炕沿上的一個男人嚷著：

　　"你看看，今黑夜你坐在什麼地方啦？"

　　這個男人叫道布頓，是大隊革委會的副主任。他滿臉絡腮胡

3　奧力：蒙語，砍沙柳的一種刀具。
4　幛子：用沙柳條編織成的炕席。

碴，是個身強力壯的中年漢子。前幾天，在東庫倫修補圍牆，五六十斤重的草坷垃，別人一次背一塊，他一次三塊，高高地摞在那寬厚的脊背上，跑起來還總在別人前面。收工時，道布頓大叔等別人走盡，脫下貼身小褂，擰出幾把汗水，又重新穿上，順著圍牆走去，這已成了習慣。每天他總要看看草庫倫裡飼草飼料生長得怎樣，哪兒的土圍牆又出現豁子，需要及時堵上，免得牲口夜裡進去作害……

這會兒，他從羊皮煙袋裡擰了鍋黃煙沫子，自在地吧噠著，壓根就沒去理會老伴的吆喝聲。大嬸又提高了嗓門：

"嘿，你是聾了，啞了，還是糊塗了？"

大叔甕聲甕氣地回答：

"我耳朵靈著，眼睛亮著，心裡清楚著。"

"那快往邊挪挪呀。"大嬸抬起頭來，朝著炕稍一指，"你那座位還空著，正等著你去呢！"

道布頓從嘴裡拔出煙鍋，一本正經地說：

"你去吧。今晚，我得朝前靠靠。"

誰知過了一會兒，理論輔導員宣佈上課時，今夜的老師竟是剛才被她奚落的男人！

大叔在眾目睽睽中緩緩地站起來。他從懷裡掏出包東西，小心翼翼地抖開、撫平。人們這才看清，原來是兩棵乾枯的苜蓿草。道布頓一手拎著一棵，開始了講話：

"大夥都看清了。這棵苜蓿草，是文化大革命前我當隊長那年，從咱們草庫倫裡打下的，長得又小又矮。再看去年這棵，"大叔把左手往高抬了抬，"又肥又大，都快跟我一般高了。同是一塊地，都是這些人，可種出來的草卻大不一樣。要說年景，去年從春到秋，兩百天沒下一場透雨，旱得連方圓幾十裡大的查幹諾爾，也只剩下一片薄薄的湖底水，活像張透明的玻璃紙粘在湖中央，八級大風也刮不起半點水花花。可咱們隊上的草，長得卻比哪年都高，打得比哪年都多，產量增加一倍。大夥說說，是啥原因？"

　　阿力賓老人插了一句：

　　"那還用說，全靠毛主席領導的文化大革命唄！"

　　"對呀！"大叔大聲地接著說，"文化大革命給咱帶來的好處說不完，林彪這個孔老二的忠實信徒，卻叫嚷什麼'克己復禮'，惡毒攻擊文化大革命。咱們說好，他說糟。這可得擺事實講道理，把它弄得一清二楚才行！"

　　"說得對著哩！"人群中有人應和著。

　　大叔接著講到文化大革命前，由於自己搞單一牧業經濟，結果，牲畜頭數一時倒是抓上去了，但放鬆了草原建設，造成過多草料的不足，許多牲口都趴蛋了。

　　接著，大叔聲音高昂地說：

　　"文化大革命中，群眾貼我大字報，批評我方向偏了。這把火燒得好，燒得及時，經過貧下中牧的批評幫助，我這才提高了路線覺悟，貫徹'以牧為主，農林牧結合，因地制宜，全面發展'的方針也堅決了。一面抓緊治沙造林，制服流沙，建設草場；一面又積極打井造田，提高草庫倫的品質，增加飼草飼料的產量。兩種方針，兩樣結果，這真是兩條路線兩重天，要是沒有文化大革命，哪有今天的草原新貌！文化大革命好得很，鐵的事實粉碎了林賊的無恥讕言，文化大革命就是好，一千個好，一萬個好。"

　　人群裡響起一片熱烈的掌聲。……

　　從夜校出來，我和大叔走在一起。大嬸氣喘咻咻地從後邊攆上來，歡欣地喊道：

　　"喂，怎麼不等等人呀？"

　　"熟門熟路的，還用人領著嗎？"

　　大叔甕聲甕氣地回答著。這時，大嬸快嘴快舌地告訴說，剛才聽三隊隊長對大隊支書講，他們同意大隊安排了，再拿出三分

之一的水澆地種草。大叔放慢腳步,問:

"前晌還說要再看一看呢。"

大嬸"撲嗤"一聲,笑了:

"還不是你今黑夜把自己擺進去的這一講一批判,把人家的思想疙瘩給解開了。他還說回去要好好扯一扯,把批林批孔鬥爭再深入一步。……我說,只見你半宿半夜地看毛主席著作,也沒見你寫什麼呀,你這是啥時候準備的?"

"這還用得著單另準備寫在紙上嗎?用毛主席的教導檢查一下自己走過的路,心裡還不是一清二楚的嗎!"

"你看我,嘖嘖嘖,文化大革命可真把你促得進步了!這真是……"

大叔終於站住了。他轉過臉來。夜色裡,只見他的眼睛閃閃發光,他像是在回答大嬸,又像自言自語,聲音是那麼誠摯、深沉:

"是啊,咱們要永遠、永遠地記住:文化大革命的好處!"

不知在什麼地方,夜風送來一串隱約的笑聲。大嬸靠近大叔,輕聲地說:"你聽,這麼晚了,大夥還在笑……"

"唔?"

大叔側耳諦聽了一陣。他什麼也沒有聽見,但似乎又都聽見了:那夜風穿行林間的颯颯聲,新生羊羔呼喚母親的咩咩聲,渠水在田裡流淌的嘩嘩聲,新修公路上運樹汽車引擎奮發的歌唱聲……銀色的月光,映照出一張我從未見過的喜悅的笑臉。

啊,這是牧區大寨的笑聲:沙漠的歡笑聲和經過文化大革命道布頓大叔內心深處發出的歡笑聲!

(原載《解放軍文藝》1974 年第 10 期)

巍巍井岡山

紫　風

一個金稻飄香的秋天，我們瞻仰了中國革命的搖籃 —— 井岡山。

在山上生活的時間雖然不長，但每天，每個時刻，我都為一種崇高的感情所燃燒著，忘記了饑餓，忘記了困倦，甚至在離別多時之後，每一回憶起來，心裡還是熱烘烘的，好像懷中揣著一團火。對啊！不止懷中揣著火，眼前也不斷閃著火的亮光。在這個連接著湘贛兩省邊界，瀰漫著五百里風雲的井岡山上，從五大哨口到大小五井，從紅葉滿樹的三灣楓樹坪到聳入雲層的黃洋界，有哪片土地沒有澆過革命烈士的鮮血，沒有紅旗和火把的閃光呢！

我永遠不能忘記初到茨坪 —— 井岡山的中心那一夜，幾天來聽到和看到的事情太使人激動了，怎樣也睡不著覺，半夜裡好幾次起來看陽臺外面的燈火。國慶日的前夜，茨坪的燈火可多啦，真似一天的星星撒到地上來。火紅的、銀白的、淡金色的燈光閃爍著，照耀著，那樣強烈！那樣璀燦！使我想起一顆顆晶瑩灼熱的革命者的心臟。正是他們在那“長夜難明赤縣天”的時候，驅走了舊中國歷史的長夜，迎來了共產主義的黎明。我一次又一次起來，凝視著這片動人心弦的燈火，彷彿聽著每一盞燈都在訴說一段英雄的故事，歌唱著一首革命的詩篇。

真的，井岡山上感人的故事實在太多了。我多麼渴望著把我聽到的,那些激起過我感情的浪花的事物告訴給人們……

現在,還是從旅途的開始談開吧:

楓林的火焰

那是一個晴朗的秋晨,暗藍色的天空才綻開幾朵橘紅色的霞彩,我們的車子已經在綿亙千里的韶(山)井(岡山)公路上疾馳了。車子載著三十多個來自五湖四海的乘客,通過兩岸如畫的湘江大橋,經株洲、醴陵、安源,沿著羅霄山脈的東麓向南飛駛,穿過蓮花之後,就進入永新的丘陵地帶。乘客中有白髮滿頭的莊稼漢,也有分派到外地工作、回來探家的小夥子,還有一批幹部是出外參觀回來,到革命聖地巡禮的。一個帶著延安口音、面上佈滿風霜的中年人,在剛剛訪問過韶山之後,又來井岡山作客。幾個年過半百的老大娘,來自花開四季的南方。經過三天的旅程,大家都熟落得有說有笑了。加上性格開朗、技術高強的司機停車時常常給人開點善意的玩笑,更增加了旅途的風趣。

離開永新縣城不久,路就逐漸陡起來。越往前走,車子就逐漸變得像一條船,駛進一個群山匯成的海洋裡,滿眼驚濤駭浪,時而陷入波谷,時而拋上浪峰,更多的時間則是繞著懸崖峭壁旁邊的一線小路盤旋。

突然,峰迴路轉,眼前豁然開朗,一片樹木蔥蘢的廣場迎面飛來。司機大叫一聲:"三灣到了,下車吧!"車子"嗻"的一聲剎住了。

原來這就是革命史上著名的"三灣改編"所在地。說來也真巧,我們到的日子,恰巧就是四十六年前毛主席率領著秋收起義的勁旅 —— 工農革命軍,從瀏陽文家市來到這裡的一天。毛主席在這廣場上檢閱過隊伍,在寒霜染紅了的楓樹下面宣佈了行軍紀律,進行了嚴肅的改編,並指示把支部建在連上,確立了黨對軍隊的領導。之後，就在群眾的歡送下，繼續向井岡山進軍了。

聽說，當年這裡楓樹成林，毛主席率領大軍到達的那一天，楓葉紅得出奇，像點起一把把火，又像綻開了滿樹紅花，映照得全村都亮了。老百姓歡天喜地，熱鬧得像過節一樣。現在，在這小小的三灣村，還保留著工農革命軍第一軍第一師第一團的舊址，舊的練兵場和毛主席的舊居 — 一間簡樸的房間。

聽說，一九二九年敵人來到這裡，把許多楓樹都放火燒了。但楓樹也像倔強的人民。一樣，是殺不完、燒不盡的。有兩棵楓樹在烽火中掙扎著又活過來，戰霜鬥雪，抽枝發葉，終於成長為濃蔭蔽日的大樹。

今天，我們走在這印滿紅軍腳印的廣場上，仰望著這片繁茂的古楓，聽著同樣是九月的秋風颯颯吹過楓樹的濃枝密葉，彷彿還聽到毛主席當年洪鐘般的話音是怎樣喚醒了深山老林，催動了千軍萬馬……

四十六個春秋過去了，當年的楓樹長成為參天的棟樑，我們的紅軍也身經百戰，建立了萬世不朽的勳業。紅軍的腳印已踏遍了祖國的天南地北，從天山腳下到舟山群島，從珠穆朗瑪峰到南海之濱……

這些日子，人們潮水般從各地湧來，站在這樹下沉思，踏著這塊土地徘徊或者聆聽著風雨的呼嘯和講解員的講解，置身在革命傳統教育的氛圍中，多少人感到難言的激動和深沉的幸福啊！一些戰士在樹下拍照留念，一群小孩在追逐著被風刮落的紅葉。陽光下，戰士帽上的紅五角星，孩子脖子上的紅領巾，迎風飄舞的紅旗和霜染的楓葉都紅得發亮閃光，看得人心都熱了。我也彎下腰來拾起一片楓葉，珍重地夾在筆記本裡，把一份對革命導師和前輩的尊崇懷念深深藏在心坎裡，只覺得一股暖流注入了全身的血液。

踏著英雄的腳印

　　秋風中，車子沿著紅軍走過的道路前進。一路上看見有人在割稻子，有的姑娘在摘棉桃，偶然也聽到打禾機的聲音。

　　不久，就通過寧岡縣的古城、礱市，到達茅坪。

　　礱市是中國工農紅軍第四軍誕生的地方，還保留著毛主席和朱德同志的舊居，就在寧岡縣委會的樓上。市內還有一座看起來很普通的橋樑，原來在這座橋上卻發生過驚天動地的事蹟。舉世聞名的井岡山會師就發生在這裡，這座橋就叫做會師橋。一九二八年四月，朱德同志率領的南昌起義部分隊伍、湖南農軍和毛主席率領的工農革命軍就在這裡勝利會師。

　　走在會師橋上，我們的心裡再也不能平靜了。想想吧，在那"紅旗捲起農奴戟，黑手高懸霸主鞭"的沸騰時刻，多少起義的工農奔向這裡來！他們有的草鞋踏破，雙腳打滿水泡，有的身上還帶著機油和稻穀的氣味，戰火熏黑了臉龐，有的剛剛砸碎鐐銬，衣裳撕破，傷痕在身……他們用拿慣斧頭、鐮刀的大手高高擎起梭標、紅旗，沉默的嘴巴發出雷霆的吶喊，在硝煙陣陣、火雨紛紛中飛奔而來。一道道鐵流匯成革命的暴風驟雨，衝擊著骯髒黑暗的舊世界……會師橋啊會師橋，你這座小小的橋樑挑起過多麼重大的歷史任務啊！你豈止是把當年湖南、江西和來自全國各地的革命戰士會合在一起，你不是也把昨天的艱苦鬥爭和今天的繼續革命聯繫在一起嗎！你不是把中國的革命和世界的革命也聯繫在一起嗎！

　　我懷著激動的心情向會師橋默默致敬。我知道世界上還有無數的工農群眾，雖然趕不上那次會師，但他們的心卻會超越時間和空間的限制，會合到這裡來。偉大的無產階級文化大革命開始之後，數不清的紅衛兵革命小將連群結隊，千里徒步而來。他們在老紅軍披荊斬棘開闢出來的革命路上，邁著青春的步伐。更有的外國朋友，甚至冒著生命的危險，萬里而來，爲的是要踏著英雄的腳印，走井岡山的道路。多少人渴望著能在這塊土地上站上一會兒啊！

對著這莊嚴的會師橋，一方面使人想起歷史上雄壯的旋律，奴隸創造歷史的動人畫卷；一方面也想起叛徒賣國賊林彪曾經企圖用墨寫的謊言掩蓋鐵鑄的歷史，爲自己塗脂抹粉、樹碑立傳的罪行。偉大歷史的見證會師橋和橋下嘩嘩的流水，在今日批林批孔的火線上也同樣地發射出有力的炮彈。歷史洪流滾滾向前，陰謀阻擋歷史前進的罪人徒然落得一個折戟沉沙、灰飛煙滅的下場罷了。

茅坪離礱市不遠，這裡到處流傳著紅軍的故事和傳說，有一首歌謠更廣泛地爲人們吟誦著：

> 北斗星，亮晶晶，
>
> 毛委員，愛人民，
>
> 一片爹娘心，恩情說不盡……

我們懷著滿腔敬意參觀了湘贛邊界第一次代表大會會址、湘贛邊界特委會舊址和登上毛主席的舊居 —— 八角樓。每走到一個地方，都好像走進一個黨史的大課堂，披閱著中國革命燦爛的篇章。八角樓除了房子的屋頂有一個八角形的圖案，一切陳設都和毛主席別的舊居一樣樸素簡單。講解員告訴我們，就在一盞桐油燈下，我們偉大的領袖寫出了光照歷史的文獻：《中國的紅色政權爲什麼能夠存在？》我們凝視著這陳舊的書桌和這盞古老的桐油燈，彷彿還看到毛主席當年深夜伏案揮筆的情景，不由得把腳步也放輕了。腳步雖然放輕，心卻跳蕩得厲害。回想起毛主席昔年在蒼茫的大地上傳播革命真理，在深山的黑夜裡點起星星的火光；夜沉沉，路漫漫，半個世紀來經過多少風狂浪急、激流險灘！今天星火已經燎原，真理的聲音也響起千聲霹靂，毛主席掌舵的革命航船又開上新的征途。我們翹首天外，看見了亮晶晶的北斗，也看見了中南海終宵不熄的燈光。這星光，這燈光，將千年萬代爲人們指方向，千年萬代爲人們所景仰！

黃洋界上

過了茅坪，路又陡起來，遠近的山勢越來越顯得雄奇險峻了。忽然一陣白茫茫的煙霧撲過來，於是一切山巒樹木隱去了，車子又似乎變成了一架飛機，在雲霧中穿過。只聽得山風怒號，林濤滿耳，勢如萬馬奔騰，天搖地撼。大霧中，偶或一兩部滿載竹材杉料的卡車擦邊而過，場面非常驚險，有的乘客不禁失聲叫喊起來，倒把司機逗笑了。一會兒雲收霧散，頭頂上又出現了一片藍天，但卻給四面重疊的山峰圍著，從下面望上去，就宛如一個井口。車子喘著氣時而爬上離天三尺三的峰頂，時而瀉下萬丈的幽谷。奇怪的是，在深山大穀之中，這樣的時節不但是松竹青翠欲滴，山花也爛漫地開放，姹紫鵝黃，色彩繽紛。好半天，車子才盤過了幾架大山，出了"井口"。忽然有人遙指著遠方，驚喜地叫道：

"瞧，黃洋界哨口！"

"噢！黃洋界！"我們從內心歡呼起來了。多少年來，我們在毛主席的《西江月》詞中認識了你，多少年來我們朗誦著這英雄的史詩，想念著你，崇拜著你！

但當我們一齊向它注目的時候，黃洋界又隱去了，當它再次出現的時候，卻繚繞著薄薄的雲霞，使人看不清它的真面目。

幸而半晌後，一道有力的陽光衝破了雲層，把這片莊嚴的土地照亮。

衝啊，跑啊，爬啊……年輕人都一股風似地上了山頂。

"山下旌旗在望，山頭鼓角相聞。敵軍圍困萬千重，我自歸然不動。……"兩個女同志不約而同地念著毛主席的詞句,一步步踏著石級上來。

登上黃洋界哨口的前沿,讓山風吹亂了鬢髮,撥開一陣陣輕紗似的雲煙,縱目遠眺,只見群峰俯伏在腳下,霧海迷茫。無數山頭浸在海裡,只露出小小的尖頂。一條飄帶似的公路時斷時續地繞著山腰迴旋,幾隻蒼鷹箭也似地掠過高空,一幅大自然筆下氣勢磅礡、雄渾無比的畫面突然展現在眼前,使人壯懷激烈,仿如回到了四十五年前炮火紛飛的戰場。

人們來回尋覓、發現,珍惜著當年革命戰爭留下的痕跡。有的人仔細地端詳著山上殘留的壕塹,拂拭去上面的青苔。有的人打開了相機的快門,"唭嚓"一聲,攝下這神往多年的場景。有的人深情地拾起一塊石子或者拔下一撮松針,懷想著它經歷過的濃煙烈火。旁邊一座平頂的小山頭,雜草蔓生,灌木叢叢,有人指點那就是當年發炮的炮臺。"黃洋界上炮聲隆,報導敵軍宵遁",登臨這古舊的炮臺,一股豪邁的戰鬥激情突然從心上湧起,眼前仍是硝煙瀰漫,耳畔也似乎依然有隆隆的炮聲。

一位講解員給我們描繪過那次戰鬥的經歷:"那是一九二八年的八月,敵人探聽得紅軍主力出擊,山裡空虛,就調集了湖南和江西的反革命武裝兩路撲向黃洋界。三十日,江西來的兩個團才到了茅坪,湖南來的兩個團已經到了黃洋界山下,把我們團團圍住了。怎想到我們的守軍雖然不滿一營,還要分兵把守各哨口,可一點也不慌不忙。兵少嘛,不打緊,一聲號召,各鄉的赤衛隊、暴動隊早就紛紛上了山。有的帶來了梭標、長矛、大刀、短槍,有的舉著紅旗,掛著鞭炮,抬著火油桶和鑼鼓,有的挑著滿筐滿籮的竹釘。啊,光是那竹釘就埋了兩三里長。紅旗飄,鑼鼓響,陣前築好層層工事,堆滿了滾木擂石,專等敵人來送死。真個是'早已森嚴壁壘,更加眾志成城'哩!

"敵人幾次進攻,都給英勇的紅軍打得落花流水,遺下滿地屍首,狼狽地退到山腰的樹林子裡。紅軍抓緊時間加修了工事,又到茨坪扛來了一門剛剛修好的迫擊炮助戰。跟著,敵人又發動了一次衝鋒,紅軍沉著應戰,一面把大炮對準山腰的樹林,只聽得轟隆巨響,天崩地裂,硝煙滾滾,火霧騰騰!一時火油桶裡的鞭炮齊鳴,暴動隊、赤衛隊殺聲震天,一群群像下山猛虎,殺得敵人東藏西躲,喊爹喚娘,只恨少生兩條腿。他們穿的草鞋陷入竹釘陣裡,被竹釘戳進肉裡,痛得滾的滾,爬的爬,還以為紅軍的主力回了山,當夜一口氣就逃遁了九十里。還在茅坪的江西敵人聽到這個消息,即晚也就奔竄逃命了⋯⋯"

　　聽著這一段生動的描繪,遙想那一場氣壯山河的人民戰爭,面對著這片雄偉的江山,我們沉浸在豪情和想像的海洋裡,眼前出現了一座座銅澆鐵鑄的英雄雕像,巍然挺立在黃洋界哨口上端,頭頂青天白雲,身披紅霞旭日,他們的英名和井岡山一樣天長地久!

常青樹贊

　　毛主席親手締造,在毛澤東思想哺育下成長的紅軍,善於打仗,知道為什麼打仗。因此不但在強敵面前機智勇敢,高奏凱歌,在遭遇生活上種種艱難困苦時,也表現了無產階級的英雄氣概和革命的樂觀主義精神。

　　從秋收起義上了井岡山,氣候一天天變冷了,接著來的就是朔風怒號、大雪紛飛的隆冬。我們的戰士還是穿著兩層單衣,沒有棉被,只有一堆稻稈。日常吃的是紅米飯、南瓜湯、秋茄子、蕨根和苦菜。高山的風雪和糧食不足也像反革命的武裝,兩路撲向他們。可是我們無畏的戰士也像戰鬥的黃洋界一樣"歸然不動",還慷慨激昂地作歌唱道:

　　　紅米飯,南瓜湯,

秋茄子，味道香，

餐餐吃得精打光。

幹稻草來軟又黃，

金絲被兒蓋身上，

不怕北風和大雪，

暖暖和和入夢鄉。

在萬山叢中的大井，這個五井（上、中、下、大、小）中的首要地區，曾經是革命風雷激盪的場所，現在也是遠來客人專誠訪問的地方。我們隨著一批批熱情的客人進謁毛主席的舊居，緩緩走過當年紅軍的營房。在那裡，我們親眼看見曾跟紅軍一起席過戰鬥日子的稻稈、單衣、草鞋和梭標、大刀，大家的眼光久久地不能移開。

講解員用深沉激動的聲調告訴我們：

"寒冬臘月，風雪交加的夜裡，有時戰士冷醒過來了，睡不著覺，就翻起身來，背靠背的坐著取暖。有時一面跺著腳，一面講故事、唱革命歌曲度過漫漫長夜。有時就揮舞梭標、長矛，大聲吆喝著，拿出跟敵人拼殺的勁頭和嚴寒作戰……"

在沾滿戰士手澤的梭標中，有的還刻著"革命成功萬歲""農民協會萬歲"等字樣。這些永不磨滅的鋼鐵誓言，使我們在四十多年後，仍然看到了老一輩無產階級革命戰士發光的思想，接觸到他們滾燙的心臟強烈的搏動。在這樣的戰士面前，世界上還有什麼東西能阻擋他們前進呢！從井岡山到瑞金，到延安，到北京，千山萬水，南征北戰，攻陷敵人一個個陣地和城堡，奪取一次又一次輝煌的勝利，搬走了壓在中國人民頭上的三座大山；多少人為共產主義理想獻出生命，灑熱血寫下最新最美的史詩，迎來了祖國大地的早晨！這就是毛主席和黨所培育的、井岡山下來的無敵戰士。"這個軍隊具有一往無前的精神，它要壓倒一切敵人，而絕不被敵人所屈服。"在這樣的戰士面前，黑夜不能不縮短,嚴冬也只好悄悄溜去,春天的腳步在冰雪中提前來到了。

　　一個晴和的中午,我們訪問了一位革命老人,當年大井鄉工農兵政府的主席。他懷著深摯的感情回憶起毛主席領著紅軍初到大井的日子:"紅旗一插到大井,群眾就紛紛組織起來了。鄉鄉有不脫產的暴動隊,十五歲以下的入兒童團,站崗放哨,還有少年先鋒隊、婦女會……接著就跟紅軍下山打土豪、除惡霸。大小五井選了九個鄉委,後來又成立了大井鄉工農兵政府。打起仗來,我們就跟紅軍帶路、抬擔架、修工事。

　　"有一次打下遂川一個大惡霸,抄出三百條白布,分給群眾做衣裳,剩下來的染成灰布給戰士穿。毛主席也跟普通士兵一樣穿這種灰布衣裳。他有一匹馬,總是派去運糧食、搬藥物什麼的。紅軍打仗回來,就幫老百姓砍柴、挑水、種莊稼,老百姓都說,從來沒有見過這樣好的軍隊!

　　"井岡山原來也有地方武裝,他們也打過土豪和保安隊,可打回的東西只分給自己的同夥。毛主席來了,就教育改造他們,讓他們跟著共產黨走,幹革命。他們的隊伍也被收編了。這一來,紅軍的聲勢就更大啦,反動派看著紅了眼,恨得牙癢癢的。

　　"一九二九年一月,毛主席率領紅軍主力向贛南進軍,後來就在瑞金建立了第一個紅色京都。當時,敵人把廣東、湖南、江西三省的反動軍隊都調在一起,打進井岡山來了。山上的軍民抵抗了好幾天,才撤到深山密林中去。敵人進山。叫嚷什麼'石頭要過刀,茅草要過火,人要換種'。見人殺人,見村放火,夢想把井岡山變成廢墟,把革命的火種撲滅。呸!真是白晝做夢!敵人一走,我們又恢復了工農兵政府,轟轟烈烈地幹起來了。"

　　老人七十四歲了,在茨坪光榮敬老院接見我們,雖然鬚髮俱白,但是一談起那火紅的年代,就眼光明亮,聲音高昂,使人感到這不是一個講解歷史的老人,而是一員青春煥發、熱情澎湃的戰士。

當年出入槍林彈雨的大井鄉暴動隊隊長，七十六歲了，也依然健在，還當上十大代表。可惜兩次找他不著，一次是開會去了，一次是參加秋收大忙。

在大井毛主席的舊居，還有一截燒糊的牆嵌在全屋的白粉牆之間，這就是經過當年大火而凜然屹立的牆。屋後還有一棵海羅杉、一棵鑿樹，枝幹雖然蒼老，生機卻很蓬勃，在秋風中搖曳著一片青綠。原來這也是經過當年大火燒不死的常青樹。在它們身上都記錄下血和火的歷史。人們從這裡走過，都要停下步來低頭默想，經受一陣激情的洗禮。常青樹啊不倒的牆，你們就是那些戰嚴寒、鬥烈火的革命戰士，用生命和鮮血寫出勝利史詩的戰鬥的象徵，我多想為你們高唱一首英雄的讚歌！

巍巍井岡山

一團火焰破霧而出，在南山之頂灼灼閃光。不，那不是一般的火焰，而是一面穿過半個世紀風雨雲煙的紅旗，一面紅軍時代的鐮刀斧頭紅旗，放著不滅的光芒。堪笑那個當年的膽小鬼後來變成賣國賊的林彪，曾經發出過“紅旗到底打得多久”的讕言，這早在鐵的現實面前碰成粉碎了。

遠來的人都欣喜著到達了旅途的終點 —— 茨坪。這裡，田畝上還堆著一捆捆稻稈。稻子的清香飄散到林蔭大道和大道旁的樓房去，那是新蓋的郵局、飯店、百貨大樓……環山公路連接著五大哨口（黃洋界、八面山、桐木嶺、雙馬石、殊砂衝）、大小五井和茨坪的四周，不斷來往著各式大小車輛，載著祖國各地的來客和天涯海角的國際友人。

在險要的哨所和崎嶇的山路，特別是毛主席當年從甯岡挑糧上山的小路上和歇過肩的大槲樹下，不時會看到一些膚色不同的外國朋友，穿雲披霧，在吃力地攀登著。他們的眼光深邃，神情嚴肅，一步一個腳印，顯然是在經歷一次不平凡的戰鬥歷程。

是的，從太平洋的彼岸，或遙遠的非洲叢林，來到社會主義的中國，也何嘗不是一次不平凡的戰鬥歷程呢！

聽說，一位拉丁美洲朋友，很久以來就想訪問中國，但是他經歷過多少的阻難啊！第一次，他打算搭飛機來，剛踏進機門就給反動派趕回去了。第二次，他想改乘汽車經過另一個國家的國境到來，不幸半途上給反動派抓住，還無辜地坐了個多月的牢房。但他的決心毫不動搖，出獄之後，步行了二十五天，衝破重重阻撓，終於出了國境，從另一個國家起程來到中國。這位堅強的友人也在井岡山留下深深的腳印。臨走時，他堅決地表示："我是冒著生命的危險，前來學習走井岡山的道路的，我要把毛主席培育的井岡山革命精神，變爲我的實際行動。"

像這樣的例子是很多很多的。

更多來自尼羅河畔和亞馬遜河流域的朋友，在參觀井岡山之後，對於"槍桿子裡面出政權"有更深刻的瞭解，堅決走武裝鬥爭的道路。有的人來了一次，再來第二次。有的人還住到大井的老百姓家裡，邀請老紅軍、老暴動隊、赤衛隊介紹當年出奇制勝，痛殲頑敵的戰例和表演當年與反動派進行肉搏戰的刺殺雄姿。有的人還從他們手上接過槍來，照樣揮舞刺殺，高喊"打倒帝修反！"的口號。臨別的時候，井岡山的群眾給這些外國朋友每人送一雙紅軍當年穿過的草鞋，一枚黃洋界保衛戰用過的竹釘，一本毛主席的光輝著作《井岡山的鬥爭》。他們雙手接過禮物，依依不捨，無限感動地說："我們在戰鬥中看到這些禮物，就會想起毛主席，就會想起井岡山，就會出智慧，就會出勇敢，就能戰勝敵人了。"

有一天，在茨坪南山下不遠，毛主席的舊居裡，一位東南亞的朋友對著毛主席用過的一盞油燈出神。他怎樣也想不到不朽的巨著《井岡山的鬥爭》是在一盞桐油燈下寫成的。他一遍又一遍翻閱這光輝的著作，一次又一次諦視這古樸的油燈，壓抑不住心潮的奔騰，回到賓館就立刻寫下了井岡山革命的頌歌。

　　熱情的詩句有的寫在紙上，有的刻在富有歷史意義的樹木上。一批來自湄公河畔的朋友，在大井的常青樹上刻下了他們熱愛毛主席，想念井岡山的詩句，讓它隨著常青樹在風中歡笑，在雨中搖曳。

　　有一次，黃洋界哨口來了一批地中海沿岸的朋友。他們聽到了黃洋界保衛戰的英雄事蹟，沉緬在壯麗的歷史鬥爭裡，許多人興奮得大叫起來：“打得好！打得好！”跟著，他們也向中國朋友介紹了他們運用毛主席的人民戰爭思想，同帝修反鬥爭的光榮事蹟，同樣博得中國朋友的熱烈稱讚。臨別時，他們把自己的戰旗和紀念章送給當年黃洋界保衛戰的參加者、井岡山革委會的成員。井岡山革委會也給他們回贈了黃洋界保衛戰中使用過的竹釘。他們豪情滿懷地說：“我們是同一個戰壕裡的革命者，我們反對的是共同的敵人。”

　　戰鬥的情誼把世界革命人民的心緊緊連結在一起，越過高山，跨過海洋，反動派的阻撓破壞只是癡心妄想。

　　走在茨坪的田野、街道上，生活在英雄的歌聲和革命的史詩之間，人們會感到不是踏在一塊平靜的地面上，而是燃燒在一座不時噴發出火花和熱浪的戰鬥大熔爐中。不管走到哪裡去，都聽到進軍的號角和鼓點，處處令人鼓舞，發人深思。無論是白天看紅旗飄卷，夜間看星星點點的燈光，還是在革命烈士紀念塔前包起一撮泥土，或者在走向南山的路上摘下一束野花，人們都會呼吸到一種熱辣辣的氣息，煥發起一種新的感情和願望。真的，與其說茨坪是人們旅途的終點，倒不如說是他們的起點，因為不少人在這裡汲取了新的力量，在生活和鬥爭的道路上又找到了新的起點。這起點可以通向無限的遠方，正如當年的星星之火終於成為衝天的烈焰，化作天安門前的火樹銀花，照亮了九百多萬平方公里的雲天一樣。我不由得想起這樣的詩句："革命的烈火越燒越旺，井岡山的道路越走越寬廣……"這是一位印度支那友人留下來，也是我們從心底發出來的聲音。

井岡山，革命的搖籃，戰鬥的大熔爐，我們永遠在你的懷裡，你也永遠在我們的心中。啊！莊嚴的井岡山！巍巍的井岡山！你彷彿時刻回蕩著春雷般的巨響，向中國人民、向世界人民宣告：

"革命是歷史的火車頭。"

"堅冰已經打破，航線已經開通，道路已經指明。"

"惟獨共產主義的思想體系和社會制度，正以排山倒海之勢，雷霆萬鈞之力，磅礴於全世界，而保其美妙之青春。"

（原載《廣東文藝》1974 年第 10 期）

力量的源泉

夏 冠 洲

　　在庫爾班吐魯木老人家裡，有一幅最珍貴的照片。紅漆的相框光豔如新，明淨的玻璃一塵不染。這是老人幸福和光榮的象徵，也是老人最可寶貴的紀念。

　　珍貴的照片展現了偉大領袖毛主席親切接見庫爾班吐魯木的動人情景：毛主席著淺灰色的上裝，關切地望著庫爾班吐魯木；庫爾班吐魯木老人穿著雪白的袷袢，雙手緊緊握著毛主席的手，眼裡閃著激動的淚花，在向毛主席傾吐維吾爾族貧下中農最美好的祝願……這張珍貴的照片，凝結著我國各族人民對偉大領袖毛主席的無比熱愛，凝結著毛主席對勞動人民的無限關懷，凝結著領袖和群眾之間永遠心心相連的深厚情意！

　　現年九十一歲的庫爾班吐魯木老人，是新疆于田縣紅旗公社的一個苦大仇深的老貧農。在那比鍋底還黑的舊社會，他給巴依當了六十多年奴隸，受盡了折磨。黑暗的舊社會，先後奪去他一家十二個親人的生命！庫爾班老人對舊社會的仇和恨，真是說不完啊。

　　“一唱雄雞天下白，萬方樂奏有於闐”。一九四九年，庫爾班吐魯木老人含著熱淚迎來了毛主席派來的親人解放軍；家鄉解放了，老人一家開始過上幸福的日子。

　　解放了，在舊社會受盡苦難的庫爾班吐魯木老人多麼盼望見到偉大領袖毛主席啊！ —— 他好幾次把自己親手培育的甜瓜、晾曬的葡萄乾、杏乾、瓜籽等土特產寄給毛主席,他先後七次寫信給毛主席問好,他甚至要帶著禮物,騎上毛驢去北京看望毛主席。

庫爾班老人的最大願望終於實現了。一九五八年,老人作為新疆參觀團的成員,來到了日思夜想的北京城。六月二十八日 ── 這終生難忘的幸福時刻,在莊嚴的懷仁堂,庫爾班吐魯木和代表們一道受到偉大領袖毛主席的親切接見。毛主席神采奕奕,紅光滿面,健步向庫爾班吐魯木走來。庫爾班老人是多麼幸福和激動啊!他緊緊握住毛主席那溫暖的手,熱淚盈眶,心潮澎湃,千言萬語一齊湧上心頭:"敬愛的毛主席啊,我終於見到了您,我有多少話想對您講啊……"就在這激動人心的時刻裡,一位元記者拍下了這幅珍貴的照片。

毛主席的接見,是老人終生最大的幸福,使老人從中獲取了巨大的前進動力。就在毛主席接見的一年後,庫爾班老人七十六歲的時候,光榮地加入了中國共產黨。入黨的那天,老人激動地回到家裡,在照片的前面久久沉思,他向毛主席立下誓言:今天,我加入了您領導的無產階級的先鋒隊,我一定不辜負您老人家的期望,要用您親自握過的這雙手,為革命做出新的貢獻,為解放全人類,實現共產主義戰鬥到底!

入黨以後,庫爾班吐魯木老人的思想有了新的飛躍,一顆紅心撲到革命事業上。多少回,老人騎著毛驢,踏著月光,走村串戶,向群眾宣傳黨的方針政策,暢談國內外的大好形勢。多少次,在田邊地頭,在會場、課堂上,老人用自己的親身經歷進行新舊對比,諄諄教育青少年們要永遠熱愛毛主席,當好無產階級革命事業的接班人。人們還記得,在滴水成冰的寒冬臘月,老人頂著鵝毛大雪到十幾里外的戈壁灘上揀糞,為農業學大寨貢獻自己的力量。人們還記得,一次管道跑了水,老人帶著家裡的被子、氈子,第一個跳進刺骨的冰水裡堵水口……老人常說:"想到毛主席,我就不知道什麼是苦,什麼是累,就覺得渾身有用不完的勁。"

庫爾班吐魯木老人崇高的革命品質，忘我的戰鬥精神，受到人們的欽佩和讚揚。但是，在榮譽和成績面前，老人始終保持著勞動人民謙遜的本色，不驕不躁，繼續革命，繼續前進。在那珍貴的照片兩邊，逐漸增添了十幾張各式各樣的獎狀。這十幾張閃閃發光的獎狀，記載著老人多年來戰鬥的步伐，步步都走在毛主席的革命路線上！

史無前例的無產階級文化大革命，給年逾八旬的庫爾班吐魯木老人帶來了火紅的青春。在馬列主義、毛澤東思想的哺育下，老人迅速地成長為無產階級先鋒隊的優秀戰士，朝氣蓬勃地行進在繼續革命的行列裡，為人民不斷立新功。

就在這幅珍貴的照片前，老人常常召集全家人圍坐在燈下，認真刻苦地學習馬列的書和毛主席的書，從偉大的革命著作中吸取無窮無盡的力量。

就在這幅珍貴的照片前，老人與串聯來到于田的北京紅衛兵一起，回憶受到偉大領由毛主席親切接見時的幸福情景，共同表示誓死捍衛毛主席的革命路線，誓將無產階級文化大革命進行到底。

就在這幅珍貴的照片前，老人和革命群眾一道，寫了一張張革命的大字報。大字報字字如投槍，似匕首，殺向劉少奇的反革命修正主義路線！

就在這幅珍貴的照片前，老人邀請新當選的大隊革委會成員，到他家吃了一頓用麩皮沙棗做的“憶苦飯”。飯後，老人伸出厚繭累累的雙手，勉勵大家要永遠手不離勞動，心不離群眾，為貧下中農掌好權，堅決貫徹執行毛主席的革命路線。

在文化大革命中，這裡人們廣泛傳頌著庫爾班吐魯木老人兩個動人的故事。有一個幹部對群眾運動一時不夠理解，庫爾班吐魯木老人誠懇地批評教育他，耐心地幫助他端正對待群眾運動的態度，使他提高了階級鬥爭、路線鬥爭覺悟，回到了毛主席的革命路線上來。還有一次，“一打三反”運動中，一個歷史反革命分子挾著兩個大甜瓜，乘天黑偷偷溜進老人家裡，沒等那傢伙開口，老人就把甜瓜扔出門外，憤怒地揭穿了階級敵人的陰謀。在激烈的階級鬥爭和路線鬥爭中，庫爾班吐魯木老人就是這樣立場堅定，愛恨分明。

轟轟烈烈的批林批孔運動開始了，庫爾班吐魯木老人以飽滿的鬥爭熱情和充沛的革命精力投入了這場偉大的戰鬥。人們常常可以看到，在渠水奔騰的閘口上，在麥浪起伏的田野裡，在工廠裡，在部隊營房，在學校的講臺上，老人和革命群眾一道，憤怒聲討叛徒、賣國賊林彪效法孔老二"克己復禮"，妄圖顛覆無產階級專政，復辟資本主義的滔天罪行，熱情歌頌無產階級文化大革命和毛主席革命路線的偉大勝利。庫爾班吐魯木老人的戰鬥熱情，像一團團火焰，燃起了貧下中農和社員群眾對孔老二和林彪的刻骨仇恨，激發了人們對黨、對毛主席、對社會主義的無比熱愛。

就在批林批孔鬥爭中，老人又來到大隊的批林批孔會場。他指著地上擺著的皮鞭和鐐銬憤怒地說："這就是舊社會巴依們對我們貧下中農的'仁'和'義'！"老人憤怒高呼："讓林彪宣揚的那一套孔孟之道見鬼去吧！誰對我們狠，誰對我們愛，我們貧下中農分得最清，記得最牢！"

就在批林批孔鬥爭中，老人來到解放前居住過的破牛棚。血和淚的回憶燃起老人滿腔怒火："林彪再三揮舞孔老二'克己復禮'的破旗，說穿了，就是要復辟，就是要我們貧下中農重新回到暗無天日的舊社會，就是要我們從居民點寬敞舒適的房舍搬回到這座破爛的牛棚，在巴依的皮鞭下忍饑受餓，我們能不能答應？""絕不答應！"牛棚外的批林批孔會場上，響起雷鳴般的怒吼聲。

麥收時節來到了，老人已把鐮刀磨得閃光發亮。今年，紅旗公社的貧下中農戰勝了嚴重的春旱，又奪得了一個好收成。他們要用豐收的喜訊，狠狠回擊林彪一夥誣衊無產階級文化大革命

"破壞了生產"、農民"缺吃少穿"的無恥讕言。

九十一歲的庫爾班吐魯木老人，越活越年輕。他精神煥發，渾身充滿青春的活力，日夜戰鬥在批林批孔和抓革命，促生產的第一線。

珍貴的照片，是歷史的紀錄，力量的源泉。它不僅是老人的光榮和幸福，也是維吾爾族人民和全國人民共同的珍貴的精神財富。它永遠鼓舞著各族人民沿著毛主席的革命路線奮勇前進！

（原載《新疆日報》1974 年 7 月 1 日）

遍地英雄唱新歌

── 小靳莊抒懷

浩　然

　　在百花競開、稻穀飄香的珠江之濱，我聽到來自薊運河邊大平原上震動人心弦的進軍號聲，那是寶坻縣小靳莊社員們的詩歌朗誦。

　　多麼熟悉、親切的故土鄉音！

　　多麼洪亮、高昂的時代強音！

　　我望著那滿江雲霞似的波光蕩蕩，望著那兩岸瑪瑙般的荔枝累累，心頭久久不能平靜。

　　我多麼想飛回北國津郊那個小村莊去，加入那個大合唱的隊伍呀！

　　我的願望很快就實現了。

　　我踏上了小靳莊的土地。

　　這塊土地，我本來是熟悉的。它跟我的故鄉只有一河之隔，應該說，這裡就是我的故鄉。童年時代，因爲貧困所迫，我曾到這裡投過親。我在這九河下梢、十年九澇的地方，看到無邊的大窪裡，覆蓋著茫茫的瀝水，禾苗的梢頭，伴著逃荒的窮人，在那裡掙扎；較高的地方，鋪著霜雪一樣的鹽鹼，饑餓的烏鴉，望著躲水的災民，在那裡哀鳴……半封建半殖民地舊中國的農民們，生活在苦海中，這裡的農民則在苦海的最深處。

現在，這裡的土地變了！大大小小的排灌河渠和高高低低的輸電網，像經緯線一樣，把大地切裁得整整齊齊。

小靳莊的大地是五彩繽紛的：高粱似早霞，玉米賽黃金，正在壯粒的稻田如鑲嵌的翡翠，正待收割的大豆，在微風中搖動著串鈴。……

小靳莊的大地是沸騰喧鬧的：汽車的膠輪滾，拖拉機的馬達鳴，揮鐮割伐的響聲，交織著革命樣板戲的歌唱聲……

我走進了小靳莊的街頭。

這樣的街頭，對我來說，是多麼親切啊。這一帶地方，和我的故鄉毗鄰相連。解放戰爭時期，我曾隨著參戰的大隊人馬經過這裡，借宿在老鄉家。我看到在那低矮的土屋裡，農民們正憤怒地鬥爭地主和反革命分子；我看到在那坍倒了牆壁的街道上，農民們正踴躍地湊集著支援前線的米糧；我看到在那被燒毀的叢林中，農民們趕著驢馱、抬著擔架，勇敢地奔向槍炮轟響的地方……在無產階級奪取政權的鬥爭中，解放區的農民作出了偉大的貢獻，這裡的農民的貢獻也是很大的。

現在，這裡的村莊變了，一幢幢瓦房，一道道新牆，楊、柳、榆、槐栽滿街，枝葉成蔭幹成行。學校、商店、圖書室，還有社員的政治夜校和運動場。

小靳莊的街頭是琳琅滿目的：院牆是詩歌的畫廊，吸引人們的眼目；屋壁是批林批孔的專欄，激勵著人們的戰鬥熱情。……

小靳莊的街頭是熱氣騰騰的：小學校正召開賽詩會，幼兒組正進行精彩的兒歌表演，大喇叭正播送從首都北京傳來的聲音……

我見到了小靳莊的社員。

對於人民公社的社員，我一直以為還是比較瞭解、熟悉的。在毛主席的無產階級革命路線指引下，在火熱的革命鬥爭生活鼓舞下，我立志向貧下中農學習，努力使自己成為貧下中農的一名歌手。二十五年來，我曾經遍走北京、天津、唐山這一帶地方的鄉村，瞭解他們的思想感情，學習他們的優秀品質，寫出了一些表現他們鬥爭生活的作品。可是這一次，當我跟小靳莊的人見了面，我感到嶄新的學習課題擺在面前。他們那嶄新的面貌、豪邁的言語，強烈地震動著我的心弦！

真是百聞不如一見呀！這一見使我更不能平靜了。

中華人民共和國成立後的二十五年，特別是經過無產階級文化大革命的戰鬥洗禮，經過批林批孔運動鍛鍊的人民公社社員們，思想境界更高了，英雄形象更美了，革命鬥爭事蹟更豐富了！我們的文學創作，怎樣才能及時地、正確地、深刻地反映出這翻天覆地的變化？就我這樣一個專業寫作者來說，怎樣才能加入社員們大合唱的行列，跟他們發出同一的心聲？這是一個必須用思想和行動來回答的根本問題！

小靳莊的黨支部書記握住了我的手。他跟我講起小靳莊黨支部怎樣在"十大"精神鼓舞下，以黨的基本路線為綱，以革命樣板戲為榜樣，率領廣大社員，英勇頑強、朝氣蓬勃地向思想文化領域進軍，從而使小靳莊人換思想地換裝，產量已經過了"黃河"，今年又將跨過"長江"，使"十年九澇"的大窪變成了米糧之倉！……

我一面聽著，一面端詳著他。在珠江之濱，當我聽到這位黨支部書記帶頭創辦政治夜校，領頭創作革命詩歌，"晴天一身汗，雨天一身泥"的先進事蹟的時候，把他的年齡估計得過大了。實際上，新中國成立的時候，他僅僅是一個剛學會邁步走路的小孩子。二十五年來，在兩個階級、兩條道路、兩條路線風雲烈火的搏鬥中，他鍛鍊成長。一個逃荒躲水，掙扎在死亡線上的農民後代，逐步長成一個堅決走社會主義道路的帶頭人。那麼，在我國廣大農村裡，無產階級文化大革命後，湧現出這樣多新一代"雄心壯志蓋山河"、"為革命永拉上坡車"的基層幹部英雄人物，不正是我們應當大歌大頌的嗎？

在豐收的田野裡，我和一位老貧農社員相識。從年齡上講，他早就該"老態龍鍾"，但是他卻越活越年輕。尤其是文化大革命以後，他更加煥發了戰鬥的青春。

在我的請求下，他一手提著鐮刀把，一手抹抹臉上的汗水，便精神抖擻、聲調高亢地朗誦起他的新作來：

榆木扁擔五尺三，

一對水桶兩頭拴，

裝滿水，挑在肩，

加快步子跑得歡。

澆一擔，綠一片，

澆上萬擔綠無邊。

毛澤東思想威力大，

永挑重擔不換肩。

就憑一副鐵肩膀，

鬥倒龍王戰勝天！

天大旱，人大幹，

定要跨過八百、闖過千斤關！

就是他，九歲給地主富農扛小活的普通的老一代農民，經過文化大革命，學習了黨的基本路線，認真地總結了歷史的經驗教訓，給自己提出一個問題：舊社會把咱變成睜眼瞎，現在咱當家做了主人，不掌握革命理論，咋能更好地跟毛主席幹革命呢？於是，他積極地報名參加大隊政治夜校，當個老學員，刻苦學文化、讀革命理論，而且一直堅持了三年。就在這短短的三年中，把自己來了一個巨大的改變：他能讀毛主席的書，他能寫大批判文章；他還能揮毫賦詩，成了賽詩臺上一員主將：用他的心聲，震動了千萬人的心弦，我就是其中的一個。像他這樣的"社會主義道路我們走定啦"的農村陣地的"頂樑柱"，不正是我們應當大歌大頌的典型嗎？

我還在小靳莊看到"半邊天"的婦女們，真的把"半邊天"頂起來了。在"貧下中農的主心骨"的大隊領導班子裡，她們是半邊天。在"毒草化肥料，防修反覆辟"的大批判會上，她們是半邊天。在"雙手治服早澇城"的戰鬥中，她們是半邊天。在"殺聲陣陣衝雲霄，青紗帳裡練兵忙"的民兵連裡，她們是半邊天。在"錘煉革命新一代"的政治夜校裡，在"樣板戲越唱心越紅"的舞臺上，在"滿懷豪情寫詩歌"的畫廊上，等等，小靳莊的婦女都把"半邊天"頂起來了。

支部書記帶著我，一路走，一路講，見著一位女社員就介紹一串生動感人的故事，彷彿進了珍珠灘、百花園，使人應接不暇；每一個人，每一件事，都是我們應當大歌大頌的社會主義的新事物！

他又笑瞇瞇地指點著一個正在往三套大馬車上搬高粱頭的女青年，對我說："她的事蹟也很突出，完全是文化大革命風雨中成長起來的新一代婦女……"

這女青年非常健康，那紅紅的臉膛，簡直跟滿地的成飽的高粱穗子溶匯在一起了。支部書記介紹說：女孩子只有十九歲，當她還帶著紅領巾的時候，就在抓革命、促生產的戰鬥中讀馬列，學政治，批判封資修的黑貨了。幾年來，她認真讀了《共產黨宣言》、《哥達綱領批判》、《國家與革命》等馬列著作，更熟讀了毛主席的五篇哲學著作。她得到了充分的雨露陽光，以驚人的速度茁壯成長。她寫了六萬多字的學習心得筆記，三十多篇革命大批判文章，還創作了五十多首抒發他們的豪情壯志、表現他們戰鬥新生活的詩歌，不少篇發表在報刊上：她把人民公社社員的聲音，傳遍了祖國遼闊的大地！新的世界，新的英雄，新的戰鬥的詩歌，使我的心弦受到一次前所未有的震動，使我深思：

二十五年來，我滿懷熱情地為這塊土地上的主人公們唱過讚歌。可是，我筆下的形象已經是他們的過去了。我應當儘快地熟悉他們今天新的精神面貌，努力寫出他們今天更高大、更完美的英雄典型。只有這樣，我的作品才能反映出他們的真實面貌，才能起到「團結人民、教育人民、打擊敵人、消滅敵人」的有力武器的作用，我才能加入小靳莊這樣大合唱的行列！

我是滿懷信心的，小靳莊的社員用自己的行動啓發了我，使我提高了認識。新的認識，是新的步伐的起點。

無產階級文化大革命後的農村真的巨變了，鬥爭生活更火熱，新的天地更廣闊，這就爲我們的創作提供了更豐富的源泉。

革命樣板戲給我們樹立了光輝榜樣，工農兵業餘作者的大軍，正在前邊朝我們揮手呼喊！

我一定要大步地追上去！

（原載《人民日報》1974 年 10 月 1 日）

火紅的戰旗

　　我從小就會唱《三大紀律八項注意》這支革命歌曲。我是聽會的、看會的。

　　這支革命歌曲，從井岡山唱到寶塔山，從太行山唱到冀東的燕山 ── 支穿著灰軍裝、攜帶著土槍、土炮的小小的隊伍，唱著這支歌，開進了我們的山村。

　　父老們高興地奔相走告："咱們窮人自己的隊伍來了！"

　　我也被這異常的喜悅所感染，開始聽、開始看，開始用我那幼稚的心來體會。

　　"一切行動聽指揮，步調一致才能得勝利……"

　　在這樣的歌聲裡，隊伍裡的同志們，跟我們窮苦的農民一起住、一起吃、一起勞動，一起打擊日本侵略者。

　　在這樣的歌聲裡，隊伍裡的同志們，不辭辛苦地宣傳群眾、組織群眾：愁眉苦臉的鄉親們，漸漸地喜笑顏開，一個個挺起胸膛，加入了革命的隊伍。

　　在這樣的歌聲裡，革命隊伍的同志們，得到群眾的信任、愛戴和擁護；黨的路線、黨的政策，像種子一樣播撒在人們的心田，開花、結果了。

　　在這樣的歌聲裡，黨政軍民步調一致進行戰鬥：鬼子的炮樓被燒毀了；村裡的惡霸地主被鬥倒了，土地房屋回到了窮人的手裡。

　　……

　　我們一群窮孩子，也被發動起來，成立了兒童團，手拿紅纓槍，站崗放哨查壞人，念書認字學道理，跟隊伍上的同志一起唱：
"一切行動聽指揮，步調一致才能得勝利……"

　　當我對這支歌曲的偉大意義聽懂一些、看懂一些的時候，浩浩蕩蕩的革命大軍組成了，如同千萬條洶湧澎湃的江河，匯集在一起，攻打天津，進軍北平，渡江南下，打出一個紅彤彤的新中國！

　　二十五年來，"一切行動聽指揮，步調一致才能得勝利"的歌聲，響在祖國萬里江山的每一個角落，響在各行各業各條戰線上。它像一面火紅的戰旗，迎著風雲飄揚，高高地飄揚，激勵著全黨全軍全國人民，緊密地團結在毛主席的革命路線上，步調一致地進行戰鬥，粉碎了國內外、黨內外階級敵人一次又一次的進攻，粉碎了他們顛覆、侵略、分裂我們社會主義祖國的罪惡陰謀。黨的第十次代表大會以來，我們全黨全軍全國人民，在毛主席的革命路線指引下，更高地舉起團結勝利的旗幟，"步調一致才能得勝利"的歌聲更高亢、更嘹亮，使得祖國大地更加燦爛輝煌！

　　偉大領袖毛主席教導我們："國家的統一，人民的團結，國內各民族的團結，這是我們的事業必定要勝利的基本保證。"我們緊密地團結在以毛主席為首的黨中央周圍，統一認識，統一指揮，步調一致，共同戰鬥，取得多少驚天動地的勝利呀！

　　在西沙群島，我聽到《三大紀律八項注意》的歌聲，我看到陸、海、空軍指戰員和南海漁民，步調一致地取得了自衛反擊戰的偉大勝利，保衛了祖國的領土完整。

　　在渤海灣，我聽到《三大紀律八項注意》的歌聲，我看到石油工人、領導幹部和科學技術人員，步調一致地取得了開發大港油田的偉大勝利，譜寫了祖國石油史的新篇章。

　　在工廠，在機關，在學校，在街道上，我聽到《三大紀律八項注意》的歌聲。批林批孔的烈火越燒越旺，新的英雄人物一批批地湧現，人間的奇蹟，一個個創造出來！

　　乘著十月金色的風，我來到首都郊區平谷縣。在深山峽谷的一個小村莊裡，我又聽到《三大紀律八項注意》的歌聲，我又看到一幅黨員幹部和社員群眾步調一致創造的光彩奪目的勝利的新圖畫。

這個小山村只有一百多戶人家，在過去的地圖上是找不到的，但是她的歷史很古老。據說在一千多年以前，這條山溝就有了人家，可是在漫長的日子裡，這裡的人世世代代是水的奴隸。夏天，他們接雨水吃；秋天，他們掏坑水吃；冬天和春天，他們只能到二十裡遠的地方背水或是馱水吃。在這裡，真是滴水貴如油！土地的產量，使出最大的勁頭，每畝地也只能在一二百斤上下徘徊。

無產階級文化大革命的烈火，把山村人們的心照亮了。他們說："咱們過去為什麼沒有戰勝乾旱呢？千條原因，萬條原因，劉少奇反革命的修正主義路線破壞我們步調一致地沿著毛主席的革命路線走，是根本的原因。"

無產階級文化大革命的烈火，摧毀了劉少奇、林彪兩個資產階級司令部，把山村人的革命熱情點燃了。他們說："咱們跟大寨的社員都是一個天下、一個地上，都是毛主席領導的人民公社社員，他們能成為大自然的主人，咱們也能做到！"

無產階級文化大革命的烈火，把山村的黨員、幹部和社員群眾的心緊緊地鎔鑄在一起了。他們說："團結就是力量，團結就是勝利，同心協力，一定能把落後的面貌徹底改變！"

他們高舉團結勝利的旗幟，高唱《三大紀律八項注意》的戰歌，不管風雪嚴寒，不顧烈日炎炎，憑著二百多男女社員的四百多隻手，戰天鬥地改山河。

他們在半山腰打了一眼一百二十米深的機井，結束了沒有水吃的歷史。他們乘勝前進，修了一條二里長的盤山地下管道，使一半土地成了自流灌溉的水田；同時，利用這寶貴的泉水，有史以來，第一次播種了一百九十畝小麥。

　　他們勝利了 —— 第一次家家戶戶用上了電燈，第一次使上了拖拉機，土地畝產一躍超千斤，第一次向國家交售了十五萬斤糧食。

　　黨支部書記豪邁地對我說：“只要我們緊密團結、步調一致地照毛主席革命路線指引的方向往前闖，我們還會畫出更美的圖畫，還會創出更新的奇蹟！”

　　他的話，已經把我的感想表達出來了。可是，我在縣城裡遇到一個業餘文學創作小組的同志，聽了他們的談論，又使我聯想了許多問題。

　　這個小組要創作一部反映農村廣闊天地裡的知識青年英雄業績的小說，要表現他們的新思想、新生活，要歌頌他們的鬥爭和勝利，佔領思想陣地，團結、教育更多的人一同前進！這個小組由下鄉知識青年、回鄉知識青年、教師、領導幹部和專業文藝工作者組成。在短短的半個月的時間裡，他們訪問了四個先進大隊，整理了五萬多字的創作素材。我翻看了一下，覺得很精彩。究其原因，倒也簡單。他們為了塑造無產階級英雄典型這一共同目標，步調一致遵循毛主席的革命文藝路線深入生活，又團結一致、集思廣益、取長補短地進行討論研究，因此，他們工作得又快又好。他們都是第一次拿起筆來寫小說的，他們的戰鬥剛剛開始，可是從這個茁壯可喜的苗頭來看，他們只要這樣步調一致地堅持下去，一定能取得勝利。

　　從他們的行動中使我進一步地認識到：我們的工人、農民和部隊，為了爭取革命的更大勝利，要緊密團結、步調一致，各行各業各條戰線，包括我們這些搞文學創作的人，都要步調一致地沿著毛主席的革命路線前進，才能為人民做出我們應當做的貢獻。

　　《三大紀律八項注意》這支戰鬥的歌，我們要永生唱下去，一代一一代地唱下去！讓這面火紅的戰旗在我們的大地上高高飄揚、永遠飄揚，這是我們每一個革命者的光榮的職責。

（原載《光明日報》1974 年 10 月 23 日）

大橋抒情

李華嵐

　　鮮紅的太陽從東方升起，燦爛的霞光映照著大地。十月的一個早晨，我漫步在南京長江大橋上。雄偉的大橋，沐浴著金色的陽光，越發顯得美麗壯觀：高聳入雲的橋頭堡頂端，三面紅旗的巨幅模型，紅光閃閃，飛金流銀；工農兵塑像，英姿煥發，神采飛揚。那九座劈波斬浪的橋墩，那富有民族特色的雙曲拱橋，那屹立兩岸的像鋼鐵哨兵一樣的橋頭堡，那每當夜晚像銀河一樣熠熠閃光的玉蘭花燈……都非常令人喜愛。但是，最能引起我浮想聯翩的，卻是那大橋的畫廊。

　　在大橋公路橋兩側銀灰色的鐵欄杆上，鑲嵌著許多浮雕。這些浮雕，有的是反映革命的戰鬥歷程，有的是塑造工農兵英雄形象……這些浮雕，頭頂萬里藍天，腳踏滾滾激流，莊嚴挺立在大橋上。這是多麼壯美的畫廊啊！

　　就讓我們看看這些鼓舞人心的浮雕吧 ──

　　大慶的井架巍然屹立，鑽機高唱著"自力更生"的凱歌！

　　大寨的梯田層層疊疊，如錦似繡，好一幅"奮發圖強"的美畫！

　　祖國的邊防海島上，戰士胸懷朝陽，緊握鋼槍，以島為家，守衛著神聖的海疆！

　　又一艘萬噸巨輪穿洋過海，滿載著中國人民的國際主義精神遠航，滿載各國人民的友誼歸來……

　　一幅幅浮雕，反映了我們祖國翻天覆地的變化，謳歌著七億英雄人民的英勇鬥爭，讚美著馬克思主義、列寧主義、毛澤東思想的輝煌勝利。

　　汽笛長鳴，飛奔的列車隆隆地跨過長江，向北京疾馳。太陽已經高高升起，長江上下，氣象萬千；大橋南北，絢麗多姿。看，鐘山腳下，又蓋起了新的廠房，煙囪上寫著"工業學大慶"的巨幅標語。光榮榜前，站著一群工人，正在熱情地看著先進人物的事蹟報導。在批林批孔運動中，又湧現一批新闖將，又突破了新的指標。

　　大江北岸，肥沃的土地上，碧綠的稻田一望無際。山坡上，層層梯田疊翠；禾場上，社員們圍坐在一起，舉行田間批判會，批判林彪效法孔老二"克己復禮"。

　　橋頭堡下，守橋部隊和建橋工人正在召開大會，交流學習馬列著作和毛主席著作的體會。工農兵理論隊伍登上了上層建築的舞臺，這是我國人民政治生活中的一件大事。

　　坦蕩寬闊的公路橋上，喇叭長鳴，歌聲嘹亮；國產汽車滿載著朝氣蓬勃的知識青年，奔向廣闊的天地……

　　面對著這壯麗河山，我的腦海裡不由地浮現出一幅幅社會主義祖國欣欣向榮的景象：大慶紅旗插遍大江南北，大寨種子撒遍神州大地；工人業餘理論工作者豪邁地跨上評法批儒的講臺；公社的田埂上，印滿了浸著汗珠的赤腳醫生的足跡；工人宣傳隊牢固地佔領教育陣地，五七幹校正在迎接又一批新學員的到來。到處是紅旗渠的淙淙流水，到處是沙石峪戰天鬥地的錚錚鐵錘。踏著金訓華的道路，知識青年的步伐多麼健實；在文藝舞臺上，革命樣板戲的英雄形象高大感人，李玉和、楊子榮、方海珍、江水英、柯湘……成為廣大人民學習的榜樣；在毛主席革命文藝路線指引下，無產階級文藝新花多麼鮮美。珍寶島的凱歌衝九霄，西沙群島傳捷報。毛主席革命外交路線勝利輝煌，我們的朋友遍天下……

江邊的大喇叭，播送著《無產階級文化大革命就是好》的歌曲，這豪邁激越的歌聲，唱出了我國億萬人民的心裡話，揭示了我們時代畫廊的主題：是毛主席的革命路線，指引我們披荊斬棘；無產階級文化大革命和批林批孔運動，推動著歷史的火車頭隆隆向前。在毛主席的英明領導下，全國各族人民團結得像鋼鐵一般堅強，祖國的大地，才如此多嬌；祖國的山河，才如此壯麗！

江水在腳下翻滾著，翻滾著，奔向東方。五彩繽紛的大橋畫廊啊，你從南方伸延到北方，你聯結著祖國昨天和今天的歷史。你記錄著中國人民鬥爭的業績，勝利的驕傲。團結戰鬥、永遠革命是你的主題，毛主席的革命路線是你的指路標。五彩繽紛的大橋畫廊啊，你是我們時代面貌的縮影，你是我們強大的社會主義祖國的寫照。

沿著畫廊朝前走，祖國的前程似錦繡。看啊，一幅幅新的浮雕正由我們的人民鼓風鑄煉，一座座更新更美的金橋正在祖國大地鍛造。

前進吧，團結、戰鬥、勝利的偉大的社會主義祖國，更加光輝的明天，在向我們招手！

（原載《光明日報》1974 年 10 月 13 日）

上海啊，你的未來

姚克明　徐　剛　劉征泰
段瑞夏　陳繼光

　　未來，這是一個閃閃發光的字眼。

　　辭舊迎新，古往今來，萬事萬物都在走向明天。每個階級都關心自己的未來。復古倒退的奴隸主階級，要把將來回復到過去；西方資產階級老是愁眉苦臉地悲歎前景暗淡、歷史無情……一切腐朽沒落階級沒有未來！對他們而言，未來即幻滅！

　　未來，屬於新興的無產階級。

　　一百多年來，無產階級哪一天不在熱烈地憧憬著未來！上個世紀中期，資本主義的濃雲密霧籠罩著歐洲上空，兩位無產階級的偉大導師就在"霧都"倫敦吹響了向未來進軍的第一聲號角——《共產黨宣言》，召喚著一場翻天覆地的革命，展望著人類的明天："無產者在這個革命中失去的只是鎖鏈。他們獲得的將是整個世界。"

　　十月革命前夜的那個秋季也是令人難忘的。蕭蕭的秋風，吹過俄國和芬蘭邊界的拉茲裡夫湖畔。湖畔的一間茅棚裡匿居著第一個社會主義國家締造者。他坐在樹墩上，捏著一枝筆桿。在他的耳邊，似乎已經響起了攻打冬宮的炮火，他那寬闊的前額中，正在冷靜而深邃地思考著未來。未來的蘇維埃政權，該有怎樣一個加強無產階級專政的規劃？他奮筆疾書。靜謐的拉茲裡夫湖畔誕生了一部馬克思列寧主義國家學說的綱領性著作——《國家與革命》。

　　再想一想半個世紀以前吧。長夜難明的赤縣神州，魔影翩躚。那一個難忘的寒秋，那一個萬山紅遍的桔子洲頭，屹立著一個高大的身影。他指點萬里江山，猛烈抨擊舊世界，醞釀著喚起億萬工農革命理想的偉大詩句："問蒼茫大地，誰主沉浮？"

　　未來的宏圖激勵我們戰鬥，理想的旗幟指引我們前進！你看，正氣凜然的共產黨員，面對敵人的屠刀，在生命的最後一刻放聲高歌："團結起來到明天，英特納雄耐爾就一定要實現……"你看，渡江戰役的信號彈劃破夜空，滔滔大江風帆競發，百萬雄師在心底高呼："為了新中國，前進！"你看，在社會主義山村，幾十年戰天鬥地的老貧農，只要一息尚存，還念念不忘："拉革命車不鬆套，一直拉到共產主義！"

　　現在，二十世紀在風雲變幻中又走過了四分之三的路程，我們巨人般的祖國正昂首闊步奔向未來。座落在祖國東大門的上海城，也應該如何邁開嶄新的步伐呢？要豪邁地走向明天，就要扎扎實實地戰鬥在今天，也要永遠不忘昨天。

　　上海，這塊長江口的衝積平原，已經有一千多年的發展歷史了。我們勤勞的祖先，在用雙手開發這塊土地的時候，灑下了勞動的汗水、辛酸的血淚，也播下了希望的種子，企待著能有一個豐收的未來。可是，帝國主義者和他們的走狗中國反動派野蠻地剝奪了我們安排自己未來的權利，夢想把上海開闢成"冒險家的樂園"……

　　上海城在彷徨中度過了漫漫長夜；在鬥爭中迎來了希望的曙光。終於，一九二一年，一個充滿光明的日子來到了。興業路上，一幢石庫門房子裡，一張普普通通的小桌前，圍坐著一圈人，第一次真正安排了中華民族的未來，也安排了上海城的未來 —— 上海，你驕傲吧，中國共產黨就在你的土地上誕生了！上海，你歡呼吧，第一顆光焰灼灼的星火，就從你這裡灑向長城內外、大河上下！

　　星星之火，化作了滿天朝霞，化作了燦爛的五星紅旗。在偉大領袖毛主席和中國共產黨的領導下，我們掌握了政權，掌握了安排自己未來的權利！

　　當然，我們也清醒地看到，通往未來的大道上，絕不是明月清風、綠蔭花叢。這一條大道上，有的是階級鬥爭的火光炮聲，有的是路線鬥爭的暴雨狂風。在這場爭奪未來的鬥爭中，我們無產階級的口號是：鬥爭、勝利、前進！

　　因此，一九六七年那個震撼世界的春天，將永遠鐫刻在我們心上。緊跟著毛主席"炮打司令部"的戰略部署，千千萬萬個無產階級革命派在外灘街頭簇擁著那一塊紅綢披掛的"上海市革命委員會"的牌子，莊嚴宣告，要把無產階級專政的命運，上海未來的命運牢牢地掌握在自己的手中。

　　"革命是歷史的火車頭"，只有革命，只有堅持階級鬥爭和路線鬥爭，堅持毛主席的革命路線，才能不斷地掃除障礙，開闢到達理想境界的道路。

　　當我們通過不斷革命，掌握了"按照計畫發展自己的經濟和文化的條件"，"我國的面目就將一年一年地起變化。每一個五年將有一個較大的變化，積幾個五年將有一個更大的變化。"

　　於是，當二十世紀只剩下四分之一的時候，在批林批孔的戰鼓聲中，一千萬上海人民又和全國人民一起，張開了理想的雙翼，熱烈地討論著自己的規劃。

　　現在，就讓我們看一看，革命理想的光輝是怎樣照耀著上海的每一家工廠，每一個大隊，每一條江河，每一寸土地……

理想頌

黃浦江進行曲
春天來了，黃浦江春潮漲了。春潮年年漲，今年的漲勢特別猛。不是自然界發生了特別的變化，只因爲文化大革命的急風暴雨，迎來了造船工業的大好春光，一艘又一艘萬噸巨輪，你追我趕，搶著下水了。

黃浦江畔的造船廠裡，最熱鬧的時刻要數下水典禮。造船工人迎接自己的節日來臨，來不及擦乾手中的油膩，從鉚槍震盪的船塢裡，從高聳雲天的浮吊上，從馬達飛轉的車間裡，歡呼著，一齊湧向紅旗飄揚的船臺。

油漆一新，英姿煥發的巨輪，早已披掛著五顏六色的彩帶，昂起小山一樣的船頭，巍然屹立在陽光下。一顆紅光四射的大綢球，像巨大的燈籠掛在半空，召喚著喜慶的時刻。

一種造船工人所特有的感情，瀰漫著整個空間。這種感情該怎麼來形容呢？讓我們從一位退休老工人說起吧。這位兩鬢霜白的老人，正走到造船廠門口。從他風塵僕僕的神態，以及一身農村毛藍布服裝的穿著，可以知道他是從百里之外的鄉下特地趕來的。現在，他戴著一副老光鏡，眯縫著眼睛，再一次端詳手裡的一張大紅請柬。

每每在一個震奮人心的時刻，由於各人的經歷不同，各人都會想起一些難忘的事情。現在正是這樣。這位老工人看了看請柬，又抖索著手，從懷裡掏出一張揉皺了的、有些泛黃的圖紙，沉思起來。這是爲了什麼呢？我們的思路，也不妨跟著他，作一次深沉的回想。

那是在一個世紀以前的事了。一個風雨迷茫的黃昏，洋人的兵輪，撞翻了黃浦江上一隻打漁的舢板。舢板的主人 —— 一個青年漁民，抱著一柄斷了的木槳，逃生泅到岸上。兵輪拉著傲慢的汽笛，揚長而去。漁民的眼中噴著火，悲憤地想著："哪年哪月，我們中國人也有比他們更大的船，再不受洋罪？"

綿綿無了的秋雨下著，渾身濕透的漁民，赤著腳徘徊在江邊。江邊碼頭上正貼著一張"江南製造總局"的招工佈告。佈告上似乎有著一些動人的字眼，什麼中國人造船，也是"求富""自強"之道。既爲了生活，又蒙著一絲幻想，這個破產的漁民，踏進了一扇黑漆的鐵門。

　　然而，當他開始舉起沉重的鐵錘的時候，心情也就更沉重了。原來，在這個"洋務運動"的旗號下出世的工廠裡，戴著紅翎子的清朝官吏，哈腰屈背地圍著洋總監轉。從工藝技術大權，到中國工匠的賞罰、調動、去留，一切"惟洋匠是恃"，"惟洋匠之命是聽"。

　　洋匠們又有多少"通天本事"呢？有些人只不過是外國的兵痞、流氓、騙子。他們的全部"真才實學"，僅僅是把外國造船廠已經過時的圖樣改頭換面，冒充"設計"；再把一些陳舊的半製成品運到中國，拼湊成船。這些品質低劣的玩意兒，連江口都駛不出去。因而，剛出現在一場海戰之中，便同"自強""求富"之類的口號一起，被浩瀚的大海吞沒了⋯⋯

　　這個漁民積累了幾十年的經驗，有一次曾經對洋"設計師"設計的一艘船隻提過意見，並且親手重新畫了一張造船的圖樣。可是，局總辦指著他鼻子臭罵了一頓："外國人設計的還有錯？難道你比洋人還高明？你懂個屁！"順手把圖紙一揉，往他臉上一扔。結果，這艘船隻試航時，速度極慢，剛剛開到閔行，就不能掉頭，只好開倒車回來大修，出足了洋相。

　　後來，局裡又接到了李鴻章的命令，所謂"中國造船之銀，倍於外洋購船之價"，乾脆改造船爲買船了。

　　這個漁民在船廠裡幾乎絕望地度過了一生。臨死的時候，他拿出了那張揉壞的圖紙。床前的豆油燈閃著幽幽的火苗，照亮他眼神中僅有的一絲希望之光。他悲切地對兒子說："啥時候才能真正看到中國人自己造的大輪船試航⋯⋯我死也闔眼了⋯⋯指望在你們這一代了⋯⋯"

　　老人在濤聲"嘩嘩"的江邊茅屋裡與世長辭。兒子心底裡卻埋進了一顆理想的種子。

兒子珍惜地收起那張圖紙。後來，他也踏進了這個造船廠。時間，一年兩年，十年二十年，流水似地過去了。一批帝國主義者走了，又一批帝國主義者來了。好不容易捱到抗戰勝利的鞭炮響，跟著李鴻章足跡爬行的國民黨劫收大員，又像迎迓天神一樣，請進了美國人。從此，造船廠又成了美國兵艦的修理所。當然，這些洋奴們也曾經唱過高調，要造一條"八仙號"，從"友邦"那裡進口了大量的鋼材、機器，可是，幾年過了，"八仙"沒有過海，連下水的影子也沒有看到。

就這樣，從他父親到他這一代，整整八十年過去了。"造船廠"沒有造過一條像樣的大船。

心中的光亮又幻滅了。這究竟是什麼道理呢？

寒風吹過黃浦江，江水在低低地嗚咽著。他渺茫地在江邊走著，走著。只見滙豐銀行門口，一對齜牙咧嘴的銅獅子，撕抓著黃浦江的土地。海關大樓斜對面，一座外國侵略者的銅像，趾高氣揚地踐踏著黃浦江的胸脯。

黃浦江啊黃浦江，你哪時哪刻，才能揚眉吐氣地看到中國人自己的大輪船拉響汽笛，開始遠航？

黃浦江啊黃浦江，你哪年哪月，才能迎來春天，催發理想的種子？

潮退了，潮又漲了。多少個苦難的寒來暑往，多少聲沉重的鐵錘鍛打，伴隨著黃浦江的流水流去了。終於，二十五年前的一個早晨，龍華鎮外解放大軍的炮火，激起了黃浦江歡樂的波浪。"解放區的天是明朗的天"的歌聲，響徹了造船廠的上空。造船廠新生了。飽經風霜的造船工人，興奮地拿起鉳槍、揮舞大錘，第一次真正地把自己的理想，傾注在船臺上。"獨立自主、自力更生"，"打破洋框框，走自己工業發展道路"，一個偉大的聲音，指引著人們在通向理想的大道上迅跑。在大躍進鑼鼓敲響的一九五八年，老工人終於看到自己的五千噸海輪下水了。

　　然而，歷史變了，時代變了，人也變了。這時候，他再拿出父親傳下的圖紙，看看剛下水的五千噸海輪，百感交集之中，又覺得更美好的理想還沒有實現，更偉大的航程還在後頭。那一年，他雖然兩鬢斑白，到了退休的年齡，卻又和兒子一起參加了第一條萬噸輪的試製組，並且特意買來了幾隻大爆竹，準備在下水時慶賀。

　　前進的道路是不平坦的。黃浦江的波浪永遠是不會平靜的。正當船臺上汗水飛灑，焊花爭豔的時候，“上面”傳下了一個什麼指示，說是要反對“冒進”，“在目前條件下，造船還不如買船，買船不如租船。”

　　焊花熄了，鉚槍不響了，老工人的心上像潑進了一盆冷水。明明是在紅旗飄揚的六十年代，在實現我們理想的道路上，為什麼還有如此的曲折？

　　他沉思著望望黃浦江。黃浦江的流水在激烈地翻騰著。彷彿像他滾滾的心潮。

　　一個初秋的早晨，他退休了。當他離開造船廠的時候，捧著那張圖紙，再看看那只已經快下水的萬噸輪船體，戀戀不捨地，一次又一次回過頭來，流下了眼淚。

　　……

　　一眨眼又是十年過去了。一個春暖花開的早晨，喜鵲唱在窗外的枝頭上。郵遞員給他送來了造船廠黨委寫來的一封信。不，是送來了一個春訊：“……文化大革命的洪流，猛烈地衝刷了整整一個世紀遺留下來的 ‘洋奴哲學’ 流毒，猛烈地衝刷了劉少奇、林彪的賣國投降路線。在毛主席獨立自主、自力更生的方針指引下，在大慶精神的鼓舞下，這一艘國產萬噸輪衝破重重阻力，即將下水了。老韓同志，歡迎你來參加下水典禮。你一定要來啊……”

老人笑得合不攏嘴，一遍又一遍看著信。把大紅請柬放在最貼身的口袋裡，換上乾乾淨淨的衣服，馬不停蹄地趕來了。

春風吹過船臺。船臺上翻湧著人流的春潮。穿著工作服的工人們擁來了；捧著花束的紅小兵奔來了；拿著祝賀信的兄弟單位趕來了。還有，收到大紅請柬的全國許多省市的支援單位，也派出代表千里迢迢前來參加慶賀，慶賀這艘凝聚著全國千百萬人民的共同勞動成果的大船下水。大喇叭頭裡放送著雄偉的進行曲音樂。幾輛大卡車，同時送來了腰圓膀粗的鑼鼓手，幾副震天動地的銅鈸，一齊響了起來。活躍的青年電焊工，捧著大把大把的彩條，爬到巨輪的最高處。"篷篷 ─ 篷"，激蕩的波濤，拍打著船臺，舉起一束又一束歡樂的浪花。

老人急急匆匆地在人流中擠著。擠到巨輪邊上，瞪大了眼睛，像看著自己心愛的兒孫似的，從頭到腳把它打量一番。又舒舒坦坦地呼吸著充滿油漆香味的空氣。

猛然，鑼鼓聲、音樂聲一齊剎住了。搭在船臺最高處的指揮臺上，一個中年模樣的總指揮，充滿激情地一揮手："下水了！"

幾十名起重工站在船體下的滑道邊，步調一致地揮動鐵錘，敲打著墊在船體下的砂箱。整個船臺上的人們屏住了呼吸，傾聽著"砰、砰、砰、砰"的有節奏的聲響。

一個工人揮舞大斧，砍斷了船前攔著的繩索。巨輪，像飛速移動的小山，從塗滿牛油的滑道上，衝向大江……

站在船體上的工人，把帽子扔到半空。大把大把地飛灑著彩紙。站在最高處的幾個小夥子，揮舞著彩帶。彩帶隨著春風，嫋嫋飄蕩在半空中，頓時，黃浦江畔，傾瀉著彩色的大雨。

巨輪衝向江心，濺起了拍天的洪峰。幾個站在滑道邊上的小夥子，由於極度的歡樂，蹦地跳到滑道上，一齊滑向了大江。"轟"，人們發出了大笑。黃浦江上所有的船隻，一齊拉響汽笛致意，"昂 ─ ""昂 ─ "。一支激越的凱歌，回盪在千里彩霞之際。啊，這時候，我們那位滿頭白髮的老工人會想些啥呢？

他急忙從口袋裡，掏出了十餘年前就準備好的幾隻爆竹。"呼 — 啪！"把激情送到了天上。

江邊茅屋裡一點幽幽的火光，黃浦江邊的外國銅像，那艘沒有下水的船體……一齊在腦海裡映出。啊，黃浦江邊的一個世紀經歷了多麼驚人的巨變！社會主義制度的春光哺育，無產階級革命鬥爭的風雨澆灌，理想的種子發芽了，開花了！但，現實已經何止千百倍地勝過了當年的夢幻！要是先輩在世的話，當作何感呢？

然而，使老人激奮的何止於此？他發現那位發號施令的總指揮的聲音多像是自己的兒子。他踮著腳，看了又看，又使勁分開人群，擠向台前，他要看個真切啊！

近了，近了。看清楚了。老人一陣心潮翻滾。但，他沒有再走過去，只是愣愣地望著自己的兒子。

這時，那位總指揮卻又站在話筒前說話了："今天是大喜日子，歡迎大家上臺來說話，說說心裡話吧！"

老工人摸索著那張圖紙，穩步走向台前。他有多少心裡話想要說呀。

也就在這個時候，另一位英俊年輕的小夥子，拿著一本油印本子走到了台前。這意外的相遇，使老工人愣住了："小華，你也要發言？"

小夥子一下跳過來，拉著他的手，充滿激情地說道："是啊，爺爺。今天，萬噸輪雖然下水了，但我們還有更遠大的理想呢！為了建設社會主義的強國，為了明天的共產主義，藍圖要靠自己畫。這是我們車間工人經過幾個月的調查研究，制定的本廠遠景規劃。我們要叫百年老廠煥發青春，將來要造更大更大的五萬噸、十萬噸的大船呢……爺，爺，您看看。"

老工人看看孫子翹著嘴巴，稚氣未退的臉膛，又感受著他那朝氣蓬勃的精神，久久說不出話來了。他只是有些顫抖地像接過珍寶那樣，接過那本整整齊齊的油印本子，一頁又一頁，小心翼翼地翻著。

儘管老工人已經清清楚楚地看懂了，但還是一言不發地聽著孫子指指點點的解釋。這是一張多麼美好的藍圖。你看，這一頁上，是油漆拷鏟的自動化設施，這一頁上是電子電腦放樣設計，這是三百噸的龍門吊，這是五萬噸的大船臺，這是巨輪配套的現代化主機製造車間……

"還有，更重要的，"孫子突然神態莊重地對爺爺說，"這一切不是單純的生產規劃。這一切是為了迅速改變我國的面貌，建設一個繁榮昌盛的社會主義強國而造船。是為了連接五洲四海的友誼造船。是為了偉大的革命事業造船。"

老工人看著這本藍圖，頓時感到它發出了閃閃的光芒。他再望著另一本有些皺褶，經過了無數歲月的圖紙，真是感慨萬千，滿腹話兒從何說起啊！

如果說，昨天僅僅是黑暗之中的一絲希望之光；今天卻是召喚我們向光明的明天進軍途中的一束燦爛的理想火花。昨天，僅僅是被壓迫民族之中的一個個人的一點樸素心願；今天，卻有著整整一代人，有著千千萬萬個國家的主人，意氣風發、豪情滿懷地籌畫著階級的未來。這真是革命事業的一幅輝煌壯麗的藍圖啊！

正像孫子所說的，這一本藍圖上的造船規劃，絕不是五萬噸、十萬噸所能夠計數的。我們的理想，是為整個階級，為我們的時代，製造革命的航船啊！我們要同全國人民一起，同全世界無產階級一起，共同登上革命的航船，開始新的、更偉大的航程，駛向共產主義的光輝彼岸。老工人彷彿已經看到了一艘氣勢磅礴、威武雄壯的巨輪，拉響高亢的汽笛，起錨出航，乘風破浪，駛向浩瀚的大海，駛向大海盡頭太陽升起的地方……

耳邊，又聽得孫子在說話了："爺爺，我們上臺去發言吧，今天既是下水典禮，又是誓師大會，向明天進軍的誓師大會。"

祖孫兩人，拿著兩樣東西，一齊走向台前。台前的總指揮，卻愣了一愣。

一陣春潮般的掌聲驟然響徹了船臺。

啊，這掌聲是在讚美我們的造船工人一代勝過一代，繼往開來，理想永無止境？這是在歌頌一個掌握著自己命運的偉大階級，青春長在，邁開了奔向未來的雄健步伐？

長江口的明珠

順著奔騰的黃浦江，向下游前進，便來到了雲水難分的長江口。

一條翠綠色的長帶，展現在茫茫的波濤之中，那就是長江口的一顆明珠，我們祖國的第三大島 —— 崇明。

春風秋雨，潮漲潮落，崇明，這塊滄海中形成的"桑田"，已經經歷了一千多年的風吹浪打！據說，早先有兩個農民，一個姓姚，一個姓劉，劃著舢板，在長江的入口處隱隱地看到了一點黑影。他們劃呀、劃呀，終於踏上了這塊長滿蘆葦的沙洲。海島最早的名字便叫作"姚劉沙"。從此後，那些在黑暗的舊社會被逼得走投無路的窮苦農民紛紛逃到島上，割去蘆葦，搭個草棚，開墾荒地，希望能求得生存，建設家園。他們用舌頭舔著每一塊被海水浸漬過的土地，嘗嘗它的鹹淡，再一勺一勺地舀來長江的淡水衝洗它。那海灘上一個個赤腳踏下的腳印裡，灌注了多少窮苦農民求得生存的願望和建設家園的理想！可是，地主幾乎是跟收穫的季節一起來到了農民的草棚。於是，用汗水澆灌出來的一粒粒稻穀，全部滾進了有錢人的糧倉！人禍不算，還有天災。"初三潮頭十八水，眼睛一眨淹到嘴"。每年八月，潮汛來時，洪水席捲海島。淹沒了那一個個小小的草棚，也無情地捲走了窮人的理想。留下的只是一蓬亂草，幾個泡沫……

崇明啊崇明，儘管被人稱為寶島，譽為明珠，可是一層層污泥濁水包裹著它的真面目，誰也沒有見過它的一絲光彩！直到一九四九年，從大江裡傳來了百萬雄師進軍的炮火聲，才真正喚醒了海島！水笑了，天亮了，朝霞紅了，太陽升起來了！那時，海島人民似乎清晰地看見毛主席透過紛飛的戰火硝煙，洞察未來中國的變化，而寫下的光輝詩句："人間正道是滄桑"！

啊，也正是從這時候開始，海島才真正拉開了滄桑巨變的序幕。解放了的海島人民越來越懂得，光憑自己的一雙手、一把勺、一柄鍬，是舀不盡東海裡的苦水，挖不掉受窮受苦的根子的！過去，"姚劉沙"時代的農民想開墾荒島、建設家園的理想，都像水泡一樣，一個接一個地破滅了！個體農民的局限，使他們不可能認識到"農民沒有工人的領導就不能打倒地主"這個真理。"千百年來，勞動者數十次數百次地企圖推翻壓迫者，使自己成為自己生活的主宰。但是他們每一次都遭到失敗，受到侮辱，不得不退卻，不得不把委屈和恥辱、憤怒和絕望埋在心裡，仰望茫茫的蒼天，希望在那裡找到救星。"然而，蒼天是不能救人的！只有在無產階級領導下奮起革命，才有希望。共產主義的理想照耀著前程，海島人民站得高，看得遠，想得多了！他們開始用集體的力量，安排島上的河道，制服大江的急流，建設海島的未來！二十五年來，攔江築壩，"圍海造田，改土治水的工程，如果把土方一立方米、一立方米連接起來的話，可以環繞地球整整四圈！這是一個多麼驚人的數字啊！然而，海島人民卻自豪地說："土方工程再大，也畢竟能量出它的長短，繼續革命的道路才是無法丈量的！"今天，海島上一雙雙繭手，又正在描繪著一幅遠景規劃的宏偉藍圖。海島啊，正在迎接一場更為巨大、更為深刻的滄桑變革！

現在，就讓我們展開理想的翅膀，看一下未來的崇明島吧！

—— 那時，假若我們沿著環島大堤漫步，就會發現當年浪跡斑駁，蘆花紛揚的江岸，已是一個嶄新的海港區了。海關大樓報時的鐘聲，正在不斷地提醒人們：加快社會主義革命和社會主義建設的步伐，要走到時間的前面去！碼頭上我們遠航世界各地的一艘艘萬噸輪，裝滿了金色的稻種，雪白的大米，精密的車床，正在啓錨，震人心弦的汽笛和呼嘯的濤聲一起在海天雲水間迴響！

啊！汽笛，我們火紅時代的汽笛，正在向全世界的朋友們宣告：偉大的社會主義革命給海島帶來了翻天覆地的變化！航海家們，崇明，再也不是你們在望遠鏡中一掠即逝，過而不留的地方了！今天，崇明島上的碼頭、港口、吊車正伸出熱情的雙手，在我們社會主義祖國浪花簇擁的東大門，最熱烈地歡迎你們！

—— 十月，在海島上那是一個金色的收穫季節。這邊，帶著香味的秋風吹過田野，只見棉花白了，稻子黃了，高粱紅了！那邊，船廠的船臺上，即將下水的五萬噸級的遠洋巨輪"凱歌號"正昂起山峰一般的船體。鑼鼓聲中，一位老工人剪綵完畢，"凱歌號"在彩帶紅旗的簇擁之中，輕捷地滑下船臺，滑向大江，濺起了拍天的浪花……

—— 從碼頭往北，人們又將會看到綠樹掩映，紅瓦耀眼的樓房和稻浪起伏，流金溢彩的農田。這是我們的農場。農場啊，這個社會主義的新生事物，在它成長的道路上，充滿著鬥爭的驚濤駭浪！文化革命前，剛創建農場時，有人說，"崇明一直在南坍北漲，是未定沙。農場不要搞建設，只要能安置人、賺錢就行！"就是這個農場的黨委書記帶領廣大職工一起，在文化大革命中批判了這條修正主義的辦場路線，頂住了這股妖風。他們說："只有資產階級才連做夢也想著賺錢，我們一定要把農場建設成革命的大熔爐，共產主義的大學校！"就這樣，在文化大革命火紅的年代裡,農場打響了翻身仗!人們的心在懷裡撲騰著,農墾戰士都有一個共同的願望:要叫農場變得更加美好!一群群的幹部、戰士來到場黨委書記的辦公室裡,興奮地談論著農場的昨天、今天和明天。一張張要求土地園田化,實現機械化,發展工業,創辦業餘大學的報告,也像雪片似地飛到黨委書記的辦公桌上。這一切匯成了一股潮流。這是奔騰向前的革命潮流啊,它衝擊著每一個人的胸懷,撥動著每一個人的心弦,激發著每一個人的感情。在一次場黨委擴大會議上,黨委書記最後把拳頭一揮,斬釘截鐵地說:"要發展,要大幹,就要胸懷革命理想,制訂遠景規劃!"

就在那制訂遠景規劃的日子裡,又恰逢這個農場業餘大學開學,我們來到了這個農場。場黨委書記親自為業餘大學掛上了校牌。接著,又在開學動員報告會上,把手中的一卷紙打開,這是一幅未來的農場的藍圖。書記說:"我們把遠景規劃的討論,作為農場業餘大學的第一課,是希望同志們能看到農場的明天,崇明的未來。我們心目中要有一個共產主義的大目標!"圖上大片的良田和整齊的工業區告訴我們,將來,走進農場,說它是農村,它卻有發達的工業區;說它是城市,它又擁有大片的農田。那是還要普及業餘大學的教育。我們的農場青年既務農,又做工,還上大學。我們的農場即生產,又煉人。農場將是共產主義的一個雛型、一支幼芽。黨委書記用這樣幾句意味深長的話結束了他的發言:"雛型、幼芽,在它們剛剛發生的時候,往往是不成熟的,幼稚的。然而這些革命的新生事物,一經被理想的光輝照耀,它就富有最強大的生命力,它就會生長、開花、結果!"

是的,在海島 1100 平方公里的土地上,農場只是一角,而農場的這幅藍圖,不也就是整個崇明島的縮影?未來的海島,在毛主席"以糧為綱,全面發展"和"備戰、備荒、為人民"的戰略思想指導下,將全部是實現了機械化操作的"園田化"的土地。將成為祖國的一個米糧倉!同時,它又有大型的海港、船廠,和化肥廠、煉鋼廠、紡織廠等一整套工業體系，以及綜合性的大學。到那時，工農差別縮小了，城鄉差別正在一步一步地逐漸消失中。展望未來，我們的耳邊又響起了那位農場黨委書記的戰鬥預言。

"在無產階級國家政權的支持下，共產主義的幼芽不會夭折，而定會茁壯地成長起來，發展成為完全的共產主義。"我們正處於這樣一個最輝煌的發展過程中，我們正通過堅持不懈的艱苦奮鬥，向著共產主義這個偉大的目標扎扎實實地邁出一步又一步！

寫到這裡，我們心中不禁縈繞起一個熾熱的念頭：啊！明天，我們將以怎樣眷戀的心情，回憶今天這暢想未來的歲月，向後代講述"姚劉沙"的變遷？是的，到那時我們完全有理由，充滿戰鬥豪情地告訴後來人：如果說崇明的每一撮土壤都是在大海裡孕育的話，那麼真正美好的桑田只有在革命的大風大浪中才能出現。今天，正在進行的，通往共產主義道路上的變革，是一場最偉大，最深刻的變革！正是在這樣一場劃時代的巨變中，嶄新的崇明島啊，才無愧於祖國第三大島的稱號，煥發出了更比珍珠燦爛千百倍的革命理想的光輝！

你早，金色的杭州灣

杭州灣，波濤萬頃，像一葉藍色的貝殼，鑲嵌在祖國版圖的東緣。這裡，海岸遼闊，港灣深邃，是發展工業、農業和交通業的理想地點。遠在新石器時代，我們的祖先就在海岸上點燃了生活之火，至今，沙灘上還埋藏著前人遺留下來的石錛、陶碗。然而，在奴隸社會和封建社會幾千年的漫漫長夜裡，這裡兵禍連年，饑荒不斷，生產力的發展常常受到已經走向腐朽、反動的生產關係的束縛。堤，垮了；堰，坍了。海潮咆哮，吞噬著房屋、農田。人們在痛苦中掙扎，紛紛逃離家鄉。杭州灣，越來越荒蕪，越來越貧瘠，展眼望去，茫茫一片鹽鹼地，惟有浪花和白雲作伴，野鴨與蘆灘比鄰。

杭州灣的海水，波光粼粼，像一面歷史的鏡子，映出苦難中國的縮影；杭州灣的浪濤，吼聲震天，發出焦渴的呼籲，等待著一場時代的變革。

大概是在半個多世紀以前，有一位向西方尋找真理的民主革命家，爲了"登中國於富強之域，躋斯民於安樂之天"，曾經熱烈地希冀著在杭州灣開闢一個發展工農業的

"東方大港"。在那本嘔心瀝血寫下的《建國方略》裡，他爲"東方大港"畫出了一幅浮想馳騁的藍圖。他準備分段築堤，圍灘造地，還計畫修鐵路，開運河，使港口"與大江以南各大都市相通"。這個宏偉規劃問世之初，曾經引起舉國上下多少人的關懷矚目。可是，一年、兩年過去了，十年，二十年過去了，杭州灣依然悲涼如故。隨著歲月的流逝，"東方大港"終究化爲"理想空談"，浪沫似地消失了……

革命的洪流，把歷史的車輪推向七十年代的今天。今天，杭州灣正在發生翻天覆地的變化。在中國共產黨和毛主席的領導下，幾萬勞動群眾揮動巨手舞彩筆，正在海灘上描繪著一幅最新最美的圖畫 — 上海石油化工基地。

兩年前，第一批測量隊員來到了杭州灣。他們向英雄的大慶人學習。頭頂蒼天，腳踩污泥，趕飛了棲宿在蘆叢裡的水鳥，在灘頭插上一根根紅白標杆。接著，浩浩蕩蕩地開來幾萬名建設大軍，近水紮定大營，打響了圍海築堤的戰鬥。秋風秋雨挾著野馬般的潮汛向他們發動襲擊，這是震驚的杭州灣在試探著創業者的信心和勇氣。勞動是緊張的，生活是艱苦的，然而，對海灣的主人說來，艱苦，能砥礪革命意志，緊張更增添戰鬥豪情！終於，他們請大海讓出了近萬畝土地。於是，在這片土地上，打樁機、推土機、卡車、吊車與川流不息的人潮匯成了一個新的海洋。第

一支煙囪豎起來了，第一座減壓塔站起來了，第一幢廠房蓋起來了，海灘的面貌日新月異，杭州灣的步伐一日千里，建設者們揮汗甩退東海潮，用心血澆灌著獻給祖國的這朵工業之花。

杭州灣，你像一個飽經滄桑的老人，含著熱淚，注視著眼前的巨變。然而你是否知道，是什麼讓你恢復了青春？又是什麼，感召著你身旁那幾萬顆奔騰跳躍的耿耿紅心？你可以去問問那些膀闊腰圓的打樁師傅，那些年輕英武的吊車司機，也可以去問問那些捲起土布褲腿的民工，那些從全國各地前來參加會戰的基建工人。然而，最好還是去問一問我們那位元年逾半百的工程隊負責人──老金。老金在這個問題上最有發言權，因為，你是他的搖籃，他是你的見證，他對杭州灣的感情比大海還要深沉！

老金出生在海灣北岸一戶貧農的家庭。他一家饑寒交迫，世世代代浸泡在人間苦海裡。那時，岸上有一座守衛海隅的土城，城牆土淒淒涼涼地飄搖著一面黃龍旗。不知哪一年，黃龍旗不見了，衛城上扯起了青天白日旗。人們猜測著、期待著，可是世道非但沒變好，日子卻越過越艱難。有一天，老金正和幾個鄰居小孩在海邊拾黃泥螺，驀然間，天上飛來了“黑老鴉”，海裡闖進了海盜船，侵略軍端起刺刀，乘著潮頭湧上岸來。頓時，衛城內外血雨腥風，農田毀了，草房燒了，那面中國國旗被一個獰笑著的小鬍子軍官拴在馬尾後邊，在血海中拖來拖去。就在這一天，老金的父母和許多鄉親被帝國主義野獸逼進一個旱塘，殺害了。老金，從此成了孤兒……

彈指一揮間，三十多年過去了。而今，老金又回到了杭州灣。闊別多年，故鄉幾乎變得不能認識了。他去尋找那個殺人塘，旱塘早已填平，枯骨累累的泥土上，黃豔豔地盛開著公社的油菜花。菜地前，人們豎起了一塊石碑，它記載著那場大屠殺，它銘刻著階級仇、民族恨，它要讓子孫後代牢記杭州灣的屈辱和苦難，牢記革命者的責任。老金在碑前佇立了很久。是的，經歷了一場時代的暴風驟雨,他回來了,以故鄉建設者的身份回來了!然而,除了建設,他還應當做些什麼呢?

老金是個堅強、果斷的指揮員。他愛抽煙,卻從來不輕率發言。在隊委會上,儘管有時氣氛很熱烈,他卻在一旁默默地吐著煙圈,直到別人都講得差不多了,他才撳滅煙蒂,聳聳披在肩上的舊軍裝,不緊不慢地提出一兩點中肯、簡潔的看法。老金是冷靜的,然而熟悉他的人都知道,他並不冷峻。每當他談起故鄉的變遷,談起杭州灣的昨天、今天和明天,他那感情的激流就會滔滔地奔瀉出來。

還是在海堤圍成不久的時候。一天淩晨,老金捲起基地的規劃藍圖,揉揉網滿血絲的雙眼,離開燈光不滅的工程隊隊部,信步向大堤走去。天還沒亮,星星在黯藍色的天穹上眨著眼睛,春潮嘩嘩地拍打著堤壁。老金走著,走著,寒冽的夜氣驅散了他渾身的疲憊。哎?前面好像有人影,走近一看,原來是剛來工地不久的幾個上海青年。他們坐在海堤上,正海闊天空地議論著什麼,看樣了很興奮。老金上前一攀談,才知道他們在工棚裡談了一夜杭州灣,反正睡不著,就索性起來看大海,觀日出。

"對我們建設者來說,杭州灣真是太理想,太美好了!"一個小夥子情不自禁地喊道:"你說呢,老同志?"

理想,美好……老金沒有作聲,此刻,一股辛酸的潛流正在湧上他的心坎,往事歷歷,如在眼前。充滿理想的年輕人啊,過去,對你們來說也許是太陌生了。於是,老金慢慢地蹲下身子,望著漁火熒熒的大海,從杭州灣的歷史,一直講到三十多年前血淚斑斑的那一天。

"……自從那天以後,我就沿著海岸到處討飯。我常常拄著打狗棍回到這裡,我問杭州灣:天底下還有沒有窮人的活路?任我喊,任我叫,杭州灣卻不肯回答。

"有一次,我又餓又累,終於昏倒在海灘上。一個戴草帽的

叔叔把我從潮水裡救了出來。他抱著我，親切地說：'孩子，莫恨杭州灣，它也是受苦人哇！仇要報，冤要伸，跟我走吧！'

"從此，我就參加了新四軍遊擊隊，走上了革命的道路。幾十年裡，我明白了許多道理，那第一條就是：只有跟著毛主席、共產黨去鬧革命，才能趕走侵略者，翻身求解放，國家才有前途，民族才有希望，我們的杭州灣才能恢復青春！"

輪到青年們沉默了。他們被老金的故事深深打動了，此刻，他們正在思索……

東方泛出了一絲魚肚白，黎明的海風陣陣吹來，掠動著年輕人的蓬蓬黑髮，磨礪著年長者的錚錚鬢角。

"老同志，你是說，沒有毛主席，沒有共產黨，就沒有今天的杭州灣！"一個小夥子領悟了。

"老同志，你是說，杭州灣的今天，是靠無產階級革命鬥出來的！"另一個小夥子也領悟了。

"老同志，你是說，社會主義將使杭州灣的明天變得更理想，更美好！"小夥子們幾乎同聲喊出了這句話。

"是啊，杭州灣的明天！"老金也感動了。他興奮地擦亮火柴，點上一枝煙，指著大堤內的那片新圍的灘地："你們想像得出三五年後基地的面貌嗎？那時，要是我們幾個再來到這條大堤上，將會看到什麼呢？"

他們向未來的基地望去，望去，漸漸地，夜色彷彿消褪了，東海升起了熹微的晨光，一個工業巨人出現在他們眼前：

是誰，第一個迎接杭州灣的黎明？是熱電廠那座聳入雲表的大煙囪，它英姿挺拔，清煙嫋嫋，在青黛色的天幕下俯視著整個基地。煉油廠的塔群頭戴鋼盔，身披銀甲，儼然一隊整裝待發的戰士。油罐、汽櫃座落在春草如茵的大地上，就像綠色棋盤上的一顆顆棋子。輸送管道有如無數騰雲入海的蛟龍，向四面八方伸展盤旋。那一排排外形美觀，設備新穎的樓房是滌綸、維綸和晴綸廠，它們像一群工業巨鼉，日日夜夜噴吐著晶瑩、剔透的化學纖維細絲。汽車在飛奔，火車在吼叫，萬噸油輪破浪前進，運來大慶閃光的原油……工廠區氣勢磅礴，景象萬千，顯示著社會主義新興工業朝氣蓬勃的戰鬥風貌。

如果說工廠區是龍騰虎躍的戰場，那麼生活區則是秩序井然的後方。這裡有幾百幢整齊的工人住宅大樓，有幾十條綠蔭夾道的柏油馬路；有圖書館、體育場，有百貨公司、業餘大學，為幾萬名勞動者創造了休息、學習的良好條件。

石油化工基地，連同海灣沿岸的機電、染料工業城鎮，連同近旁的大型沿海國營農場，結成一條金色的鑽鏈，它綿延百里，璀璨奪目，閃耀著社會主義企業大規模生產的異彩。

毛主席對我國社會主義建設的一系列重要關係早就作了精確的指示。根據這些關係，特別是沿海工業和內地工業的關係，基地將對全國的社會主義事業作出多方面的貢獻；基地將使億萬勞動人民穿上美觀耐用的化纖新裝，把祖國的城鄉打扮得花團錦簇；基地將使遼闊的農田蓋上保溫透光的塑膠薄膜，那時，秧苗更青翠，瓜果更香甜，秋收季節分外美好；基地將向石油索取千百種有機原料，代替寶貴的農副業天然資源，滿足國防、宇宙、航空等部門的特殊需要；基地將提供各種先進經驗，促進我國自力更生地掌握石油化工新技術，加快社會主義建設的步伐……

這是一張多麼瑰麗的圖畫！這張圖畫上，閃爍著毛主席"備戰、備荒、為人民"偉大戰略思想的光輝；這張圖畫上，譜下了一曲中國工人階級奔向共產主義的理想之歌。

春潮洶湧。浪花濺上海堤，彷彿在為規劃中的杭州灣翩翩起舞。老金和他的年輕戰友，迎著晨光，迎著海風，沉浸在美妙的遐想中……

此時此刻，我們的老金也許想得更遠了。你看他，凝視著曙色微明的大海，為什麼眉頭漸漸蹙緊，臉上掛著嚴肅？他忽然指指南方說：“小夥子們，你們瞧，那是什麼地方？”

“杭州灣！”“東海唄！”年輕人一時不理解，都笑了。

“遠一點，再過去些呢？”

“那是太平洋！”

春潮在漲，老金啊，你又在想什麼？

“我在想石油和理想。你們看，大洋彼岸有那麼一兩個國家，他們也在海灘上搞石油化工，可他們的原油是掠奪來的，在那裡，石油也根本不能爲人民造福。他們用石油製造殺人武器，發動飛機軍艦，到處進行侵略，妄圖稱霸世界。石油也許沒有生命，然而把它一分餾、一裂化，就會分裂出兩個階級的利益和理想。這兩種理想，一個光明，一個黑暗，一個偉大，一個渺小，兩種理想在搏鬥！”

老金並沒有講更多的話，然而機敏的年輕人馬上又領悟了。

“老同志，你是說，我們要站在杭州灣，胸懷全世界。我們要與帝修反搶時間、爭速度，徹底粉碎他們的夢想，讓共產主義的理想旗幟時刻插在我們心頭！”

幾個青年人，喊出了基地建設者的共同心聲。在毛主席革命路線的指引下，他們化精神爲力量，變理想爲現實，正在艱苦奮鬥，創造著非凡的業績。兩年，僅僅兩年，現在，我們已經看見了基地的雛型。杭州灣啊，你輝煌的明天就要來到了。

在老金他們奔向未來的腳步聲中，我們不禁又想起那位理想未竟的民主革命家。我們彷彿看見他寓居黃浦江畔精心編寫《建國方略》，筆鋒下奔騰著救國救民的滾滾心潮；我們似乎聽見他抱病橫渡黑水洋，手扶船欄，搖對海天渺渺，肺腑間迸發出壯志難酬的無限悲愴。他曾經歷盡千辛萬苦，“奔走國事三十餘年”，一次次努力，卻一次次失望。他的事業中折了，他的理想幻滅了，然而，這也許並不是他個人的過錯。資產階級領導的舊民主主義革命，沒有，也永遠不可能從根本上改變中國的面目。“沒有社

會主義，就不能把人類從戰爭和**饑餓**中拯救出來，就不能使千千
萬萬人免於死亡。"歷史的結論就是這樣嚴峻；西方沒有中國的
真理，中國的真理是馬克思列寧主義，一句話 ── "只有社會主
義能夠救中國"！

是的，社會主義是中華民族的康莊大道。在這條大道上，老
金走來了，億萬覺醒的中國人民走來了。在同一個杭州灣，資產
階級的理想已被東海浪濤捲入了歷史的長河，我們無產階級的理
想卻張開雙翼，飛翔在萬里晴空。"東方大港"再也不是一紙空
文，再也不是虛無縹緲的海市蜃樓。在黨和毛主席的領導下，掌
握了自己命運的中國人民，將以前無古人的氣魄，按照恢宏壯麗
的共產主義理想藍圖，建設一個文明富強的新中國！

啊，一輪紅日騰出了東海，把百里海灣染得通紅通紅。太陽
越升越高，金光燦燦，照徹了正在興建中的上海石油化工基地。
樹更綠，旗更紅，煙囪、塔群、樓房的腳手架，高高的打樁機，
整個基建工地沐浴在金色的陽光中……老金和他的年輕夥伴，以
及千千萬萬新時代的建設者，正在用忘我的勞動迎接杭州灣的早
晨。

這充滿希望的早晨，不也正象徵著中華民族的光輝未來嗎？

你早，祖國新興的石油化工基地！

你早，金色的杭州灣！

金雞飛向彩雲間

農村的藍圖寫在土地上。

這是批林批孔高潮中的一個春夜，金雞大隊的倉庫變得像電
影院一樣熱鬧。兩盞三百支光的燈泡把這舊日的祠堂照得通亮。
祠堂的門板被拆下來豎在中間，門板上面寫著"農業學大寨"五
個大字，下面畫著金雞大隊的土地 ── 壯如一只引頸高歌的雄

雞。這是一門考試題：同志，請你談談如何安排這塊土地的未來。

　　一張張莊稼人的紫膛臉把會場圍得密不透風。他們是眼前這塊土地的主人。而此刻映現在他們心田裡的金雞大隊，卻遠不是眼前這副模樣。

　　飼養員站在地圖前一個勁兒地比劃，他捲了捲袖子，好像要跟誰吵架 —— 真的，誰要反對他的意見，也許真得吵一場。他的意見是要把道路拓寬。好幾回，他趕著水牛迎面遇上“鐵牛”，只好兩腳踏到秧田裡，濺了兩褲泥漿倒無所謂，剛插好的秧苗踏倒了好幾塊。還有不少彎彎曲曲的小路只能跑水牛，不能跑“鐵牛”，沿著這種路怎麼跑得到共產主義！眼下又訂遠景規劃了，他悄悄去量了量拖拉機：嘿，一公尺七，那麼，這路得修三公尺，再少不行，水牛還得跟鐵牛衝突；再寬也不行，又不開大型平板車，豈不浪費土地？

　　這時候，拖拉機手倒是跟放水員在吵架。土地搞園田化，要南北一個向，標準一個樣，兩個小夥子一拍即合，兩顆腦袋湊在一起，越說越熱絡；可討論到具體標準，拖拉機手埋著頭，五個手指朝前一伸：“越長越好，省得打彎。”放水員是個靦腆的小青年，急得只是一個勁地拉對方的袖子：“這麼一條龍，放水怎麼弄？”最後，還是植保姑娘幫他們做裁判，暫定八十米長。至於寬，這位裁判最有“權威”了，“二十米。噴霧機射程十二米，兩邊對噴，正合適。”

　　七八個知識青年湊在祠堂的門檻上，正小聲討論他們集體畫的那張改造雞尾河的草圖，這些有志氣、有文化的新農民，下決心使這塊低窪地旱澇保收。

　　七十三歲的五保戶曹老頭也來了，搬了塊石板坐在牆角落頭。他眯著眼，好像什麼也聽不見，自顧抽他那尺把長的旱煙管。

　　壯實的民兵隊長站在大門口，也在盤算他的想法：再美的規劃，還得用槍桿子保衛。

有一個叫阿順的富裕中農今天破例坐到前面去了。是他對制訂遠景規劃特別積極嗎？那倒不是。他只是想坐得離支部書記近一點，好聽清楚，這回規劃到底怎麼搞法，千萬可別傷了自己的利益呀！他揣著個小算盤，裝做挺正經的樣子坐著。

……

會議由大隊黨支部書記洪解放主持。他已經二十五歲了，長得壯實，挺拔。批林批孔運動開展以來，貧下中農滿懷豪情，要進一步改造山河。多少個夜晚，他手捧馬列、毛主席的著作，暢想社會主義新農村的未來；多少個清晨，他帶領群眾一起踏田，測量每一條道路，每一灣水塘，每一塊田地……對這塊滋養他成長的土地，小洪懷著多麼深厚的感情啊！正是父親領到土地證的那一晚，他和解放了的土地一起新生；正是這塊土地上的鬥爭風雨，鍛鍊他長大成人。

年輕的支部書記啊，看著這舊祠堂的雕花窗、柱，他想到 ──

五歲那年，雞尾河乾了底。一連幾夜，他看見爹媽在油燈下對著土地證犯愁，說是富裕中農阿順要買他家的地。媽放下手裡紮的鞋底說："這不是趁火打劫嗎？"爹一臉怒氣，伸手一拍土地證："吃草根也不上當！"不久，全村在祠堂開大會，小解放看見他爹毅然解開衣襟，從熱烘烘的胸脯前掏出那用層層紅紙包著的土地證，喊出了強烈的心聲："我要入社！"入社，是怎麼回事？小解放還不懂，只是他再也看不見爹老是在自家的田裡操勞了。有一回，爹拉著他在田裡兜了一大圈，告訴他："這一大片土地，都是我們的。我們 ── 是合作社。合作社一定能使這塊土地富起來。"

一九六二年，村裡發大水，灶頭裡都能捉魚。隨著那渾黃的大水，一股歪風吹進了村。地主份子居然在茶館裡說什麼"大難臨頭各自飛"，上面，還來了個穿人民裝的所謂"領導人"開什麼"懶漢座談會"，說要搞"三自一包"，刺激積極性。帶著紅

領巾的小解放可懂事了，他急得飯也沒吃，緊了緊褲帶，一口氣
跑了十里路到公社，找他那當了公社黨委副書記的爹報告。當時
爹把一張人民日報放到小解放面前，小解放一看：啊！中共中央
八屆十中全會公報送來了毛主席的聲音！父子倆一起學著公報，
頓時覺得心頭明晃晃，好像懷揣著紅太陽！在黨的八屆十中全會
公報的指引下，貧下中農抗天災、反潮流，堅決保衛了社會主義
所有制！

　　他又想到，一九六七年那個春夜，祠堂也像今天一樣熱鬧，
人們簇擁著披紅掛彩的大隊革委會牌子，憤怒聲討劉少奇復辟資
本主義的罪行，熱心地規劃金雞大隊的未來……

　　年輕的支部書記啊，他意識到，一場更深刻的革命正在自己
這一代手中進行，改造山河，這絕不單純是和自然界鬥爭。一鍬
一鏟，都是向著幾千年小農經濟遺留下來的私字的溝壑開刀。

　　討論進行得很有意思，每討論一條，洪解放就在本子上記一
條，在門板上畫一條。當他在門板上畫上條直貫全村的機耕路時，
富裕中農阿順情不自禁地叫起來了：「哎呀！礙著我家房子
啦！」

　　「哦，」洪解放的手不由在兩間平房前停下來。他笑著說：
「捨不得你的老窩呀？大家都住進農民新村，一式的紅瓦黃牆新
樓房，冬暖夏涼朝太陽，你肯不搬嗎？」

　　大家哄笑了。阿順半信半疑地苦笑著點了點頭。洪解放手中
的筆無情地劃過了他的兩間陳舊的平房。

　　最後，大家討論到了這個祠堂本身的命運，做倉庫顯然是不
合適了。一個小姑娘提議說：「在這兒造個農民文化館，要開電
視室、電影場、圖書室……」「蠻好！蠻好！」不少人回應著。

　　這時，五保戶曹老頭磕了磕煙斗，別在腰裡，緩緩挪動了一
下身子，抽出屁股下坐著的一塊石板，雙手捧著，顫巍巍地走到
會場中間。洪解放連忙上去攙扶他，他發現，曹老頭手裡捧著當

年地主家的一塊界碑。他明白老人家的意思了！

曹老頭慢悠悠地看了看全場，全場立時鴉雀無聲。問遍金雞大隊，誰不知曹老頭舊社會的遭遇啊！說起來，他祖上原有三畝薄地，在他爹曹老大時，一場大旱，雞尾河乾了底，曹老大到村北雞眼井挑了一擔水，地主拉住水桶，說這是他燒香求來的"甘霖"，一桶水，一桶金。官司打到祠堂裡，戴著瓜皮帽的族長（地主的堂叔）把手裡的煙槍在空中畫了個半圓，界碑就像地主的大肚子似地朝外一漲，把三畝地圈進了地主的莊園。曹老大呼天叫地，天地不應。他滿含悲憤，一頭撞死在界碑上！界碑啊界碑，象徵著地主階級專政，釘在土地上，釘在窮人的背脊上啊！

多少個月黑風高的夜晚，曹老頭坐在雞尾河岸邊的老樹椿上，聽著斷續的蛙鳴、犬吠、河水的嗚咽，看著村裡地主家黑漆大門上懸掛的飄搖的燈籠和祠堂裡長明燈的鬼火，就像一尊石像，一動不動。多少次他揮起碗口大的拳頭猛擊土地："金雞啊，金雞，難道永遠掉在這黑洞洞的井底裡！"一條條火舌在舐他的胸膛。這是復仇的火焰，理想的火焰！

往事歷歷，只要看一眼曹老頭手裡那塊界碑，人們都明白了。外面春風吹過田野發出"沙 —— 沙 ——"聲，只聽見老人蒼老的聲音滿含著感情："剛才這小囡講得好，托毛主席、共產黨的福，你們一生下來就落在蜜糖罐子裡，我老頭子也開心啊！為了讓大家永遠過好日子，越過越好，我建議再開一個階級教育展覽室，把這塊界碑放進去。我伲子孫萬代都要記住，好日子是鬥爭、流血換來的，千萬不要忘記：還有林彪那樣的壞蛋要搞復辟！"老人說著，亮晶晶的眼淚滴在一翹一翹的白花花的鬍子上。

"加強無產階級專政！"

"毛主席的革命路線勝利萬歲！"

洪解放激動地舉起拳頭。

"對！我來談談民兵建設的規劃！"站在門口的民兵隊長

大聲喊著要發言……

　　人群沸騰了。年輕的支部書記一甩衣襟，跳上一條長凳，抓住機會動員開了：“同志們，我們貧下中農不僅要挖掉剝削制度留在土地上的界碑，還要挖掉剝削階級意識形態裡的私字的界碑。如果沒有毛主席的革命路線，沒有鋼鐵一樣的無產階級專政，我們就談不上建設美好的未來，金雞就永遠飛不起來！我們要學習大寨人，與天鬥，與地鬥，與人鬥！大寨人的方向是共產主義方向，共產主義是鬥出來的！”

　　散會了。人流湧出祠堂，像有一股熱流，衝進了春寒料峭的田野。一支支手電筒的白光明滅著，伴隨著人們熱烈的議論聲，向四方散去。田野上，飄來了青年人熱情洋溢的歌聲：

　　　　地有陽光百草鮮，

　　　　人有理想勁頭添，

　　　　毛主席指出通天路，

　　　　金雞飛向彩雲間！

　　正在祠堂裡和大隊兩委會幹部共同進一步研究規劃的洪解放，被這充滿理想色彩的歌聲吸引了，對著眼前的規劃圖，他彷彿看見，實現了園田化的土地像一塊彩色格子的綢布在眼前飄動，實現了農機化、水利化的土地上正演出有聲有色的農機大合唱……土地啊，我們就是要這樣給你換上一身新裝，去迎接嶄新的時代。

　　洪解放同志的思路，像跨上了駿馬，一下子馳聘得好遠、好遠……

　　看人間，哪一塊土地不是我們開？是反動的奴隸主，第一個用帶血的刀在土地上劃出了私字的界碑。從刀耕火種的原始社會到今天，土地上發生了多麼深刻的變化！歷史上各個階級的代表人物曾經設想過“均田制”，“天朝田畝制度”……幻想著“耕者有其田”。可是，只有一百多年前，無產階級的革命導師馬克思、恩格斯才真正代表人民，用他們那火把般的巨筆在舊世界的土地上寫下了人類最美好的理想："共產黨人可以用一句話把自己的理論概括起來：消滅私有制。"洪解放堅定地相信，"共產主義革命就是同傳統的所有制關係實行最徹底的決裂；毫不奇怪，它在自己的發展進程中要同傳統的觀念實行最徹底的決裂。"隨著私有制的徹底滅亡，由於私有制所產生的一切私有觀念的污泥濁水，一切物質上和精神上的界碑都將徹底瓦解、消滅。土地，將敞開胸懷，舒暢地呼吸共產主義的新鮮空氣！

這是批林批孔高潮中的一個春夜。在這樣的夜晚，全郊區、全國的土地上，有多少這樣激動人心的集會！一雙雙勞動者粗壯的大手，要鎖住暴戾不馴的江河，開發千年不毛的荒山，要結束幾千年私有制的罪惡，用勞動和鬥爭把祖祖輩輩的理想，不斷地變為現實。這真是千萬雙大寨人的手啊！在這樣的春夜，難道我們不是清晰地聽到千百萬貧下中農向著未來進軍的雷霆的腳步；難道我們不是清楚地看到無數隻披著霞光的金雞衝破了舊世界的重重井欄，引頸高歌，展翅飛向彩雲間！

春天的讚歌

人們常常讚美春天。春天，江河解凍了，草青了，花開了，空氣特別清新，陽光分外明媚。春天，使整個大地充滿了生機。春天，是一種欣欣向榮的象徵。然而，人們是否思索過，有怎樣一種偉大的理想，要叫大自然的春天永遠留在人間，要叫子孫萬代生活在永恆的春天裡？

現在正是一個春天的早晨。蘇州河畔的一家大型化工廠裡，工人出身的廠生產組負責人老潘，興沖沖地穿過廠區中央大道，走向五層樓的辦公大樓，準備去接待一位外賓。這一位中年人，一身舊的藍布工作服，一雙翻毛皮的工作鞋，一張樸樸實實的臉膛，似乎與其他工人同志，並沒有什麼顯著的區別。然而，別具一格的卻是手裡捧著一束色澤鮮豔、芳香撲鼻的鮮花。鮮花上還沾著晶瑩的水珠，說明剛剛採擷下來。

一位工廠裡的工人，爲什麼捧著一束鮮花呢？要說清楚這一點，我們就需要談起八年前一次意外的相逢了。

那也是一個春天的早晨。一月革命風暴捲過了黃浦江畔，也捲進了這個化工廠。工人們敲著鑼、打著鼓，奔向廠革命委員會成立大會的會場。

正像列寧所描繪的那樣：“人民群眾在任何時候都不能夠像在革命時期這樣以新社會秩序的積極創造者的身份出現。”無數的工人群眾，懷著激奮心情，擁到會場的臺上，遞送著祝賀信。每一封祝賀信也都是一篇激情澎湃的決心書。人們抒發著鞏固新生的紅色政權的誓言，同時也展望著革命以後更漫長的道路。革命的高潮時期，最容易激發理想的火花。革命每跨出一步，理想也必然前進一步。工人、幹部們，從各自的工作崗位出發，話題涉及到工廠工作的各個方面，暢談了學習制度、幹部隊伍的建設、生產指標、技術革新等等各種規劃、措施，整個會場熱氣騰騰。

這時，在會場的一角，有一個中年人站在一張飯桌上大口大口抽著煙，陷入深思之中。這位雙手沾滿油膩的老工人，聽到戰友們的發言，也馳騁起自己的理想。他想起了在蘇州河船冒船上度過的童年，想起了二十多年前，蘇州河畔污水惡臭，煙灰亂飛的一片黑暗景象；也想起了今天，這兒新工廠、新工房如春筍出土的蓬勃畫面……他突然舉起手來高喊說：“我也來講幾句。我完全贊成大家剛才的各種建議，還要再補充一條。因爲，我們是國家的主人，考慮問題也要胸有國家的全局。拿我們的化工廠來說，既要爲國家增加生產，又要大戰三廢，縛住煙囪的‘黑龍’，爲子孫萬代造福，爲建設將來最美好的社會著想……”

這個老工人就是我們的老潘。

"說得好！"

"這也算一條規劃，寫上寫上！"

會場裡發出一陣歡呼的聲浪。一個祝賀大會，成了制定向未來進軍的規劃的大會。工人們向新生的紅色政權，獻上了第一份厚禮！

老潘的建議被廠革會採納了。就在這個大會上，群眾一致推舉老潘負責全廠的戰三廢工作。從此，老潘和他的戰友們深入到各個車間，深入到工廠周圍的里弄、河道，細緻地調查研究，制定著如何使污水變清，煙囪除塵，植樹栽花改造環境空氣的具體措施。多少個炎熱的日子，老潘和戰友們一起鑽進熱氣灼人、煙氣嗆人的煙囪底部，安裝除塵設備；多少個呵氣成冰的日子，老潘他們跳入透骨侵肌的水道裡，佈設汙水處理管道……

有一個上午，老潘組織了一支隊伍，拿著鐵鍬鋤頭，在廠內外環境中植樹栽花。披著陽光，拂著春風，他們栽下了一株株青松翠柏，灑下了一粒粒花籽果種，也種下了美好的理想。他們要叫化工廠三廢杜絕，綠蔭覆蓋，春天永駐。

正當他們在廠門口鬆土的時候，有一位背著照相機，穿著藍色條紋襯衫的外國記者，走到了老潘的面前。他帶著友好的笑容，彬彬有禮地向老潘攤了攤手，作出一個發問的姿勢，說明他不識途徑，想問問這兒的地名、路名。

老潘抹了抹臉上的汗水，立即爽快地作了回答。然而，那位元記者卻閃過了一個疑惑的眼神。接著又左顧右盼地望望四面的景色：眼前是一個煙囪聳入雲天，各種管道彎彎曲曲，氣魄宏偉的新建化工廠；右面，沿著蘇州河一帶，是山丘起伏似的新工廠廠房；往左，則是一條寬敞平坦的新村大道，大道兩旁，色彩漂亮、樣式新穎的五層樓工房排列整齊……

"啊？您說的沒錯吧？"外國記者側著頭，再一次發問。

"是的。沒有錯。"老潘笑了笑，肯定地點了點頭。

「解放前，我也曾經來到過此地。嗯……記得那也是一個春天。可是，那不像春天。這兒是一片破棚戶區。那兒，蘇州河裡汆著菜皮，破蒲包，死狗，死貓，臭氣衝天，頭上，還飄著煙灰，沾滿了我的襯衣……」他指點著，解釋說。

「真令人吃驚！這次我到新中國來採訪，的確有不少新聞喔。」外國記者感歎著。

「哦？」也許是出於一個記者所特有的職業敏感性吧，他看著正在培土的人群問道：「你們爲什麼在這兒栽樹？在製造氯氣的化工廠，怎麼會有一片綠葉生存？ —— 要知道，我雖然已經看到春風吹到了蘇州河，吹到了你們的臉上，但是，它是吹不到化工廠的！」

大概是爲了證實自己的話吧，他又從口袋裡掏出幾張照片，說道：「這就是我在發達的資本主義國家化工廠邊上攝下的。」

一張照片上：幾株枯樹在毒霧迷漫中抖栗。

又一張照片上：一顆顆怪菜在田野間潰爛。

老潘看了看，意味深長地說：「謝謝您的好意。不過，我們中國工人階級決心通過自己的艱苦努力，使這種景象不出現在我們國家。用我們車間一位小青年的話來說，是要叫這兒留下春天。」

「好！好！我記下您的諾言。」外國記者將信將疑地聳了聳肩膀。

老潘友好地伸出了手掌：「歡迎你幾年以後有機會再來看看。再見！」

……

八年過去了，春天又來了。現在，老潘手捧一束鮮花，踏進了辦公大廈四樓的一間清靜的會客室。

「啊，好極了，好極了！潘先生，我們又重逢了。」一位穿著西裝，長著金色頭髮的外國人，從沙發上站了起來，熱情地伸出了雙手。

「我對貴國是很有好感的。上次回去後,我曾經發了好多條消息,真實報導你們的情況,社會輿論界頗感興趣。八年過去了,我想你們這兒變化一定不少,特地再訪。你看,我遵守著自己的諾言,不是又來了嗎?」

「歡迎您光臨,羅伯特先生。您看,我也遵守諾言,采來了一束鮮花,這是我們工廠裡的鮮花。」老潘含意深長地笑了笑。

在這樣的時刻,也許其他解釋都是多餘的了。羅伯特雙手接過鮮花端詳著,花蕊間透出一股幽幽的清香。

「簡直不可思議,不可……」他喃喃自語。說著,立即走到窗前。

窗外是一幅春意濃郁的畫面。蒼翠的黃楊、塔松,茂密的梧桐、柳條,像一張巨大的綠色傘蓋,遮掩著各種廠房、管道。在那穿過綠蔭的一條條走道兩旁,開滿了色彩絢麗的鮮花。

「欽佩,欽佩!我看到了您八年前諾言的正確性。請問,你們是怎樣做出這種奇蹟的?」

「我們只是跨出了第一步。」老潘謙遜地說,「我們是個發展中的國家,在維護和改善人類環境方面還缺乏經驗。植樹栽花,是我們改造化工廠空氣的試驗項目之一。我們還有許多工作要做,最近廠裡正在發動群眾進一步制訂治理三廢規劃呢。」

「規劃?還有更美好的規劃?」羅伯特說,「請介紹一下,好嗎?」

「可以。不過,我們一個廠的規劃,是同我們蘇州河一帶治理三廢的規劃分不開的,是同我們新上海的城市建設規劃分不開的。讓我給你綜合在一起說說吧。」老潘展開一個手勢,遙指一大片土地,興奮地講述起來。這位平時不善言談的老工人,一當談起自己的理想,卻是那樣滔滔不絕,神采飛揚。他描畫了一幅多美的藍圖啊。

讓我們順著老潘的手勢看看這兒的明天吧 ──

明天，這個上海的一角，儘管現代化的工業高度發展，城市的面貌卻變得更加煥然一新。如果你登高望遠，看天，天空蔚藍，大氣澄淨，白鴿和蒼鷹在晴空下自由地翱翔。雖然遠遠近近煙囪無數，但，只有當你走近仔細端詳，才會發現那嫋嫋如白雲般的輕煙，一會兒就隨風飄散，影蹤全無。看水，百年來汙臭發黑的蘇州河，將變得清波蕩漾。那時候，在舊社會曾經感歎“住在大河邊，吃水也發愁”的人們，其子孫也許正在蘇州河裡游泳鍛鍊。看地，園林化的環境更為美觀。新蓋的工人新村和井然有序的街道，一齊湮沒在青枝綠葉的波濤之中。

“可以用一句話來概括我們的理想：這兒永遠是春天。”老潘充滿豪情地介紹完畢。

“這兒永遠是春天？”羅伯特重複了一句。“很好。你們中國人不講空話，總是腳踏實地，按照自己的規劃，一步一步地前進。不像有些國家，在公害面前，陷入一片混亂之中。”

一陣春風吹進窗子，羅伯特暢快地呼吸了一口，說，“在你們國家，呼吸是多麼自由啊！我的國家卻看不到春天。”

羅伯特感觸良多地想起了自己的國家。原來，他的家，住在一個山川秀麗的風景區。可是，自從這個地區冒出了許多資本家的工廠，煙囪噴著“黑龍”，排水管流出了毒液。河水發黑了，魚蝦絕種了，樹葉焦黃了，鳥兒不叫了，春天沒有了。作為一個比較激進的記者，他幻想著伸張正道，寫文章高喊：“快給天空治病！”“保障人生的權利！”可是，有哪位老闆來理睬他呢？他也曾經到一些所謂“文明”“發達”的國家去探索考察，尋找春天。因而，也涉足美國、蘇聯，想不到那兒的情況更糟了。美國的有些大城市，終年籠罩在濃煙毒霧之中。在小學生筆下的作文中，連人們最常用的“蔚藍的天空”，也變成了“灰色的天空”。人們上街時提心吊膽，甚至帶著防毒面具，一聽到毒氣濃度的警報，就拔腿往家裡逃。打開美國的地圖，有一半以上的河流，標著"毒水禁用"，因而發生"飲水危機"。在蘇聯，也有多少清清的河流湖泊成了"毒河""死湖"。被稱為"母親"河的伏爾加，如今成了霍亂等瘟疫的發源地，人們咒之曰："魔鬼"的河流……這兒哪有春天呢？

羅伯特敍述完這些見聞，猛然搖了搖手裡的一束鮮花，激動地說："這次回去，我要想寫一篇報導，報導這兒的春景。啊，朋友，我出一個題目，您能否談談，究竟是什麼原因，使你們的理想發出了奇異的光芒，居然能留住了春天？"

這時候，我們的老潘，站在窗前，舒展雙目眺望著那被春風吹過的綠樹所泛起的波濤。寬闊的胸懷中同樣翻滾著感情的波濤。他沉浸在一種幸福之中。這一位普普通通的工人，不，也可以說是一位中國工人階級的代表，用簡潔的語言，充滿自豪地回答他："因為這兒是毛主席共產黨領導的新中國，因為我們有社會主義制度。"

我們的老潘回答得多好啊。在今天的帝國主義和社會帝國主義國家裡，這些資產階級統治者們的最高理想，就是為了金錢、為了奴役人民。因此，工業的畸形發展和公害的災難，就成了應運而生的雙胞胎。那種表面"繁華""文明"的城市，已經無可救藥地籠罩在腐朽的社會制度的黑煙之中，一天天爛下去了，難道會還有什麼春天？而我們的無產階級理想，根本的一點就是為最大多數的勞動人民謀利益。正是這個理想以及千千萬萬為理想奮鬥的人民，使現代工業的迅速發展和消除公害這一對看來不可調和的矛盾，又如此和諧地統一起來。我們嶄新的城市，呼吸著社會主義制度的舒暢空氣，越來越充滿著旺盛的生命力，無限青春，走向未來。啊，我們讚美美好的春天，更讚美美好的社會主義制度，給我們帶來了理想的春天，永恆的春天！

這時，羅伯特正迅速掏出筆記本，飛快地記著老潘的話語，同時，細細咀嚼著，說：「潘先生，我相信你們的理想一定會實現的。」

老潘卻是那樣誠懇地說：「我們始終記得毛主席的教導，'社會主義制度的建立給我們開闢了一條到達理想境界的道路，而理想境界的實現還要靠我們的辛勤勞動。' 所以，還要努力啊！」

羅伯特接上來說：「正因為你們不斷努力，所以你們的國家也留給了人們一個不斷變化，不斷前進的印象。我多麼願將來再來看看呀！」

是的。他如果將來再來，春天，又將以怎樣一幅畫面來迎接他呢？

一朵花能報告春天的來臨。黃浦江、崇明島、杭州灣、金雞大隊和那個化工廠，在整個上海的藍圖上，也許只是幾根線條，幾個紅點，而上海的這張藍圖，又只不過是我國整個日新月異的建設事業的一個組成部分。上海人民的規劃是根據氣魄宏偉的國家統一規劃制訂的。中國人民手裡正有千千萬萬張最美好的藍圖，上海一千萬人民正與全國人民一起，向著同一個理想，沿著同一條大道，奔向光輝的未來！

親愛的讀者，這是一份還沒有來得及寫完的報告。此刻，在階級鬥爭和路線鬥爭中描畫藍圖的工農兵英雄人物正在面前閃現；高亢激昂的奮鬥歌，正在耳邊迴響。離開了廣大革命人民腳踏實地的革命業績，是不能構成一篇完整的無產階級的理想篇的。因此，我們決心寫下去，寫下新的篇章，繼續向同志們報告。

（原載《朝霞》1974 年第 11 期）

烏蘭牧騎生活散記

溫 小 鈺

演出的征程

今天是巡迴演出的第四天，卡車載著我們駛向七蘇木去，那裡的鄉親們望眼欲穿地盼著我們呢！

> 呵咿 ──
> 我們是毛澤東思想宣傳員，
> 一顆紅心似鐵堅。
> 踏遍草原獻歌舞哎，
> 為人民服務永向前……

一陣渾厚、嘹亮的歌聲在草原上回蕩，這是指導員娜木罕在領頭高唱。

歌聲把我的思緒帶到了一九五八年那個大躍進的火紅年代。

那時，我們幾個剛剛放下羊鞭和套馬杆的年輕人，加上一位會拉手風琴的小學老師，組成了一支烏蘭牧騎。大家一心為人民公社喝彩，為大躍進唱讚歌。娜木罕那年剛十五歲，是個能歌善舞的牧羊姑娘，在慶豐收那達慕大會上，她把一個說舊書的人趕下了台，自己上臺又唱歌又跳舞。牧民們都愛看她跳舞，她的舞蹈動作都是從勞動生活中提煉出來的，充滿著貧下中牧對毛主席、對黨的深厚感情，牧民們親切地稱她是機靈的“小山羊”。

別看山羊小，她的犄角可硬著哩！一次旗裡搞匯演，叫我們去參加，旗文教科長嫌節目"單調"，指定我們去學演歌舞《蘇布姐的婚禮》。沒想到，娜木罕拒絕扮演蘇布姐，她跟文教科長頂撞起來："這個舞不好。根本不是蒙古族勞動人民的東西。"

文教科長驚異地圓瞪雙眼："什麼，不好？這頭飾，這長坎肩，這歌詞，哪一樣沒有民族特點，你懂什麼！"

娜木罕毫不退讓地說："藝術上我懂得少，但我知道奶奶結婚的當天晚上，爺爺就被王爺的管家捆去當差；媽媽是在大雪天光著腳丫從牧主家逃出來，在破蒙古包裡跟爸爸成親的，她們哪有什麼長坎肩、銀首飾。這個節目裡唱的千金萬銀、牛群羊群，都是王公貴族才下得起的聘禮，和勞動人民根本不相干！"

"嗨，這是具有民族生活特點的風俗畫嘛！這也是藝術誇張嘛……"

"不，這是要在新社會的舞臺上宣揚王公貴族的腐化生活！我不演！"

娜木罕的一席話，把文教科長頂得張口結舌。最後，《蘇布姐的婚禮》終於沒有演出。

當晚，娜木罕告訴我，她又重新學習了毛主席的《在延安文藝座談會上的講話》，覺得自己沒有錯。她斬釘截鐵地對我說："文藝是'團結人民、教育人民、打擊敵人、消滅敵人的有力的武器'，就和戰士手裡的槍一樣。戰士們保衛祖國寸土不讓；我們佔領社會主義文化陣地，為無產階級政治服務，一個音符都不能讓！"

經過無產階級文化大革命和批林批孔，娜木罕更加自覺地學習馬列的書、毛主席的書，還光榮地入了黨，擔任了我們的指導員。為了擊退文藝黑線的回潮，娜木罕領著我們馬不停蹄地過草場、串牧包，學演革命樣板戲。她三十掛零了，還穿上芭蕾舞鞋，帶著年輕隊員，苦練基本功，學演革命現代舞劇。當時有人吹冷風，說我們是癩蛤蟆想吃天鵝肉；還有人諷刺道："精神可嘉，動作可怕。"娜木罕領著我們堅決頂住了這股歪風。大家群策群力，想了不少辦法：先演幻燈介紹全部劇情，再演片斷，讓牧民們看到一些實況。現在，我們的革命現代舞劇片斷演出多次了，實踐是檢驗真理的惟一標準，貧下中牧批准了我們的演出。每次看完，他們總是翹起拇指，連聲讚揚：賽那[1]！賽那！樣板戲賽那！

"到啦！到啦！"隊員們的一聲聲高喊，打斷了我的沉思。七蘇木已經在眼前了，今天牧民來得特別多，演出在一塊草場上開始了。演出進行了兩個來小時，快要結束時，忽然蹄聲踏踏，又來了十幾匹騎乘，他們說知道消息晚啦，等圈好羊群拴好牛犢起來，只看上了最後一個節目。

娜木罕召集全隊開了個緊急會議，大家決定，再演一場！這時已是午夜十一點半了，先來的牧民怕我們太辛苦，新來的觀眾也一再勸阻，說："不用演了，能看看你們就挺高興啦。"貧下中牧越是體貼，我們就越是要盡一切力量為他們服務。最後決定，幾個主要的節目都再演一次。可是不巧，發電機出了故障，一時修理不好。

這時，臺上響起了娜木罕清亮的嗓音："鄉親們，有電棒的請集中一下，演出馬上開始。"

幾十束電光立刻聚集在草場中心，牧民們從各個方向高擎手電筒為我們照明，一場激動人心的演出就要開始。忽然扮演喜兒的新隊員托婭提出，《白毛女》片斷別跳了。托婭是一個在城市長大的姑娘，初次參加巡迴演出，征途的辛苦引起的思想波動，在這節骨眼上表現出來了。

"托婭是怕燈光弱，跳壞了腳吧。"有人輕聲議論。

"不，"娜木罕說，"同志們，托婭累了，勉強演出，會影響節目品質。但《白毛女》片斷不能取消，我們要讓每一個牧民

---

1 賽那：蒙語，好的意思。

看到樣板戲。我建議，我來演喜兒，行嗎？"

"行！"大家高興地贊同了。

演出效果是出奇的好。在手電筒的束束光柱下，娜木罕，不，喜兒跳得充滿激情。觀眾屏住呼吸，注視劇情的發展。《北風吹》、《紅頭繩》，引起觀眾的一片讚歎，當看到楊白勞父女和黃世仁搏鬥時，觀眾坐不住了，有人握緊拳頭站了起來；當震撼人心的《哭爹爹》演完，幾位老阿媽忽然失聲痛哭，會場上群情激憤。

演出一結束，娜木罕就把晚會變成對林彪孔老二的批判會，牧民們一個個站出來發言。草原的豐饒靠的是陽光雨露，牧民的幸福靠的是毛主席的革命路線，草原人民心向毛主席，林彪想開歷史倒車，讓那些黃世仁、白世仁再回來，辦不到！"打倒林彪！""批臭孔孟之道！"憤怒的口號聲響徹夜空，寂靜的草原頓時成了批林批孔的火熱戰場。我看看娜木罕，她汗如雨下，疲倦的臉色有些發白，但雙目炯炯。我強逼她脫下鞋，只見足塵上的舊傷又裂了口，殷紅的鮮血，把芭蕾舞鞋染濕了一片……

托婭一直沒說話，走到我跟前，含著眼淚把帶血的舞鞋捧在手裡。

"想啥了？！托婭，"娜木罕笑著說："革命文藝的威力，你看到了吧！"

"看到了，"托婭點點頭："今晚的事，使我開始懂得做一個烏蘭牧騎隊員，該是怎樣的。"

"該是怎樣的呢？"娜木罕像對待自己的小妹妹一樣，笑吟吟地追問。

"應該像一個堅強的戰士，舞臺就是陣地，為人民服務一絲不苟，堅守社會主義文藝陣地，寸土不讓！"

"對！托婭，這就對啦！來，我們唱一支歌吧！"娜木罕說著領頭唱了起來：

呵咿——

我們是草原的烏蘭牧騎，

來自工農為工農，

萬里征途不歇腳哎，

批林批孔打先鋒。

歌聲越唱越響，全隊的人都唱了起來，歌聲在清涼的草原夜空久久地回蕩。

歌手拉喜

拉喜是我們烏蘭牧騎的歌手，他的名字在草原上落了"戶"。每當金色的牧草收割乾淨，白雪皚皚的冬季即將來臨，拉喜會收到許多生產隊給他的信件，隊長們通知他，他的那一份過多的肉食已經準備好了，叫他去取。在這些事務性的信件後面，又往往加添著幾句貧下中牧的深情附言："多會兒你能來呀？我們好趕車去接你"；或者："你一定要穿得暖暖的，吃得壯壯的，唱得更有勁。"

拉喜的歌聲是怎樣贏得貧下中牧讚揚的呢！話得從頭說起。

拉喜在城市的音樂學院念過書，是我們隊惟一的"科班"畢業生，專攻聲樂的，在我們當中，是"專家"、"權威"了。他是在文化大革命中參加我們隊的。那時，粉碎了劉少奇叛徒集團，清算了修正主義文藝黑線，烏蘭牧騎得到了發展。拉喜畢業分配時，滿腔熱情地要求到牧區來，參加我們烏蘭牧騎。

增加了這樣一名隊員，人人都高興，但出乎意料，拉喜一開始唱歌，並不那麼受歡迎，牧民們聽他唱完，總是客氣地鼓幾下掌，並不要求多唱，遠不如另外幾個沒有受過專業訓練的隊員。拉喜苦惱了，他不安、羞慚，常常獨自跑到草原深處，徘徊到深夜。這時有人給拉喜吹起了冷風，說他在牧區沒有發展前途，慫恿他到城市歌舞團去。

　　黨支部非常關心拉喜，娜木罕經常同他談心，隊裡也有針對性地重溫毛主席的《在延安文藝座談會上的講話》，學著學著，拉喜很快開朗起來了。他給黨支部寫思想匯報說：“我阿爸曾經在草原上，為消滅披著人皮的豺狼流血流汗。今天，我要繼承前輩的事業，終生為草原人民歌唱。毛主席支持烏蘭牧騎的方向，為工農兵服務這條路我走定了。要做到為貧下中牧‘喜聞樂見’，我得進行再學習。”

　　在黨組織幫助下，拉喜還常去找兄弟隊的歌手研究，向他們學習唱什麼和怎麼唱。

　　這時，有人告訴我們，民間歌手陶勒吉婭老阿媽年輕時曾馳名草原，唱得十分動人。拉喜迫不及待地帶著我去訪阿媽，來到陶勒吉婭家，我們才知道：兩個多月前，在一個下著暴雨的夜晚，老阿媽因搶救失散的羊群，著了涼，在一場高燒之後，不幸癱瘓了，連說話都很不方便，赤腳醫生李彤正在用新針療法為她治療。

　　李彤是從北京來這插隊的知識青年，她學習針灸還不久，每紮一個新穴位，她都要在自己身上試針。拉喜發現了，就讓她在自己的身上試驗。他和李彤一樣，急切地希望阿媽重新站起來，重新開口歌唱，培育新人。阿媽雖然躺下了，話也說不清楚，但她每天還聽廣播，瞭解國家大事。

　　一天，李彤給阿媽紮完針，拉喜放聲為阿媽唱歌。一曲唱完，躺著的阿媽，眼淚就順著頰上深深的皺紋流淌下來。李彤站起來，緊緊握住拉喜的手：“歌手，唱得好！”也許因為阿媽太高興了，竟清楚地說了兩句話。拉喜不好意思地說：“我唱得不好，我是來向阿媽請教的。”

　　“阿媽要是沒生這場病，肯定能教你。”接著，李彤沉痛地告訴我們：陶勒吉婭從小就是王爺府的奴隸，專門侍候福晉[2]，挨

2　福晉：蒙語，王公的老婆。

打挨罵不說，福晉想成仙，又怕中毒，每吃一種偏方怪藥都叫陶勒吉婭先嘗，陶勒吉婭好幾次中毒，差點沒死，身體就是這樣搞壞了。為了不給那些豺狼唱歌，陶勒吉婭跟著一個最勇敢的牧馬人逃離了王爺府。在那暗無天日的舊社會，她什麼罪沒受過啊！

在李彤的細心診療和拉喜的熱情照看下，阿媽的病好轉得很快。一天，她親切地說："孩子，讓你的心和我們貧下中牧緊緊相連，讓歌頌黨、歌頌毛主席革命路線的歌聲飛遍草原，你要代表我們去歌唱！"

拉喜熱淚盈眶顫抖地說："是的，牧區需要我，我更需要牧區。我要永遠永遠，為了你們，代表你們去歌唱！"

從那以後，拉喜常到阿媽家來，在阿媽的幫助下，拉喜懂得了草原人民的愛和恨，知道他們需要什麼，他也終於探索掌握了一種新唱法，以後，拉喜用火一樣的熱情到處去唱，嘹亮的歌聲傳遍了草原。從那以後，拉喜每創作了一首新歌都要來找阿媽，請老人家聽聽，幫他修改。這次到七蘇木演出，拉喜新創作了一首《陽光燦爛照草原》，試唱了幾次，拉喜總覺得裡面缺點什麼，趁著演出間隙，他領我來請教阿媽。我們在一個截伏流工地的山腳下找到了阿媽，赤腳醫生李彤已經把她的病治好了，阿媽正在編紅柳筐。一個小夥子深情地介紹說："阿媽雖然擔不了土，蹬不動鍬，可我們工地上用的筐，全是她供應的。"

陶勒吉婭說："是毛主席的革命路線，把大夥的心照亮了。過去，因為劉少奇、林彪的破壞，牧區雖然進入了社會主義，可有些人還存在著靠天養畜、靠天吃飯的思想。解絕不了草場年年退化、沙灘年年擴大的問題。如今，經過無產階級文化大革命和批林批孔，咱們堅決貫徹毛主席的革命路線，牧業轟轟烈烈學大寨，咱們要叫草原翻個個兒，讓毛主席的革命路線，照亮整個草原啊！"

我和拉喜興奮地對望了一眼，心裡頓時豁然開朗：那首新歌中所缺乏的東西找到了。

　　面對遼闊的草原，沸騰的工地，阿媽放聲歌唱了。她的聲音雖然有些暗啞，有些發顫，但非常悅耳、動人，表達了牧民對黨和毛主席深厚的感激之情。

　　拉喜趕忙追隨阿媽那深沉的女中音引吭高歌起來：

　　　　呵咿，毛主席——

　　　　在您的陽光照耀下，

　　　　荒漠草原湧清泉；

　　　　牧區盛開大寨花，

　　　　沙海層層綠浪翻⋯⋯

　　聽著歡快的歌聲，我明白了，這是一首阿媽幫助拉喜改好了的新的《陽光燦爛照草原》。

鋼珠爾的心

　　告別了七蘇木，我們五個人組成了一個小分隊，策馬朝一個民兵邊防哨所疾馳，中途，我們遭到了暴雨冰雹的襲擊。鋼珠爾和我並轡而行，鋼珠爾個子不高，言語不多，卻是全隊頭一個得力的人物。貧下中牧珍愛他那雙靈巧的手，更珍愛他那顆紅心。鋼珠爾會拉琴，會吹笛，會說好力寶[3]，會畫幻燈，會放電影，還會剪羊毛，焊補銅壺，這幾年，隨著牧民生活的提高，他又學會了黏補塑膠鞋，修縫紉機、收音機、發電機⋯⋯鋼珠爾簡直是一個流動修配站。每到一個城鎮，別人休息時，鋼珠爾總是不聲不響地到修理部轉遊，他會蹲在修鎖的小攤旁，一連幾小時地請教老匠人；或耐心地站立在修錶的櫃檯前，等候老師傅來同他探討他那只當試驗用的手錶，毛病出在哪裡。有人問他是不是打算改

---

3 好力寶：蒙族的一種民間說唱藝術。

行，他總是謙和地笑笑，說："不，我最愛烏蘭牧騎這一行，學這些，只是爲了多具備一點爲牧民服務的本領，更好地做一名烏蘭牧騎隊員。"

記得在去年全旗那達慕大會上，一個外國朋友看完我們的演出，對鋼珠爾的馬頭琴獨奏非常讚賞；隨後又看見這位琴手滿頭大汗地幫著牧民換馬掌，非常驚訝，他握著鋼珠爾那佈滿厚繭的手，讚歎不已地說："我到過很多國家，從來沒見過一雙藝術家的手像這個樣子，能幹這樣粗笨的重活兒。這雙手，像是鋼鐵鑄成的呀！"

就是現在，在氣候突變的艱苦行程中，鋼珠爾還在琢磨著。他對我說："應該發明一種望遠鏡或者萬能儀，能夠透過濃霧和黑暗測知遠方，那樣，牧民們在壞天氣裡就容易找到丟失的畜群了。"

不一會兒，哨所到了。這裡是祖國的一隻警覺的眼睛，十幾年來，民兵戰士們日夜巡邏，注視著邊境線上的一草一木。

鋼珠爾在這裡遇見了他的老相識。民兵中有一個柴油機手，去年在牧業學大寨現場會上見過。年輕的民兵清楚地記得，這位馬頭琴手演出後，怎樣不辭勞累連夜幫助他排除機械故障，使得深達百米的大口機井，清泉噴湧不息。他倆暢談草原改天換地的鬥爭，知心的話兒說不完。

"嗨，喜樂，也不讓人家休息一下。"一個大個子民兵招呼他們。

"沒關係。"喜樂笑呵呵地一擺手，"你還不知道，他是有名的鋼師傅，請他幫我算一下咱們的柴油機換上新水泵後，速度加快一倍，皮帶輪該用多大尺寸。"

大個子民兵很感興趣："這位鋼師傅是專科畢業的？"

"不，"鋼珠爾搖搖頭："從小家庭挺困難，解放後念了三年書，後來就參加勞動了。"

“呵，原來他和我們一樣是‘下愚’！”喜樂緊接著說：“可他又是最聰明、最有實踐經驗的師傅啊！”

喜樂的話把大家引得開懷大笑。

風住了，出外巡邏的民兵都回來了，我們緊緊擠在一起，用同一個碗喝著茶，用同一把刀子割著手扒肉。飯後，演出開始了。鋼珠爾吹、拉、彈、唱，輪番地使用著各種樂器。這個不善談吐、沉默靦腆的小夥子，你只要給他窄窄一席之地，他就能使百鳥和鳴，滿室生春。民兵戰士們興高采烈，他們說，我們是文武兩條戰線上的戰友，都是保衛邊疆建設邊疆的戰士。

演出正在進行著。忽然，左鄰解放軍哨所打來電話，告訴說，在剛才突如其來的風雨中，烏仁花大隊炸了馬群，有兩個陌生人混雜在驚奔的馬群中，一直朝北馳來，要求各哨所嚴密注意，協助攔阻。

在突然出現的情況面前，民兵們開始緊張而有秩序的行動，他們分成小組，嚴密地搜索和巡邏。鋼珠爾停止了演出，和我一起跟隨巡邏組出發了。

剛跑出十多里地，一個民兵飛馬奔來，叫鋼珠爾趕快回哨所，說電話出了故障，恰巧懂得修理的民兵又回村裡去了。在這種時候保持通信聯絡該是多重要啊！鋼珠爾撥轉馬頭，向哨所飛馳而去。

這是激戰的一夜，我們來往奔馳搜索，濃重的黑夜帶來了很大困難。然而，準確的聯絡報告代替了眼睛，指示著方位，協調著各個小組的動作。在公社社員和兄弟哨所的密切配合下，終於發現了那一百來匹驚馬和使得它們受驚的兩個亡命外逃的歹徒。

緊張的搏鬥開始了，民兵們的戰馬龍騰虎躍從橫檔裡衝刺過去，擋住了奔馬的去路，火把和馬燈在飛動，套馬杆在揮舞，合圍的呼喊使兩個亡命之徒聞聲喪膽。一個驚悸之餘，筋疲力盡地倒在了暴風雨般的馬蹄下；另一個被我們的民兵用套馬杆生擒，而那暴烈的、受驚的馬群，也服貼安靜地回到了牧場。

太陽從東方升起了，我們興致勃勃地返回哨所。我徑直去找鋼珠爾，只見他伏在電話機旁的桌子上睡著了。留在哨所的女隊員告訴我，鋼珠爾趕回來修好了電話機，怕再出毛病，他就堅守在旁邊，並讓看電話的民兵去參加戰鬥，他自己整整堅持了一夜，直到剛才女隊員再三催促，替換他，他才伏在桌子上睡了。

"鋼珠爾同志！"我激動地輕聲喊著他。

"回來了？馬群攔住了嗎？壞人落網了吧！"鋼珠爾揉揉眼。

"勝利完成任務了，你怎麼……"

"沒什麼，"一個抱歉的笑容出現在鋼珠爾臉上，"真可惜，我沒有參加你們的戰鬥。"

喜樂叫起來了："什麼呀，你是這場戰鬥中該記功的人啊！"

我望著鋼珠爾，他樸實地微笑著，活動一下發僵的四肢，沒有再說一個字。

"鋼珠爾，我發現了那種能穿透一切障礙的萬能儀。"我說。

"真的？在哪裡？"

"就在你手上，在你的心裡。"

"瞧你說的。"鋼珠爾像每一次聽到讚揚的話一樣，紅著臉笑了。接著，他嚴肅地說："馬列主義、毛澤東思想是指引我們克服一切困難的力量源泉，是真正的能穿透一切障礙的萬能儀！"

部隊、公社的首長和鄉親們趕來慰問哨所的民兵戰士了。趁此機會，我們接著開始了演出。

鋼珠爾精神煥發，又成了一個最受歡迎的、最活躍的演員，他坐在一隻彈藥箱上，拉起了馬頭琴，琴聲時而激越高昂，時而悠揚抒情，和著他那豪邁的表情，使大家都歡欣振奮起來。在他的琴聲裡，我深深感受到了一個烏蘭牧騎戰士從心底發出的、對毛澤東思想的熱烈頌揚。

（原載《解放軍文藝》1975 年第 2 期）

笛 音 繚 繞

趙 麗 宏

　　同志，你一定愛聽那清脆、悠揚、動人心弦的笛音吧！聽到笛音，人們會十分自然地聯想起公社的春天，豐收的喜悅，錦繡的山水……然而，每當我聽到笛音時，心裡總是湧起一股特殊的戰鬥的激情，笛音如號角，似戰鼓，催我上陣，使我激奮……

　　那是童年時代的事情了。我的家鄉在海島邊上的一個小村子裡。村裡的孩子都喜歡吹笛，我們從海邊蘆蕩裡揀幾根杆粗節長的蘆竹，回來加工一番，做成竹笛，儘管模樣兒難看，吹出來那聲音還怪脆的哩。可是，在舊社會，窮人哪裡有歡樂的歌啊！記得我們經常吹的一首海島山歌，唱詞是這樣的：

　　　　淘不完的東海水羅，

　　　　流不盡的辛酸淚呃，

　　　　窮人天天做牛馬喲，

　　　　地主老財養得肥。

　　我們坐在河邊的樹蔭下吹笛，那淒切、悲憤的笛音就像江水一樣在鄉親們心頭翻攪：老人們聽著這笛音，眼裡叭噠叭噠直掉淚；壯年人聽著這笛音，牙咬得格格響，眼睛裡冒火星……

　　那時，笛音訴說著我們窮人的辛酸，控訴著舊社會的黑暗。地主老財們聽了當然不高興囉。村裡的大地主馬繩祖一聽到我們的笛音就皺眉頭瞪眼睛。那一年，正好馬繩祖死了老娘，他鼠眼一骨碌，想出條歪主意：為了給他老娘弔喪，村裡的孩子從此不準吹笛。少數膽小的人家把孩子的竹笛收了起來，可大多數窮孩子照樣吹，而且還吹得更響。馬繩祖光聽見笛音找不到人，氣得要死。有一次，我和最要好的小夥伴苦根和海強一起到蘆蕩裡挖蘆根，累了，三個人就躺在沙灘上吹起笛來。沒想到，笛音竟召來了馬繩祖。他偷偷地從我們背後竄過來，猛地搶掉了我們手中的竹笛，摔在地上叭叭踩成幾片。然後從腰裡抽出一根皮鞭，劈頭蓋臉地朝我們打來，嘴裡還惡狠狠地罵著："我叫你們吹，窮小子！我叫你們吹，窮棺材……"

狗地主可以踩碎兩根竹笛，但絕對捂不住我們的笛音。就在馬繩祖踩碎竹笛的這天傍晚，我們又搞來一根大蘆竹，做了三根新竹笛。半夜裡，我們帶著竹笛悄悄躲到馬繩祖宅後的大竹園裡吹了大半夜，把馬繩祖氣得嗷嗷亂叫……

地主不讓吹，我們偏偏吹，這樣固然能出出氣，解解恨，但我們總是感到自己的笛音還缺少什麼。因為這笛音聽了光叫人心酸、憤恨哪！

我們的笛音，終於有了新的生命了！那是海島解放的前夕，解放大軍的隆隆炮聲已經越過海面，傳到了我們島上。驚慌失措的國民黨匪兵大都已經逃竄出島，留守海島的匪兵惶惶不可終日，龜縮在島上的據點裡不敢出門了。一個晴朗的下午，我和苦根正在村外的小河裡摸螃蟹，突然聽到一陣笛音，那麼清脆，那麼圓潤，雖然不是用蘆笛吹的。而那高亢激越的旋律，飽孕著熱情，充滿著力量，聽著真叫人振奮。"快！回村看看去！"苦根拉著我，一陣旋風似地往村裡跑，連摸到的螃蟹也顧不得拿了。跑到村口，正遇上海強，只見他小臉笑成一朵花，又拍手又蹦跳地告訴我們："村裡來了解放軍啦！"

啊！咱們窮人自己的隊伍來了！進村的是解放軍的一支小分隊，他們要在島上組織一支遊擊隊，配合解放軍大部隊解放海島。村裡，就像喜慶的節日，到處洋溢著歡樂的氣氛，只有馬繩

祖家的大門緊閉著。我們循著笛音來到一片空場上，一群孩子團
團圍著一個正在吹笛的解放軍。走近一看，我們不禁一愣：吹笛
的竟是個年紀比我們大不了多少的小戰士！他微笑著吹得正入
神，身體隨著笛音的起伏微微擺動著。他手中的那根紫竹短笛也
不一般，竹笛的兩頭箍著兩個銅圈圈，一亮一亮地閃著金光，一
端還繫著一綹鮮豔的紅纓，在他胸前迎風飄動。

　　我們很快就和小戰士搞熟了，大家都叫他小郭。每天傍晚，
小郭就給我們講革命道理，講解放軍的戰鬥故事。我和苦根他們
熱心地跟著小郭學吹笛，小郭吹的是解放區人民唱的歌。聽著那
明快悠揚的笛音，我們就像到了延安，看見了解放區人民跟著毛
主席建設新生活的美好情景。在笛音中，我們盡情地憧憬新中國
光明燦爛的未來，描繪海島無限錦繡的明天。小郭還會吹解放軍
的戰鬥歌曲，聽著那激越昂揚的笛音，我們就像看到解放軍正在
排山倒海地奮勇前進，蔣匪兵節節敗退，潰不成軍。我們跟著小
郭吹笛，越吹心越明，越吹勁越粗。傍晚，村裡響起一片笛音，
直吹得西天晚霞燒盡，月亮跳出海面，家家上起油燈；早晨，村
裡又是笛音四起，直吹得雄雞長啼，朝霞滿天，旭日騰空。馬繩
祖在四面笛音包圍之中，活像一隻縮頭烏龜，整天躲在家裡不敢
出門。

　　海島遊擊隊組織起來以後，把附近的敵人狠狠揍了幾下，在
戰鬥中，小郭不幸負了傷。有一次，小分隊和遊擊隊到另外幾個
島上執行任務，決定讓小郭留在村裡養傷，住在苦根家裡。不料，
村裡來了一隊國民黨敗兵。俗話說得一點不錯，臨死的豺狼還要
咬人一口，這夥準備逃跑的匪徒在村裡燒殺掠搶，無惡不作。狗
地主馬繩祖從烏龜殼裡伸出腦袋，打聽到了小郭在村裡養傷的消
息。一天夜裡，他帶著匪兵衝進苦根家裡把小郭抓走了。敵人搜
遍小郭全身，除了那根紫竹短笛外，一無所得。失望的敵人把竹
笛隨手一扔，小郭瞅了個機會悄悄地又把竹笛撿來藏在身上。在

敵人的毒刑拷打面前，小郭堅強不屈，罵不絕口，殘忍的敵人竟用槍托敲掉了他的滿口牙齒……

第二天，敵人把全村的鄉親趕到海灘上。海灘上，小郭昂首挺胸，怒掃群匪，英氣逼人。

這時，一個匪軍官走到小郭面前，獰笑著說："你不是要宣傳你的信仰嗎？嘿嘿，講吧。"

小郭朝鄉親們走了兩步，他張開嘴巴，但沒有發出聲音，嘴裡流出一股股殷紅的鮮血。突然，他從懷裡抽出了那根紫竹笛。

啊，我們聽到了嘹亮的笛音！小郭用驚人的力量，清晰地吹出了《國際歌》那悲壯、激揚的戰鬥旋律！

人群如同決了堤的海潮，吶喊著向前湧去。匪兵們膽戰心驚，亂作一團，慌亂的匪軍官被撞得趴倒在地上。

突然，呼呼兩聲槍響 ── 趴在地上的匪軍官向小郭射出兩顆罪惡的子彈。

笛音頓了一頓，馬上又響了起來。小郭勝利地微笑著，他用生命的最後一息，吹完了《國際歌》的最後幾個音符！小郭倒下了，但那激動人心的笛音卻餘音嫋嫋，在海面上，在天空中，在我們心裡回蕩著。

喪魂落魄的匪軍官從地上爬起來，狠狠地用皮靴猛踩小郭手中的竹笛。奇怪得很，竹笛並沒有被踩裂，只是在地上蹦了幾蹦，然後就像長了眼睛似地骨碌碌滾到鄉親們腳邊。站在前面的一個老大爺趕緊撿起竹笛，悄悄地往後傳，你傳給我，我傳給你，最後傳到苦根手裡。苦根用衣襟擦乾淨竹笛上的血跡，珍重地藏到胸前……英勇的小郭不僅教會了我們怎樣吹笛，還用他那壯麗的笛音告訴我們：為了實現共產主義的遠大理想，應該不惜犧牲個人的一切，生命不止，戰鬥不息！苦根每次拿出小郭留下的那根竹笛，總是這樣對我和海強說："咱們要把小郭的歌吹下去，絕不能讓這笛音走調中斷！"

　　我們吹著竹笛，迎來了解放的曙光，走上了社會主義的康莊大道！笛音中，我們圍海造田，使荒灘上湧起金黃的稻浪，銀白的棉濤；笛音中，我們點上了電燈，用上了機器，勝利地迎來了人民公社化……歡樂的歌兒真是唱也唱不完哪！在公社成立以後的第一個豐收季節裡，我和海強依依不捨地送別了苦根 —— 他光榮地參加了中國人民解放軍。輪船離開海島碼頭時，苦根揮動著小郭留下的那根竹笛，大聲地對我們說：「讓我們吹著它，在不同的崗位上為了一個目標戰鬥啊！」

　　革命在奔騰前進，偉大的無產階級文化大革命如同一場燎原烈火熊熊燃燒起來了！嘹亮的笛音，激勵著我們向黨內一小撮走資派鬥爭。階級敵人對於我們鬥出的一派大好形勢又恨又怕，絞盡腦汁進行破壞，他們煽動資產階級派性，惡毒地挑撥離間，破壞團結，妄圖造成我們革命群眾的分裂。海強，這個自小一起長大，一起戰鬥的老戰友，竟然成了我們的「對立派」……笛音啊笛音，你能不能衝破資產階級派性的羅網，把我們緊緊地攏在一起呢？我把村裡的情況一一寫信告訴了苦根。

　　那是一個陽光燦爛的早晨，我正在家裡和幾個社員一起談著隊裡的事，忽然聽到一陣清脆悅耳的笛音從遠處傳來。那笛音好像有點耳熟，我不由得凝神靜聽。聽著聽著，我幾乎不相信自己的耳朵，飛一般衝出屋門。

　　苦根家裡人頭擠擠，人們出神地聆聽著那動心的曲子，目光炯炯地盯著苦根：他穿著一身洗得發了白的軍裝，身邊放著一堆行李，我雖看不見他的臉，但他手裡那根竹笛卻一下子躍入我的眼簾：一綹紅纓迎風飄動，兩個銅圈閃閃發亮！

　　我大步擠過去，猛地從背後抱住苦根：「哈！可把你盼回來啦！」

　　苦根興奮地揮動著手中的竹笛，正要說什麼，忽又閉嘴微笑著看著對面。我回頭一看，只見遠遠地站著一個人 —— 是苦根的笛音把海強電喚來了！大概是看到我這個"對立派"在這裡，海強遲疑地站在那裡不過來。

"海強！"苦根拉著我蹬蹬蹬走到海強跟前，用力拉起我們兩個人的手，神色是那麼嚴肅。我們三個人在海堤上坐下來，苦根語調深沉地講開了：

"在這裡，我們曾經吹著竹笛，團結一心地同反動派進行鬥爭；在這裡，小郭曾經用生命吹響竹笛，向我們宣傳過共產主義的理想。現在我們向黨內一小撮走資派所進行的鬥爭，難道不是為了這個理想嗎！我們之間有什麼根本的利害衝突？有什麼理由不團結起來呢……"

我和海強越聽越慚愧，兩個人都深深地低下了頭。苦根突然放開我們手，滿腔激情地吹起了《國際歌》。

"團結起來到明天，英特納雄耐爾就一定要實現！"這激越昂揚的笛音中，我和海強再也按捺不住心中那海潮般奔騰的激情，兩個人含著激動的淚花，把兩雙佈滿繭花的大手握得那麼緊，搖撼得那麼久……笛音，似春風融化了我們感情上的冰川，似號角鼓起了我們胸中的鬥志！

笛音傳到村裡，社員們都循聲起來了！青年們、孩子們，紛紛拿出竹笛，加入了合奏。……

親愛的同志，我真不知道該用什麼樣的辭彙來描繪這使人難以忘懷的場面，這是一曲多麼激動人心的笛子合奏啊！在英勇的小郭戰鬥過的地方，如今又響起了氣勢磅礴的《國際歌》！我彷彿聽見我們的笛音化成了一股巨大的聲浪：小郭啊，你那戰鬥的笛音永遠不會中斷走調，你那未竟的事業一定成功！

彈指之間，八九個年頭過去了。苦根仍在部隊服役，我已成了大學中文系的學員，海強也被貧下中農選送到醫院學醫去了。幼時朝夕相聚的戰友，已經許久沒能會面了。但是，每當聽到那清脆悅耳的笛音，我就彷彿覺得兒時的夥伴就在身邊；而當想起苦根海強之時，我也總以笛音寄託那深切的思念。

　　三天之前，在畢業聯歡會上，當我演完笛子獨奏，在熱烈的掌聲中走下舞臺時，同時收到了兩封遠方來信：苦根告訴我，已被批准復員退伍；海強來信說，學醫進修已經結業。他們的志願跟我一樣──在烈士鮮血染紅的故鄉土地上紮下根來，爲縮小三大差別，實現共產主義理想而奮鬥終身。我展開信箋，彷彿覺得這兩張潔白的信箋上，躍動著兩顆火紅的心，疊印出兩張熟悉的面龐……啊，闊別已久的夥伴們又將聚首會面，怎不叫人心潮逐浪，浮想聯翩！？

　　此刻，我在開往故鄉的雙體船客艙裡，搖望著水天交接之處那明珠般的寶島，辨聽著身邊旅客們嘴裡傾吐出來的鄉音，頓時，一種對於故鄉草木山水、鄉鄰親友的思念佔據了整個心頭，眼前浮起了苦根，海強的面龐……

　　這時，從雙體船另一間客艙裡，傳來了動心奪魄的笛音。那激越明快的旋律，那渾厚圓潤的音質，撥動了我的心弦，扯開了我的腳步……

　　循著笛音望去，吹笛的是位軍人。他穿一身洗得發白的軍便服，身邊放著一個打得有棱有角的背包，在他旁邊有個身穿土布衣衫，肩上斜挎著紅十字藥箱的赤腳醫生，正屏息凝神地聆聽著那清脆悅耳的笛音，眼睛一眨不眨地注視著垂在竹笛末端的火苗似的紅纓。眼前這兩個人，不就是苦根和海強嗎？啊，闊別多年的戰友，又在笛音中走到一起，即將並肩攜手踏上新的征程了！

　　“團結起來到明天，英特納雄耐爾就一定要實現！”我和海強一起隨著笛音唱了起來。笛聲和歌聲交融在一起，在無邊無際的大海上回蕩往復，傳得很遠很遠……

（原載《朝霞》1975 年第 10 期）

生活的大書

徐 開 壘

　　陽光燦爛，晴空萬里，我們又迎來了秋高氣爽的季節，又迎來了社會主義祖國無比輝煌的國慶佳節。在這樣的時刻，你扳著指頭，在想些什麼呢？我說我們每個人過日子，猶如接著一個總的主題 —— 奔向共產主義大道，在各自寫一本大書。這些生活大書，有的篇幅浩瀚，如大江東去，一瀉千里；有的內容結實，而意境深遠；有的絢麗多彩，但又從容不迫；當然，也還有不少寫的比較平淡，甚至鬆鬆垮垮，像一篇結構不夠謹嚴的散文。但即使如此，每個人手裡的這部大書，一到某一階段，總也還是要更換章節，來結束舊的段落，開始新的一頁吧？這個階段，我說最恰當無過於送往迎來的年年國慶日。

　　這樣說來，那麼我們各自已經寫到了第二十六章。在這個時候，你曾經翻閱過你那本大書，重溫一下你親自寫下的那些章節嗎？按照我的職業習慣，在這樣一個場合，我更樂於去讀一讀別人寫的生活大書，因為這不僅僅工作需要，還有助於自己生活的充實，有助於自己對生活的認識。

　　那年秋天，我在崇明圍墾區生活。當時，這個地區經過一萬多人的十多個月的辛勤勞動，已經初具規模了。當年杳無人煙的荒灘影子已在這裡消失，東西兩端大路已經築成，筆直的河道也已橫貫南北；圍墾初期的蘆葦棚也陸續拆除，大批興建的瓦屋木房，代替了民工當初用以遮風蔽雨的環洞舍。地裡開始種起了莊稼,電源剛剛接通,職工宿舍裝上了電燈,家屬正開始不斷搬進新工房,人們正以無限讚歎的眼光,抬頭看著第一夜發光的電燈,回顧著這一年來又辛苦又甜蜜的圍墾生活。正在這時,忽然有個人拉著我的衣袖,把我從房子裡叫了出去。

站在我們曾經為它在風雨中並肩戰鬥過幾個晝夜的堤壩上,他悄悄地告訴我:他已經報名參加青年突擊隊,準備離開這裡,到新的圍墾區去了。在那邊,和這裡開創初期一樣,只有一片荒灘,一片蘆蕩,沒有河流,沒有樹木,沒有大路,沒有房子,連喝一杯水都要跑幾里路;勞動的時候,手指和腳要經常淌血……

這個消息,出於我的意外,因為他在這裡度過了最艱苦的鬥爭年月,而現在卻放棄了金色的果實。我有點愕然。但立刻我又明白了:這個民工是在他的生活大書裡,用他一往無前的氣概,結束了舊的一章,開始了新的起點。而這正是國慶日的前夕。

幾年以後,我又在另一個地方,迎接國慶日。那是在紫金灘,在新安江水電站工地。當時圍堰築壩工作結束了,在四十米高的水泥墩上架起了四十噸重的鋼樑,世界罕有的閘門也已沉放完畢,工程建設中所有最艱苦的勞動都已過去了,在機房裡已經響起了水輪發電機的巨大轟鳴,連明亮的招待所、幼稚園、電影場也已造好。許多人已被安頓在有家屬可住的宿舍裡。可是我在一個即將動手拆除的臨時工棚裡,卻看到一盞破舊的汽油燈。一個安裝工人給我介紹說:「這是我們第一批安裝工人來到這裡用的第一盞燈,那時工地可不像現在這樣。」

原來這盞燈曾經在這個水電站初創時期起過巨大的作用。當時這裡還是一片荒山野嶺,正是這盞破舊的汽油燈,伴著第一批的幾個先行者到這裡來趕夜工。它用黯淡的燈光,來探索長年沉睡的深山,給深山的夜帶來第一道光明。於是,「迎接國慶日,歡呼新安江水電站開工」的紅色巨型橫幅在山腰上掛起來了。然後來到深山野嶺的第一批安裝工人,他們冒著生命的危險,用第一聲炮響，把深山的千年沉默打破。接著，就是更多的工人來參加開山、填土、圍堰、築壩，然後架起了高壓線路，把強大的電流送往長江三角洲，使許多工廠有了充足的電力，使許多村莊裝上了電燈。

這裡，我想給人們介紹一個工人參加第一個夜工時犧牲生命的故事。這個工人年齡不大，但戰鬥經歷十分豐富；他的個子不高，但慣於爬山越嶺，善於在高空中，為社會主義建設事業英勇作戰。正是在第一個晚上，他擎著一盞汽油燈，領著一個測量小分隊到懸崖上工作，因為一個意料不到的事故，使他從一個陡壁上摔了下來，人犧牲了，燈卻在人滾下山坡時，在非常危急中，被勇敢的死者拋掛在山上一根樹枝上；後邊的人追上，發現它的光亮竟然未熄。

正是有了第一盞燈的第一道光亮，才有以後許許多多城市和鄉村的強大的照明。正是第一批安裝工人中的幾個先行者在深山黑夜中第一個腳步的探索，才有以後千千萬萬民工地動山搖似的勝利勞動。正是"迎接國慶日，歡呼新安江水電站開工"的第一條紅色巨型橫幅在山腰上出現，才有以後無限次的勝利歡呼。

感謝安裝工人擎著第一盞紅燈，給我介紹了它不平凡的經歷。從這破舊的燈罩上，我看到它輝煌的戰績；從安裝工人的笑臉上，我看到了第一批先行者，以他們勇敢的開創精神，給生活大書寫下的精彩的詩篇。

這些勇於創業的人們，他們正是用這樣九死一生的犧牲精神，來迎接我們的國慶日，為我們社會主義祖國的建設事業鋪錦添繡，因而使我們的節日更其光榮，更其輝煌。這些安裝工人慣於以國慶日作為他們戰鬥歷程的里程碑，一方面爭取國慶日前提早完成任務，另一方面又爭取國慶日前提早開始新的工程。他們從一個工地，轉到另一個工地；匆匆而來，又匆匆而去，但他們永遠是勝利者和開創者。在這些勝利者和開創者來去匆匆的腳步中，一座座水電站從荒山中建立起來，一個個村子亮起了燈光，一座座工廠有了充足的電力，因而得以高產。而這些建設者的生活大書，內容也就更加精湛，使讀者如深入寶山，在那邊取之不盡，用之不竭。

今年國慶日怎樣呢？就在這一節日的前夕，我在一個製造手錶的工廠裡學習搞社會調查。我在那裡住了三個月，和一個老工人一起勞動。這個老工人，他的工齡比我們國家造手錶的歷史要長得多。他是我們新中國的第一代手錶工人，他參加過我國第一隻手錶的製造。他懂得為什麼我們要自己製造手錶的道理。在這個廠裡，他是個全能工人，他在每個車間都幹過，他對每一操作都挺熟練。他幹活，對自己要求嚴。國家規定每只手錶誤差不能超過三十秒；他主動給自己下個規定：誤差不超過五秒。在他手裡裝配出去的手錶，數以萬計，而在操作過程中，他從不曾讓自己有一秒鐘的絲毫疏忽。他全神貫注對待每一個眼子，每一個零件，像個詩人對待自己的詩句，每個字都要細細推敲。他的八小時，是嘔心瀝血的八小時。從他手裡裝配出來的手錶，和社會主義祖國的北京大鐘分分秒秒符合。

奇怪的是，在他自己的手腕上，從不曾戴表。人家說他把他的手錶戴到他的腦袋裡去了。他自己本身對待社會主義建設的態度，就是一隻準確無誤的鐘錶。有一天，他病了，但是為了爭取如期完成車間產量計畫，他當天連續幹了十二小時的活，而且仍嚴格遵守操作的規程，保持著高度的品質標準。

他不僅在生產上保持著高產優質，而且還認真培養接班人。這是他在無產階級文化大革命以後認識的新問題。去年國慶日以後，上級公司分配來一批新工人，廠部把他們分派到車間，車間的老師傅們各按著自己的標準來挑選藝徒，他也振作精神，興高采烈地揀了幾個粗手大腳的青年，別人對他說：「我們手錶廠工人，做的是細活，該挑那手指靈巧，頭子活絡的；你怎麼盡挑那些粗手大腳的？"他說："別小看這些小夥子、大姑娘粗手大腳,他們經過農村鍛鍊,心裡有幾億農民,凡事有全局觀念,不會錯的！"

那些從農村來的小夥子、大姑娘,果然不出別人所料,一坐上操作臺,拿起比針頭還細的手錶零件,只覺得力氣無處使,很不習慣。他們捏了六七年笨重的鋤頭柄,熬慣了驕陽曬、冷雨淋的露天活,現在讓他們穿上白色工作服,換上塑膠拖鞋,來到這一塵不染的車間,弄那小玩意兒,咋能適應？師傅卻胸有成竹,很有耐心地給他們講這講那,說一切都要按他那個標準去做,分毫差不得；最後說："這好比種莊稼,啥時候種,就該啥時種,啥時候收,就該啥時候收！誤了時,豈不誤了莊稼！"這些小青年一想到搶收搶種,勁頭就來了。他們嚴格按照師傅關照的做,一點兒也不越出師傅指定的範圍。頭幾天,做得慢。師傅說："慢點不要緊,要緊的是要符合標準。"隔一個時期,生活逐漸熟練了,師傅改了口："現在得抓緊一些,手錶光銷城市不行,農村也需要。"於是這幾個經過農村鍛鍊的青工,勁頭更加足,他們想："貧下中農大熱天幹活,有時口渴要跑幾裡路才能喝到溪水,我們坐在有冷氣設備的車間裡做工,還有酸梅湯喝,我們還不加緊幹？"這些青工原是生龍活虎,哪經得起如此強烈的出自內心的鼓動,他們捏慣了鋤頭鐵塔柄的雙手,終於很快完全適應了開機器,拿鉗子,跟一百幾十個細小的手錶零件打交道,使它們互相親密協作,眾志成城,像個堅如磐石,不可分離的大集體。一年過去了,這幾個經過農村鍛鍊,吃過大苦,耐過大勞的藝徒,有一天干的活終於全部超過了師傅。這時師傅呵呵地笑著對我說："我說這些粗手大腳的小夥子、大姑娘有辦法,他們就是好嘛！"我也一下被逗得活躍起來,對我們這個主角的勝利,感到渾身心舒暢,一種不知哪裡來的敏感,使我豁然開朗,發現他原來不單在生產上是個傑出人物,在另一條戰線上他也不愧是個常勝的英雄。

　　就在國慶日即將到來的那些日子，廠裡成立一個新表試製組，要試製一種新型的有日曆的手錶，領導和群眾都選他當組長，還把他培養的幾個藝徒全都歸到試製組裡去。這時，恰好有個資本主義國家的專家到上級公司來訪問，消息傳過來，說那專家在座談會上給我們傳經，形容他們為了製造鐘錶，保持環境清潔，工廠周圍特地開闢河道，馬路用塑膠地板鋪成，連電線木杆都不讓裝，把那路燈裝在路旁地道上，然後用不碎玻璃襯著，把亮光反映上來。有些人聽了，有點兒膽怯，對師傅說："人家條件就是好。"師傅一聲不響，卻悄悄地開了個小組會，問大家："有沒有給這個傳聞嚇倒？"有個藝徒回答："嚇哪裡嚇得倒？只是……"師傅說："只是什麼？只是人家條件好嗎？只是我們條件差嗎？我看這個不要緊，我們條件也不差，我們有團結，有信心，有革命的勁，還有馬列主義觀點、毛澤東思想，人家有嗎？"師傅說這個話，不是一句空話，他從此天天提前一個鐘頭上班，給試製車間做清潔工作，揩車、拖地板、擦玻璃窗不算，還做玻璃罩來保護零件，務必不讓有點兒細塵輕灰侵入手錶機件裡去。藝徒一個也不掉隊，按著師傅上班的時間上班，按著師傅心眼兒把每一隻零件都當作寶貝兒，跟著師傅搶做清潔工作。師傅瞧著幾個粗手大腳的藝徒，都一個個地變成屏息靜氣的"護士姑娘"；又抬頭環顧車間，禁不住笑起來："我說嘛，我們迎接國慶，就要有這股子勁，能文也能武，人家花一分力氣我們花十分；人家花十分心思，我們花百分！天天要有這樣一股子勁！不信我們就製造不出新表！"

　　和這位老師傅的接觸，使我隱約地看到這個師傅所寫的生活大書。他的那本大書，看來平平淡淡，缺乏曲折離奇的情節；但仔細一讀，意境深遠，其味無窮。他的書不是用普通五號字排的，是中國工人階級通過無產階級文化大革命，用大號字的氣魄寫出來的。而我們偉大祖國的國慶日，它所檢閱的輝煌戰果，正是由於有這樣眾多的用大號字寫生活大書的勞動者，生活在祖國每一個角落裡。他們的勞動從來沒有一刻鬆弛，他們的戰鬥從來不曾停歇，他們總是自覺地嚴守著革命的紀律，緊跟著社會主義革命和建設的步伐不斷前進，因而他們的生活大書段落分明，結構嚴密，一層深似一層。我願永遠是這些大書的忠實讀者，像小學生那樣，心無兩用，晝夜勤讀。

　　面臨國慶佳節，既翻閱別人的大書，又查一查自己的小書；你是怎樣想的？你感覺到你寫的那本有點像行雲流水，飄忽不定嗎？還是已經下定決心，要在這樣一個美好節日裡，以無產階級先鋒戰士的生活為榜樣，用自己的行動，開始寫那新的章節，來深化主題呢？

（原載《朝霞》1975 年第第 10 期）

高擎長征的旗幟

魏　鋼　焰

　　一九三五年一月，在貴州山城遵義，一座灰牆飛簷的小樓窗上，灑滿了燈光。這燈光，逼退凜冽的冬風，映紅皚皚冰雪，點燃了革命的航燈。

　　有多少紅軍戰士和窮苦人熱望著這金色的樓窗啊！他們也好像置身於這個扭轉乾坤的會議之中，以烈士的鮮血控訴機會主義，舉井岡的紅旗讚頌毛主席的革命路線。佇立在冬夜裡的戰士們，寒風刺骨不覺冷 —— 毛主席在他們心中點起了希望的火啊！午夜沉沉不覺暗 —— 抬頭望，遵義城頭北斗明啊！

　　長征四十年，彈指一揮間。多少次黑雲壓城，多少次惡浪險風，擋不住革命在惡浪中前進，阻不了戰士在拚殺中成長。今天啊，革命人民高擎長征的旗幟，正在朝著共產主義的偉大目標，意氣風發地向前挺進，續寫著長征開創的歷史新篇章。

　　你看！英雄的大慶，不就是這樣繼續著艱苦奮鬥的光榮革命傳統，開始了新的長征嗎？他們是在那寒流滾滾的日子裡，衝上來的一支熱隊伍。四月的寒夜，雪原上，有個標杆井隊，正圍坐在紅彤彤的篝火旁。一個年輕的徒工烘著那沾滿泥雪的褲腳，望望四周綿延不斷的篝火，得意地喊：“真有點長征味兒。”“長征是什麼味兒？嗯？小鬼！”一個花白頭髮的領導幹部插進來坐下，鑽工們圍攏來，要他講長征故事。他從一個工人手中，拿過《毛澤東選集》，托在掌心裡掂掂，深沉地說：“要懂得長征，就要先懂‘兩論’。沒有毛澤東思想的指引，就沒有長征的勝利，就不能戰勝王明和張國燾的機會主義路線，就不能識破資產階級野心家。同志們，今天，我們要開始新的長征，就要‘兩論’起家！”

學"兩論"，舉紅旗，大慶工人不信邪，不怕鬼，眼觀大局，胸懷五洲，狠抓主要矛盾，爲革命承擔壓力。在會戰最緊張的時刻，鐵人病瘦得鎖骨失形，躺在床上。徒弟看他不肯住醫院，急的哭了。鐵人說："哭什麼？只要明天能拿下油田，今天我死在鑽臺上也是高興的。寧肯少活二十年，也要拿下大油田！"當他聽到鄰隊的方鑽杆壞了，便硬掙扎起來要別人把自己隊的新方鑽杆送去。有人按住他說："我明天一早送去。"鐵人忽地往起一立："等什麼？中國幾億人在油管跟前，等著接大慶的油咧！"他把蓋著的大衣一甩，說："出發！"

學"兩論"，舉紅旗，大慶工人衝破思想牢籠，堅信實踐第一，堅信人民是創造歷史的主人。爲了打擊帝、修、反，甩掉石油落後帽子，他們不分你我、服從指揮；不分職務、齊上火線！當午夜來臨，那一望無際的雪原上，篝火正燃燒得有聲有色。火光中人影搖動，鋼鐵鏗鏘，幾萬雙手臂在揮動，幾萬張嘴在喊著號子，這哪裡是幾十路人馬，這分明是一個頂天立地、扭轉乾坤的巨人！他可以彎腰伸手把這片草原揭起來，讓原油流得成河成江！這巨人的名字就叫大慶！就叫王鐵人！就叫無產階級，就叫長征戰士！

紅軍長征時，在戰火中前進，用刺刀開路，面對的是拿槍的敵人。今天的長征，更要進行沒有槍聲的戰鬥，要在不見硝煙的戰場上拚刺刀，要消滅拿大旗當虎皮的敵人。英雄的大寨，就是這個戰場上的鐵膽英雄！

就說一九六四年的那場鬥爭吧：一面殺氣騰騰的"桃園經驗"黑旗擠進了大寨。在那黑風翻卷的日子裡，大寨黨支部在石灰窯上開了支委會。支委們壓不住心中激憤，議論道：革命難道有罪？爲什麼有人如此仇恨大寨紅旗？虎頭山啊，你見過大寨貧下中農的紅心；狼窩掌啊，你見過大寨貧下中農的鋼骨。一百八十三條大石壩，是我們爲社會主義壘起的層層基石，是大寨和資本主義作戰的戰壕掩體……支委們深情地巡望，看見經過這一場沒有槍聲的戰鬥的一草一木、一山一石，仰望著在碧空中飛舞的戰旗——這是毛主席爲全國農業樹起的紅旗啊！他們好像看見毛主席那洞察一切的目光，那親切熱情的笑容。他們從心頭迸發出震撼山河的呼喊："毛主席！我們跟你走定了！"這情景，怎不叫人想起遵義山城那個寒風凜冽的夜晚，那扇灑滿燈光的窗戶，那些望著遵義城頭升起的北斗而熱淚盈眶的戰士們哪！

新的長征，無產階級要進行全面佔領上層建築各個領域的大進軍。我們必須奪取上層建築領域裡那些資產階級世襲的"瀘定橋"頭，跨過佈滿"香風"迷霧的"草地"。否則，就會像列寧的故鄉那樣，不打一仗而全軍覆沒，不鳴一槍而葬送革命。我們必須永遠高舉六盤山上漫捲西風的戰旗，從一個長征進入另一個長征。南京路上好八連，就是在糖衣炮彈轟擊下，不屈不撓地屹立在霓虹燈下的紅軍後代。

當上海硝煙尚未散盡的時候，一些躲在蛇洞裡的買辦、大亨們咬著牙說："不出兩個月，就叫你們紅的走進來，黑的倒下去！"兩年過去了，二十六年過去了，我們的好八連，紮根於上海的工人階級和人民之中。他們挽手並肩，宛如井岡五嶺矗立於黃浦江岸。我們的好八連，穿著革命先輩穿過的草鞋，在柏油馬路上堅定地穩步前進。這鞋子，沒有鏗鏘的聲音，卻震響了整個上海。沙沙的腳步聲，就像長征的戰鼓，激蕩著上海革命人民的心海，嚇怔了那些陰暗角落裡的蛇蠍毒蟲。

在這場新的長征中，偉大領袖毛主席親自擂響了無產階級文化大革命的戰鼓。誰能忘記那難忘的歲月啊！天安門廣場，戰旗林立。當毛主席穿著軍裝，出現在天安門上，廣場中的無產階級文化革命的大軍潮湧雷動。毛主席熱切地望著這旗海人潮，有力地揮著手臂。這時刻，人們又彷彿回到那高高的六盤山巔，聽見"今日長纓在手，何時縛住蒼龍"那雄渾有力的聲音。當我們重溫毛主席《在中國共產黨第七屆中央委員會第二次全體會議上的報告》中講的"奪取全國勝利，這只是萬里長征走完了第一步。如果這一步也值得驕傲，那是比較渺小的，更值得驕傲的還在後頭。在過了幾十年之後來看中國人民民主革命的勝利，就會使人們感覺那好像只是一齣長劇的一個短小的序幕。"這段話，是如何深感肺腑啊！毛主席啊，我們懂得了，無產階級革命的正劇開始了，一個更深入更長期更艱鉅的長征開始了！

毛主席親自發動和領導的無產階級文化大革命，摧毀了劉少奇、林彪兩個資產階級司令部，馬克思列寧主義、毛澤東思想的光輝普照全國。沿著毛主席的革命路線，走著千千萬萬自覺地用無產階級專政理論武裝起來的戰士！他們就是革命的未來，就是中國的鐵打江山，永不褪色的紅旗！

那些揮舞核武器，妄想嚇倒中國人民的人，請聽聽手扶拐杖的老大娘，在政治夜校裡，如何激憤地批判拉薩爾的修正主義吧！聽聽上海紗廠的第一代女工講《資本論》中的"原始積累"吧！聽聽十八九歲的年輕徒工如何在大學講臺上剝開叛徒考茨基的畫皮吧！請看看千百萬知識青年，就是帝國主義預言家所幻想的第三代、第四代們，如何像當年背著小馬槍的紅小鬼，走在老書記、老貧農身邊，在革命先輩戰鬥過的地方，披荊斬棘地進行嶄新的偉大長征吧！看看接過長征火炬，和老年戰友並肩攜手，挑起各級領導重擔的"兒童團"，如何胸懷朝陽，滿腔豪情地闖雄關、劈大路吧！看看滿頭白髮、遍體創傷的紅軍老戰士，是如何有官不做，有樓不住，有功不居，硬要腳穿草鞋，身住茅屋，手持鋤頭，破除資產階級法權思想，為"兩個決裂"獻身戰鬥吧！這一切，才是比那些核武器更厲害的武器，更強大的力量！

　　我們的前途是無限光明的。但是要看到，前進的道路上還有著重重山，層層霧，經過一個長征又一個長征的中國人民，定會更高地舉起長征的旗幟，越高山，驅迷霧，沿著毛主席的革命路線，團結一致，奮勇向前，爭取更大勝利！

　　　　　　　　　　　（原載《光明日報》1975 年 10 月 19 日）

草 鞋 頌

韶 山、井岡山、遵 義、延安創作組

> 八月桂花飄滿林，
> 打雙草鞋送親人。
> 窮人只有一條路，
> 穿起草鞋找紅軍。

這是老蘇區人民傳誦的一首歌謠。我未參軍前，在我的家鄉，當人們一講到革命戰爭時期的艱苦歲月，就有人提起這首歌。而我真正領會這首歌的深刻含意和歌中反映的偉大精神，還是我來韶山 —— 光榮地成爲韶山警衛連戰士以後的事。

初春的早晨，東方欲曉，連隊就吹起了出操的軍號，項目是爬山比賽。老戰士們一個個像出山猛虎，迎著朝霞，衝破乳色的晨霧，在陡險的山徑上，兩腳生風，疾速而上。我因剛入伍，在學校雖是個長跑能手，但崎嶇陡險的山徑畢竟不是平坦大操坪的跑道，我奮力追趕，有時指導員還關心地拉我一把，但山徑越上越陡，路險坡滑，滾了一身泥，還漸漸落後了。一落後，彷彿兩隻腳更加沉重，肚裡也餓得咕咕直叫。一直在觀察和關照我的指導員，這時瞄了瞄我的雙腳，說："來，小蘆，穿上這個！"說著從腰間摘下一雙金黃嶄新的草鞋。他不待我遲疑，把我按在青石板上，邊幫我套草鞋邊說：

"這是韶山人民的革命鞋、傳家寶，穿上它爬山又穩又快，保證能跟上前進的部隊！"聽著指導員的話，好像有一股熱流湧

遍我的全身。我登上草鞋，帶著莊嚴的心情向指導員敬了個禮，轉身向上攀去。果然腳不再打滑，步子也彷彿輕快多了，一直緊隨部隊攀上了高高的峰巒⋯⋯

這是我對韶山草鞋第一次深切的感受。登山回來後，我向指導員打問那雙草鞋的來歷，指導員深情地笑笑說：“怎麼？那鞋挺好穿吧！”我感激地點點頭。指導員笑著拍了拍我的肩膀：“小鬼，那也是位老阿公送給我的，韶山人民送給我的。你要打問，我先告訴你一首歌。”說著指導員從上衣袋裡掏出一個小紅本本，打開來遞給我說：“你先看看！”我接過紅本本，幾行字立即映入我的眼簾：

> 紅軍穿的革命鞋，
>
> 今天我們接過來。
>
> 步步緊跟毛主席，
>
> 風吹雨打腳不歪！

寫得多好啊！“這是你寫的嗎？指導員！”我激動地問。

“不，這是韶山人民寫的！也說出了我們革命戰士的心裡話。這是我們部隊向地方學習的重要一課！小鬼，今後你多留心點就知道了。”

聽指導員這一說，想起家鄉老蘇區那首革命的歌和今天韶山人民的歌，使我對革命草鞋有了更加深厚的感情。在以後的日子裡，我更加留心起韶山的草鞋來。

我發現，韶山，像祖國千萬社會主義新農村一樣，解放後經過土改、合作化、公社化，尤其是文化大革命後，糧食畝產過千斤，戶戶一色新。過去終年的赤腳佬、泥腳杆，現在不僅有布鞋、膠鞋、涼鞋、棉鞋，不少人逢上節日，還穿上了皮鞋。但英勇的韶山人民一刻也沒有忘記草鞋，在興修水利的工地上，在平整土地的田野裡，在衝裡衝外的阡陌上，我們都可以看到腳登草鞋、戰天鬥地的人們。在政治夜校的講堂上，在毛主席舊居金色油燈下舉行入黨宣誓的人們中，我們也可以看到腳登草鞋的革命青年。他們還把草鞋當做革命的禮物，送給去參軍、上大學和支援工業建設的親人，送給前來韶山參觀學習的遠方朋友。……

人們告訴我：踏遍青山人未老，草鞋精神不可丟！

他們在紀念品上寫道："發揚革命草鞋精神，打垮資產階級思想的進攻！"……

革命草鞋精神究竟是一種什麼精神呢？前不久，我到韶峰那邊去執行一個任務，才使我有了進一步的瞭解。

為了學懂弄通無產階級專政的理論，為了更好地向韶山人民學習，指導員派我到大坪去請老阿公給部隊講一堂課，順便瞭解一下他們大隊學習的典型事例，一大早我就上路了。我剛走到八裡衝，老阿公正巧向我迎面走來。他腳登草鞋，健步如飛，好像有什麼急事。我驚喜地叫道："老阿公，我正要找您，這樣早您老人家上哪兒去？"老阿公一見是我，呵呵笑道："原來是小盧啊！我準備去走個人家，送點禮物。"說著把手裡的尼龍網袋提了提。我一看，網袋裡裝著一雙金黃色的草鞋。我奇怪地問："您老人家拿這草鞋送誰呀？"

老人笑著說："送給我的一個親戚。"

"他是誰？離這兒多遠？"

"不遠，就在隔壁公社。一個穿草鞋長大的幹部，現在他有些看不起草鞋了，你說奇怪不奇怪？"

聽老人這一說，我忙把自己的來意告訴他。老人聽後，很爽快地笑道："行！我就去把韶山的草鞋說一說，也去向你們子弟兵學習學習！走，先同我去串串門怎麼樣？"

我想這是個很好的學習機會，便欣然同意了。

老人雖年過七旬，但腰膀硬朗，像勁松般蒼健，白髮銀鬚，多皺的臉龐顯露出健康老人特有的童顏。他性情豪爽而健談。一路上，他的話像潺潺的山溪，注進我的心田。

　　韶山的草鞋，它為革命建立了不可磨滅的功勳，它給多少革命戰士以鼓舞和力量啊！當年，我們偉大領袖毛主席穿著它，揮巨臂，喚起工農千百萬，起來推翻三座大山，開創革命的前程。他老人家又穿著它，踏遍三湘四水，出入茅舍農家，與農協會員促膝談心，寫下光輝的巨著《湖南農民運動考察報告》，給陳獨秀右傾機會主義以迎頭痛擊，使中國革命的航船，繞暗礁，過險灘，開闢了武裝革命的偉大航程。多少韶山農民穿著它，緊跟毛主席幹革命，踏上了土豪劣紳的脊樑；高舉大刀長矛，扛起松榆炮，打垮國民黨反動派一次又一次的進攻。在跟毛委員上井岡山的征途中，一位赤衛隊員負傷了，熱血染紅了胸前的衣襟，他含著淚花，掙脫要背他的戰友的手，解下繫在腰裡的一雙草鞋，說：「我不行了，你不要管我。把這雙草鞋帶走，革命的道路還長啊！」在井岡山反「圍剿」中，一個紅軍戰士犧牲了，臨終時，他從挎包裡取出一雙草鞋，抓住指導員的手說：「這草鞋，交給新戰士穿上去殺敵吧，請組織收下！」紅軍就是靠這種草鞋行軍、打仗、送信、運糧，送子彈。在井岡山的密林中，長征的雪山草地上，滾滾的延河旁，刻印著多少革命草鞋的印跡啊！

　　老人的敘述，像松濤滾滾，狂飆呼呼，滾過我的心頭，我感到熱血沸騰，周身發燙。誰知老人說到這裡，陡然煞住話，回頭望了我一眼說：「可是解放後，有人就反對穿草鞋。還有人罵我們是『草鞋幹部』，穿草鞋是『遊擊習氣』！你看像話不像話？」

　　老人接著深沉地說：「資產階級看不起革命草鞋，那不奇怪。現在我們有個別穿草鞋長大的人，也開始看不起草鞋，你看多危險！毛主席說：『林彪一類如上臺，搞資本主義制度很容易。』要我們學習無產階級專政的理論，堅持黨的基本路線，限制資產階級法權，真說到我們貧下中農心裡去了！」

　　「那你要送給草鞋的是什麼人？」我氣憤地問。

"喏!"老人又提了提尼龍網袋,"就是我的那個親戚。"

原來去年寒假,老人的孫子毛遠征從北京大學回來,穿上爺爺給的草鞋,踏著老一輩英雄的足跡,爬山涉水,出入農舍,進行社會調查。一天,他來到舅舅家。舅舅是個公社幹部,見遠征腳套草鞋,挎把雨傘,心裡很不高興,關心而帶責備地說:"遠征,你是北京大學的學生,怎麼還穿得咯樣,農民不像農民,學生不像學生的。"遠征奇怪地望了舅舅一眼,笑笑說:"舅舅,學生應該與工農兵相結合,我們工農兵學員更應該這樣呀!"舅舅沒有回話,轉身從屋裡拿出一雙新皮鞋來:"你脫下草鞋洗洗腳,把這鞋穿上。你家祖祖輩輩沒出個大學生,你去年上學時我沒來得及送禮,今天你來了就補上吧!"遠征越聽越覺得舅舅的話不對味,但還是笑笑說:"舅舅,我是利用寒假回來學習搞社會調查的,下午還要趕到桃林那邊去,穿皮鞋太重,穿草鞋輕快些……"舅舅不等他說完,把皮鞋往他手裡一塞,擺出一副長輩的面孔說:"行啦!你搞社會調查我支持,下午我調一部拖拉機送你去,叫大隊召集幾個幹部座談一下不就行了。大學生穿草鞋東顛西跑的像什麼樣!"遠征一聽也認真了:"舅舅,你是穿草鞋長大的人,現在看不起草鞋,你想想對嗎?"……

老阿公聽了這事,叫孫子寫了一封長長的信給舅舅,但好久沒有回音。幾天前,舅舅突然給遠征來信了,說通過學習無產階級專政的理論,想起這些年來自己思想作風的變化,深深感到不安……

老人說到這裡,又笑著提了提網袋說:"喏,我給他送這雙草鞋去,要他對頭腦中滋長的資產階級法權思想專專政哩!"

聽了老人熱情洋溢的敍述和發人深省的介紹,我激動不已,聯想翩翩,更進一步領會了可貴的草鞋精神。"接過紅軍革命鞋","風吹雨打腳不歪"!是啊,革命前輩腳穿草鞋,不畏艱險,英勇奮戰,前赴後繼,我們也必須保持艱苦奮鬥的光榮傳統,爲加強無產階級專政而努力作戰！

　　回到營房，我激動地寫下這《草鞋頌》，作爲自己學習韶山人民革命精神的一個新的起點。

　　　　　　（原載《紅軍路上》人民文學出版社，1975 年 12 月版）

韶　歌

韶山、井岡山、遵義、延安創作組

　　不知何年始，就留下這美妙的傳說。

　　相傳在唐虞時代，舜帝有次南巡來到韶山，他望見這巍峨的群山，蒼翠的林海，疏落的茅舍和氏族人群，感興生發，便攀上挺拔的韶峰，奏起悠揚的音樂來，祝願山衝的氏族像蒼松挺立，四季長青，吉祥如意，幸福美滿……韶峰也由此而得名，傳說是多麼的動人啊！

　　傳說本是古代人們的一種美好幻景，也是無需考究和無法考證的。而歷代反動統治階級卻利用它，做出很多文章來。從孔老二的"子在齊聞'韶'，三月不知肉味"開場，以後的反動儒生們就大談其"韶"。孔丘之輩談"韶"之意不在"樂"，而在於"頌古"和"法先王"，在於借此推銷他們本階級反動、頹廢的音樂，以達到維護反動統治的目的。這是需要徹底戳穿和批判的。前不久，我們在韶山採訪時，一位老嚮導對我們說，他聽到過"真正的韶樂"。這倒使我們產生了很大的興趣。

　　那是五月的清晨，英雄山衝還被晨霧籠罩著，陽雀子剛剛啼明，老嚮導就催我們登程了。這是一位韶山的老自衛隊員，白髮銀鬚，已年逾花甲。但古銅色的臉龐上，有著一雙深泉似的大眼，明亮澄澈，彷彿能鑒照萬物。

　　我們看要這樣一位高齡的老人爬山引路，實在有些過意不去。他似乎看透了我們的心思，笑道："你們莫客氣，我不是專陪你們，我還要上山聽聽‘韶歌’吶。"

"韶歌！？"我們很有些驚疑。

老人呵呵笑道："怎麼，你們不敢相信吧，這是我們韶山人的歌啊！呵呵……"

這時，太陽還未出山，晨霧映著綺麗的朝霞，被清風牽動，似彩綢起舞。四周山巒上紫氣騰騰，只見青松翠竹時隱時現，猶如海市蜃樓，氣象萬千。望見璀燦的晨光，想起老人的話，更逗起我們的聯想，問"大爺，你老人家真聽到過韶歌嗎？"

"聽過，我還唱過哩！"老人邊走邊認真地回答。

沉默了一會兒，他又戲謔地笑道："這歌是不是舜帝奏的，我不清楚。它也不像孔老二說的那麼高雅。這是我們韶山農民世世代代相傳的一個歌。小時候我就聽爺爺唱，爹爹唱，後來我也唱過。"說著，他便輕輕地給我們哼起來：

　　農民頭上三把刀，

　　租多稅重利息高。

　　農民眼前三條路，

　　逃荒討米坐監牢……

歌聲沉悶而悲憤，好像雷雨前天邊滾動的悶雷，在山谷低低地迴旋。彷彿還伴著女人的哭泣，孩子的啼叫，老人的歎息。是的，這確實是舊時代韶山農民的一首歌，是農奴們對黑暗舊世道的控訴和起來造反的前奏！也是對反動儒家所聲稱的"韶樂"的一個絕大的諷刺！但這與傳說中的"仙樂"有什麼聯繫呢？

老人似乎看破了我們的心思，回頭望了我們一眼，說："是的，這還不是真正的韶歌，真正的韶歌，是四十多年前我才第一次聽到，比剛才那歌就動聽多了！"不待我們發問，老人便給我們講開了故事：

那是四十多年前，深秋的一個晚上，老人從湘鄉那邊打短工回來，剛進村，突然聽到韶峰那邊傳來鏗鏘的鑼鼓和悅耳的歌聲，好像來自天上，又彷彿發自地底，滾滾蕩蕩，由遠而近。老人當時只有十七八歲，聽到這聲音，一下想起老爺爺經常講的韶歌的傳說，心裡又驚又喜，拔腿就往外跑，只見山前左邊的田壠裡，一條由無數火把連成的金光閃閃的火龍，衝破沉沉的夜幕，沸沸揚揚，翻躍滾動。那歌聲正是從火龍那邊發出來的，激越昂揚，驚天動地。接著，衝裡衝外的屋場上都響起了這支歌，整個韶山像春雷滾滾……

老人講到這裡，回頭望望我們，激動地說："這是我第一次聽到真正的韶歌，好聽極了！高興得我一夜沒合眼。"

"那是真的嗎？"

"怎麼不是真的！就在我們剛才走過的那條路上。"老人認真地向山下輕紗覆蓋的田壠指了指。"自那年後，韶歌還有個名字哩！"

"韶歌還有名字？"我們更詫異了。

老人謔秘地笑笑："有！叫龐韶秀。"

我們感到老人越說越玄了，甚至是有意跟我們逗趣。因為區委請他給我們引路，就是上韶峰那邊去訪問龐韶秀啊！雖然我們現在還未見到這位年近七旬的老太太，但關於她的事蹟，在我們的採訪本裡已零零碎碎地記了不少：據說土改後，頂住農村兩極分化的妖風，拉三個婦女，組織韶山衝第一個互助組的就是她。當時，一些地富分子對此又氣又恨，在背後吹冷風說："人大分家，樹大分枝。這是聖言天理。她們不走順道走反道，五穀六神都不會答應，稻子是不會結穀的。"龐韶秀和她的老姐妹們，拉著牛，扶著犁，在田野裡響亮地唱道：

> 不信菩薩不信天，
> 婦女翻身齊爭先。
> 革命就要邁大步，
> 互助合作路子寬。

　　紅心向黨巧種田，

　　五穀豐登笑開顏。

　　回答得天搖地動，山河更色。一九六二年，劉少奇倒行逆施，派個工作組竄到韶山，到處鼓噪"三自一包"、"四大自由"，動員大家分田單幹。據說在一個座談會上，第一個起來跟工作組辯論的，又是龐韶秀。她跑上去拉住工作組長說："走走走！莫坐在房裡說瞎話，你跟我們先到田塅和屋場裡去看看，看人民公社這面旗有多紅，請社員群眾給你回答吧！"那組長驚呆了，不想去，龐韶秀卻不肯鬆手，硬拉著他去遊了一趟，在事實面前那組長無話可說了，她才放過他……

　　在我們的印象中，龐韶秀似韶峰上一株高大的勁松，是位繼續革命不停步的老人。而她的名字怎麼又是韶歌的名稱呢？

　　我們用疑問的眼光望著老嚮導，他卻似乎不願多做解釋。一直帶我們鑽過一塊松林，爬上滿坡杜鵑如霞的山坳，在一塊大青石上休息時，他一邊抽煙，一邊又興致勃勃地給我們講他那娓娓動聽的故事：

　　"……就在我看到火龍的那天晚上的下半夜，山衝下面'耷耳狼'的院子裡響起了槍聲。耷耳狼就是我們韶山過去所謂'四大善'中的一個，是個大惡霸地主，有名的假善人。在外面又與當時長沙的大軍閥許克祥是把兄弟。這傢伙仇恨火龍，害怕新韶歌，生怕我們窮人過好日子。許克祥在長沙製造的'馬日事變'一響槍，他悄悄溜回來也幹開了。第二天，火龍不見了，韶歌消失了……"老人講到這裡，沉痛地搖了搖頭。

　　我們被老嚮導這似神話、又似現實的故事深深地吸引了，忙問："那以後呢？"

　　老人沉默了一會兒，陡地抬起頭來，堅毅地說："不！火龍是趕不走的，革命的韶歌是壓不住的！二八年秋天的一個早晨，韶山又響起了那支雄壯的歌，火龍又出現了。在韶峰的山麓，開始升起一面紅旗，接著兩面三面，人們組成長長的隊伍，高唱韶歌，浩浩蕩蕩向東面進發。我爹爹告訴我，這是跟毛委員上井岡山去的自衛隊。我一聽，拔腿就向隊伍追去。誰知剛出村，山下耷耳狼的院子裡又響起了槍聲，靖衛團出動了，也朝隊伍進發的方向追趕。我正急得沒法，突然韶峰上又響起了韶歌，是個妹子在唱。耷耳狼他們一聽，又調過頭來，向韶峰撲去。那妹子卻一點也不怕，好像有意跟耷耳狼作對，還舉著一面犁頭旗，越唱越響亮：

> 工人、農民，
>
> 聯合起來向前進！
>
> 萬眾一心，
>
> 不怕犧牲！
>
> 殺盡貪官污吏！
>
> 打倒土豪劣紳！
>
> 我們要暴動，
>
> 我們要革命！……

老人激昂慷慨的述說，昂揚雄壯的歌聲，像松濤滾滾，震撼山谷，響徹叢林。晨霧也彷彿受了感染，在歌聲中輕輕地抖動。我們一下恍然大悟：是的！當年那農會會員高舉松明子和桐油燒燃的火炬，押著土豪劣紳遊鄉的壯烈場景，不就是一條衝破舊世界的火龍嗎！那喚起人民起來革命的韶歌，不是比傳說中的"韶樂"更雄壯動聽嗎！火龍橫空出世，翻江倒海，攪碎了幾千年反動統治階級的美夢！韶歌震撼環宇，地動山搖，喚醒了千百萬勞苦大眾！它像巴黎公社的歌聲，十月革命的炮響，是任何反動勢力也阻擋不住的！老人的比喻是多麼生動啊！

"那唱歌的女子是誰，後來怎麼樣？"我的同伴焦急地問老人。

老嚮導幽默地笑了笑說："那唱韶歌的就是龐韶秀。"

原來龐韶秀是為了掩護剛剛出發的自衛隊，有意轉移敵人的視線，把靖衛團引向自己的身邊。奋耳狼卻以爲大部隊還在山上，結果逮下來的卻是個只有十五六歲的女子。他知道上了當，但他又想這小姑娘一定是共產黨所差遣，一定知道內情。午時，他坐在太師椅上，捧著黃銅水煙袋，吸足了兩台水煙，才拖著老學究腔問押進來的龐韶秀：「小人何名？」龐韶秀輕蔑地瞟了他一眼，凜凜然回答：「大人龐韶秀。」「是誰叫你唱這種反上作亂的野歌？」「是共產黨叫我唱革命的韶歌！」「誰是共產黨？」「革命的就是共產黨！要打倒你們這些土豪劣紳的就是共產黨！」奋耳狼越聽越惱，但他想起近年來叫他心驚肉跳的農民運動，想起「儒者、柔也」的家訓，忍耐著放下水煙袋，站起來假笑道：「小丫頭啊，我們韶山乃舜帝奏仙樂之故土，實爲禮讓之邦。忠恕仁愛是我們古來的美德，克己復禮乃吾邦爲人之宗旨。你們不聽聖人之言，偏聽外國那姓馬的鼓吹的邪說，實爲不要祖宗，大逆不道矣。」龐韶秀聽了半天，不知他胡說八道些什麼，歪著頭問：「奋耳狼，你滿口之乎者也，我是個土包子，不認得孔老二，你把話說明白點！」奋耳狼以爲她有好學之心，忙上前一步，假笑道：「誠哉！我知道你們不讀書不知禮義，我講的意思，就是孔聖人的意思，應該克己復禮爲仁。不要聽外國那個馬克思的挑唆，人還分什麼階級，講什麼鬥爭，應該仁者愛人，四海之內皆兄弟矣。」這下龐韶秀聽懂了一些，上前一步，往太師椅上一坐，大咧咧地喊道：「行啦！奋耳狼，你給我拿酒菜來！」奋耳狼一驚：「你……你這是什麼意思？」龐韶秀冷冷地笑道：「你們四肢不勤，五穀不分，每天卻肉山酒海。我們種田人一年忙到頭，倒吃不飽肚子。你滿口『仁者愛人』，『四海之內皆兄弟』，現在我肚子餓了，先拿些酒菜來給我吃吃！」奋耳狼驚得一屁股坐在凳子上，像半截木頭似的愣住了，好一會兒才吼道：「胡說，禮不下庶人！對你們這些小人不能講禮。」龐韶秀在八仙桌上拍地一掌，虎地站起來：「噢！原來孔老二的禮，只給你們這些喝人血的傢伙帶來好處，並不為我們作田人，怪不得你一口一個孔聖人。行！那禮也管不著我們，我還得回家借米煮粥吃去！"說著抬腿就往外走。耷耳狼慌忙吼道："快來人，把這女子抓到祠堂裡去打板子！"幾個打手一齊湧入，把龐韶秀架走了。一路上，她還高唱著那支歌"……萬眾一心，不怕犧牲！……我們要暴動，我們要革命！"

我們為龐韶秀這英勇鬥爭的故事深深激動了。她這種不畏天命、不畏神權、不畏達貴、不畏封建禮教，英勇不屈的鬥爭精神，不正是"為有犧牲多壯志，敢教日月換新天"的無產階級革命精神嗎！在這英雄的山衝，在毛主席的領導下，在大革命的歲月裡，有多少英雄兒女，前仆後繼，光照日月，用鮮血寫下了火紅的歷史，用生命譜寫出地動山搖的壯歌啊！……

我們正沉浸在激蕩的往事中，突然，山上傳來了嘹亮的童聲齊唱，歌聲充滿著孩子們的激昂義憤，又帶著孩童的天真：

　　林彪、孔老二，

　　都是壞東西！

　　嘴上講仁義，

　　肚裡藏詭計！

　　鼓吹"克己復禮"，

　　一心想復辟。

　　嘿！紅小兵，齊上陣，

　　大家都來狠狠批！……

"怎麼！山上還有學校？"我們驚異地問老人。

老嚮導站起來笑道："沒有。今天是星期天，韶山學校的小朋友，去山上參加批林批孔的現場會。"

"呵！今天山上開批判會！"我們更驚喜了。

老人邊走邊笑道："不開現場批判會，我還說帶你們去聽什麼韶歌呢！"

　　接著，老人激動地告訴我們，龐韶秀老人在偉大的批林批孔運動中，帶頭學習馬列著作和毛主席著作，組織貧下中農理論小組，研究儒法鬥爭史；她登上講臺，滿腔怒火地帶頭批判林彪效法孔老二“克己復禮”的反動綱領，反擊資本主義勢力的猖狂進攻；她明察秋毫，帶頭向幾千年遺留下來的沒落階級的意識形態猛烈開火！她像一株古老蒼翠的勁松，鐵枝凌空，橫掃殘雲，又譜寫出一支支嶄新的韶歌。

　　韶北有個文學㘭生產隊，近年來革命和生產老是耍尾巴龍。批林批孔開始後，隊裡還是冷冷清清。一天，龐韶秀胸前揣著毛主席著作和中央文件，經得公社黨委同意，帶了幾個青年作宣傳來了。

　　龐韶秀老人一邊作宣傳，一邊把老姐妹們先發動起來。在政治夜校裡，她點起韶山衝富於革命傳統的桐油燈。在油燈下，她同姐妹們一道學習《湖南農民運動考察報告》，一道批判害人至深的《女兒經》；然後，她又走東家，串西家，以自己的親身經歷，狠批林彪效法孔老二“克己復禮”的反動綱領和反動的“天命論”。幾天功夫，把群眾的情緒燒得沸沸揚揚。人心旺，村變樣。通過批林批孔，大家揚起鐵鋤，將一座文家山，開闢成了三百多畝平平整整、碧水蕩漾的機耕田。

　　但鬥爭並未止息。就在開田鬥爭中，村頭出現了一張匿名招貼，大罵龐韶秀人老野心大，跑到文家㘭來妄想奪文姓的權，並說她破壞團結，毀壞山林，叫她在兩天內撤出去，不然，一切後果要由她負責……彷彿老人干涉了他們的“內政”，侵犯了他們的利益，必須驅逐出境似的。

　　龐韶秀老人一看，心裡卻暗暗高興，只輕蔑地笑了笑……

　　老嚮導說到這裡，翹首打望著山上，傾聽著越來越響亮的童聲齊唱。我們放眼望去，只見火紅的杜鵑燦然滿坡，朵朵紅領巾在花間飄蕩，歌聲在大地上迴響。老人激動地捋著銀鬚贊道：

"看，多可愛的孩子！這又是一代嶄新的韶歌！"

我的同伴似乎沒被山上的景色所打動，望著老人焦急地問："老大爺，那大字報是誰貼的？"

老人收回視線笑道："那會是誰，那真是孔老二、林彪的徒子徒孫 —— 一個富農分子幹的。龐韶秀早就嗅出了味道，她向黨支部匯報後，不慌不忙地把招貼揭下來，帶到政治夜校，發動大家用照妖鏡一照，群眾氣憤了。那傢伙利用宗族關係，大肆散佈什麼'一筆難寫兩個文字'，什麼'同祖同宗，利害相通'，'有仁有義，不會虧你'等謬論，妄圖掩蓋階級關係。他不僅破壞批林批孔，還惡毒地攻擊文化大革命。大夥你一言，我一語，在大隊黨支部領導下，不但把富農分子挖了出來，而且還挖出一首反動詩。"

"一首反動詩？"

"對！"老人說著，從衣袋裡掏出一張揉得皺皺巴巴的土黃紙來："你們看看，這個富農分子也在談'韶樂'呢。"

我們接過一看，只見土黃紙上用禿頭毛筆歪歪斜斜地寫著八句話，什麼"韶山本是神仙地，舜帝仙頂奏韶樂，聖人出，海平波，戶戶清平家家樂。自從五雷劈王母，聖人遇難歌聲落。但願有朝韶再起，龍起舞，鳳歡歌。"

這是一個復辟夢，一份變天賬，是反動階級不甘心滅亡的鐵證啊！

老人認真地說："不過這黑詩也是一份很好的反面教材！通過批這首妄圖復辟的黑詩，在龐韶秀的帶動下，群眾深揭狠批，一氣擺了孔老二、林彪十二大罪狀。為了徹底挖掉封、資、修的根基，大家又制定了十二條革命措施。……最後，龐韶秀又為他們做了首歌！"

說著，老人朗誦般地念道：

文家坳，變化快，

批林批孔除大害，

荒山野嶺造良田，

牛鬼蛇神腳下踩！

你追我趕爭上游，

熱氣騰騰學大寨。

山衝處處奏韶歌，

戰鼓冬冬朝前邁！

老人的話，像山中的晨風，拂去了晨霧；似五月的流火，燃燒在我們的心頭。龐韶秀老人的形象，在我們眼前越來越清晰、高大，她彷彿巍巍地屹立在我們面前，頂天立地，堅定不移，昂首高歌，瞻望著無窮的遠方。

這時，旭日躍出了東方的群山，似金盤滾動，火輪升騰。青黛的群峰，在綺麗的朝暉中，似珠砌玉琢，相互輝耀。我們正陶醉在這"翠影朝霞映紅日"的韶光中，山那邊突然傳來了震撼山嶽的歌聲，似滾滾洪流，在山間奔瀉、迴旋，如狂飆呼呼，在長空升騰、飛舞。

"你們聽，韶歌在唱！"老人一邊疾步攀登，一邊對我們欣喜地笑道。

我們側耳靜聽，歌聲越來越清晰響亮：

站在韶峰上，

心向紅太陽，

高舉紅旗批林孔，

揮戟橫掃復辟狂……

我們隨老人疾步登上峰巔，眺目遠望，只見山麓陡峭的巉崖前，一座座石灰窯，似堡壘重重；白煙裊裊，像無數條玉帶在晨空起舞。崖上一面火紅的戰旗，在浩蕩的晨風中翻飛，嘩嘩作響。崖前歌聲雷動，震撼環宇；它流進我們的心房，使我們的眼發熱，心發燙，周身熱血彷彿都在沸騰。

老嚮導望望山下，又望望我們，捋著被晨風抖動的銀鬚，豪爽地笑道："聽到了吧！這就是真正的韶歌，與孔老二和一切反動派作對的韶歌！"……

看到這裡，那些愛發"思古之幽情"的人們或許搖頭了：你這算什麼韶歌、韶樂，韶樂是一種仙樂啊！是的，朋友，我們說的不是傳說中那虛無飄緲的仙樂，更不是俗儒們吹捧備至的奴隸主階級胡謅出來的"古樂"。魯迅先生在三十年代，曾為揭露國民黨昏庸無恥，不管農村赤地千里而大搞尊孔聞"韶"的醜劇，就寫過一篇雜文，文中指出："聞韶，是一個世界，止渴，是一個世界。食肉而不知味，是一個世界，口渴而爭水，又是一個世界"，"所以我們除食肉者聽了而不知肉味的'韶樂'之外，還要不知水味者聽了而不想水喝的'韶樂'。"

我們說的是與這後一種相近的"韶樂" ── 這是人民的韶歌，革命的韶歌，戰鬥的韶歌！在這種韶歌中，長矛短棍遍地而起，人民前仆後繼，英勇向前驅走了黑暗，迎來了黎明，造成了一個"六億神州盡舜堯"的偉大時代！在這種韶歌中，帝修反日薄西山，奄奄一息；革命猶如風雷怒吼，席捲世界！那些"信而好古"的人們，應當改變一下舊觀點，舊習氣，到群眾中去，聽一聽真正的"韶樂" ── 人民的韶歌吧。

（原載《紅軍路上》人民文學出版社 1975 年 12 月版）

路

余 秋 雨

　　兩個月前，我到上海郊區的新涇大隊去參加"三秋"勞動。臨行前查了一下地圖，這個大隊並不緊靠公路，因此就把背包打得結結實實，以便下車後在鄉間小道上跋涉。汽車在寬闊平坦的林蔭大道上奔馳。這大道就像一條跨海長堤：兩邊金波蕩漾，秋風吹過，稻穀的芳香直潑進車窗裡來。

　　車子在大道邊停下了。我們背上背包問："還要走多少路？"帶路的同志笑著說："再走兩分鐘，就可以鋪床！"譫，原來，新涇大隊的貧下中農自從前幾年掀起學大寨的高潮以來，改天換地，大搞土地園田化，把公路築到了自己家門口。

　　此後，我們天天在這條林蔭大道旁邊勞動。每當直腰擦汗之際，總忍不住要看它幾眼。看得多了，就覺得它是一條色彩絢麗的畫廊，路旁排排新樹，恰似它淡綠色的薄簾。你看，一團團金黃色從淡綠色中滲透出來了，越顯越明，原來是拖拉機拉著一拖厢一拖厢割下的稻子送到脫粒場上去；一點鮮紅色又滲透出來了，越近越豔，一會就看清，這是一面寫著"農業學大寨"幾個大字的紅旗，引導著青年突擊隊在轉移戰場；一粒白色飛速地劃過來，哦，這是坐在一輛摩托車上的醫生，他正去給哪位社員出急診呢……轉眼之間，這黃色、紅色、白色又都溶化進了淡綠色的薄簾中。緊接著，新的色彩又一一滲透出來，溶化進去。

　　這條普通的鄉村大道為什麼如此吸引人！因為在它身上，彙集了周圍大地的蓬勃生命力,流洩著整個社會主義新農村的動人美色。田野的道路,就像肌體中的血脈,化工廠裡的管道,它的重要遠遠超過它本身所佔據的面積;它的變化,總是反映著社會主義前進的步伐。

我想起家鄉道路變化的一些歷史。

我的家鄉在解放前是一個窮瘠而閉塞的小山村,貧苦的農民三家兩戶地散落在滿目淒涼的土地上,破舊的房舍間斷斷續續地連綴著一些碎石塊,算是路。這些石塊雖然坎坷不平,卻很光滑,這是被沉重的泥腳磨光的,被辛酸的淚水泡滑的。若問這條路多少年沒變樣了,誰也說不清。反正連村裡年紀最大的老大爺還能找見他十七歲那年跟地主狗腿子搏鬥時灑過血的那塊石頭。

解放的炮聲響過,土改的浪潮來了,小山村在節日般的歡騰中每天改變著面貌。路,古老而坎坷的路,也不能不動一動了。當時我還是個小孩,老跟著大人去參加各種會,每次會議結束時,總能聽到這樣的決議:

"鬥爭會就定在咱土地廟前開,那條路太小,明天修一修!"

"上冬學第一課:把各家通學校的路都修好!"

"村劇團就要開始演出了,散戲時瞎燈黑火不好走,那路還得加寬!"

"青年團支部倡議:春節前把軍烈屬門前的路平一平!"

……

就這樣,越來越寬的路,掠過叢塚,跨過污泥潭,大模大樣地鋪展開去。連那個據說繫結全村禍福的"風水墩",也因礙手礙腳,被平掉了。記得當時好像也有一兩位老年人提出過異議,年輕的黨支部書記對他們說:"老阿叔,難道叫社會主義的大撥人馬都擠到當年戳討飯棒的小道上去?"於是,他們也紅著臉掄起了鋤頭。我們幾個小孩,最喜歡晚上會散戲完的時候站在一個高坡上看燈籠串子。開頭,這令人歡悅的燈籠串子是零散的,彎彎曲曲、顛顛簸簸；才幾個月，燈籠串子直了，連得緊了；年復一年，到了慶祝高級社成立的那個晚上，燈籠串子變成了一條密集的光帶，大路旁新挖的灌溉管道映照出它的倒影，只見兩條金色火龍豪邁地行進在夜的山村，壯觀極了。

革命在不斷前進，路的面貌還得變。人民公社化使土地連成了片，路哪能不變得更直、更寬呢？拖拉機路和通向水庫工地的路，就是在那個時候修的。離開故鄉好久了，文化大革命以來，我估計故鄉的路，面貌又得大變，真想抽個機會回去看看。

但這還用懷疑嗎？正是在文化大革命的浪潮中，煙水浩渺的長江下游江面上飛過了一條路；正是在文化大革命的浪潮中，西南的叢山疊嶂間鋪成了一條路；正是在文化大革命的浪潮中，我親眼看見風塵僕僕的上海工人階級從金山海灘上第一行勘察的腳印開始，鋪成了一條橫跨黃浦江的大路；而像眼前新涇大隊這樣的林蔭大道，在目前農業學大寨的高潮中更是數不勝數，處處延伸。報載：到一九七〇年年底，全國公路通車里程比解放前夕增長八倍：文化大革命的強勁東風，像是吹開了一張巨大無比的網路，向著浩瀚千里的沙漠，向著摩雲刺天的群峰，向著朔風蕭蕭的草原，鋪展開去 ── 鋪出了汽車歡快的鳴叫、拖拉機深沉的呼吸，鋪出了響徹荒原的暢笑、震撼雪山的歌聲……革命推動著生產力的發展，開拓著生產的深度和廣度，因此，也改變著城市和鄉村的條條道路的面貌。如果我們從高空俯視，我想這條條縱橫交錯的大道，實際上是在祖國大地上一筆一畫地組成了這麼幾個大字："革命是歷史的火車頭"。

望著新涇大隊的林蔭道，我曾想：為什麼鄉村的道路往往在革命高潮時期延伸、加寬？大概是因為在這種時候，人們的腳步跨得比往常大，橫亘在面前的各種障礙，不管它是叢塚，是"風水墩"，是高山、是深溝，才特別顯示出它們非被摧毀不可的必然性；而且也只有在這種時候，革命人民才能最大限度地煥發出無堅不摧的勇氣和力量來對付這些障礙。因此，“讓高山低頭，叫河水讓路”這樣的口號，總是在革命時期喊出來，喊得那樣響亮，實現得又是那樣迅速。我覺得在這個現象中似乎包含著某些哲理。再一想，對了，革命本身的道路，也總是在革命中開拓的。在我們政治生活中也常常有擋道的危石深澗：生產力要發展，卻被生產關係的不適應部分絆住了；人們要衝鋒，卻被傳統觀念束縛著……於是就不可避免地爆發出一場革命。革命能改變一切，在“轟隆、轟隆”的革命爆破聲中，高山推倒了，深澗填平了，羈絆斬斷了，束縛解除了，路向前伸展了。

其實，歷史車輪前進的道路，歷來是由波湧浪迭的革命運動來開拓的。千百年來的史冊古籍曾記錄了多少“窮途而返”的喟歎，“行路難”的悲吟：即使到了現代，那些決心救國救民的資產階級革命家在革命高潮來到以前，也曾不時地發出過“路在哪裡呢”的焦灼呼聲。一聲聲歧途長嘯飄散在混沌的蒼穹，一星星尋路的燭光抖滅在無邊的黑暗……而一次又一次，總是革命的熊熊火炬，刺破厚重的夜幕，照亮歷史前進的路途。在無產階級革命運動中誕生的馬克思主義、列寧主義、毛澤東思想，為人類的徹底解放指出了明確的道路。但在這條道路上前進，仍然需要革命的火車頭來不斷開路。十年前，毛主席重上井岡山時曾對中國革命的道路作了這樣的回顧：“風雷動，旌旗奮，是人寰。三十八年過去，彈指一揮間。”是啊，正是“風雷動，旌旗奮”的革命浪潮，使我們黨如此迅速地走完了這段戰鬥歷程。而只要我們在毛主席革命路線指引下，繼續以革命的風雷作前導，那麼，“可上九天攬月，可下五洋捉鱉”，山再高，革命人民也可攀，洋再深，革命人民也可探的！

開路要除舊佈新，因此總伴隨著思想鬥爭。即便是修築一條像新涇大隊這樣的林蔭道，也一定摧毀過不少土崗泥壘，填沒過許多淺溝深壑吧？當時是不是有人惋惜過？我不禁又想起了當年家鄉那些曾爲叢塚、“風水墩”打抱不平的老年人。時間過去二十年了，不知這些倔脾氣的老大爺還在不在？如還健在，想必思想早已大進步了。但只要開路，就會有新的鬥爭。自然界的道路尚且如此，在革命道路上就更是這樣了。我們或許沒有參加過幾次農村開路的勞動，但在革命的道路上，前進還是倒退的鬥爭，卻天天能夠遇到。生活不斷地提出著這樣的問題：在歷史的大路上停駐、後退，還是做勇往直前的開路先鋒？像“蓬間雀”一樣畏懼“炮火連天，彈痕遍地”的革命征途，而去尋找自欺欺人的“仙山瓊閣”，還是以“鯤鵬展翅，九萬里，翻動扶搖羊角”的豪壯氣概英勇搏擊、翶翔于萬里雲天？

每人都要回答，都在回答。

大慶工人回答說：“把腳印留在後面，永遠向頂峰前進”；

珍寶島英雄回答說：“寧爲前進一步死，絕不後退半步生”；

大寨貧下中農喜歡用一首詩來回答：“看山容易上山難，上得山來境更寬，莫說此山無人到，更有高峰在前邊”；

中國登山隊員站在世界屋脊上回答了這個問題……

在新涇大隊勞動時，我們聽見，這裡的貧下中農也回答得十分響亮。我們住得離大隊會議室不遠，晚上經過那裡，總看到一批還卷著褲腿，兩腳泥巴的黨員幹部在燈光下開會、學習。他們手裡捧著《馬克思恩格斯列寧論無產階級專政》或者全國農業學大寨會議的文件，讀著，討論著。一會兒，他們抬起頭來，目光奕奕地看著前面，似乎又看到了新的征程……

這時，會議室兩個並排的視窗吐出兩道明亮的白光，遠遠看去，宛如停著一台龐大的推土機。每次看到這樣的情景，我總想：現在，它正在加油，明天一早，它將披著豔紅豔紅的朝霞，呼隆呼隆地吼叫著，開向霧氣未散的田野，和祖國大地上千千萬萬台“推土機”、“壓路機”一起，沿著金光大道繼續奔向遠方。

（原載《人民日報》1976 年 1 月 17 日）

草原紀事

魏　巍

不老松

　　據草原上的人說，草原最好的時節，是七、八兩月。這時候，水草豐美，百花盛開，真是一片萬紫千紅。古人說的"風吹草低見牛羊"，大約指的就是這個節季。這次我們正好趕上了這個節季。我們在圍場一上壩，才知道這話確實不錯。放眼望去，在藍天白雲下，滾動著茫茫無際的大地的綠海。在綠海上浮動著各色各樣不知名的繁花。一片火紅、一片金黃、一片雪白、一片深紫，一片靛藍，真是五彩繽紛的花的原野，花的海洋。彷彿大地要把她全部旺盛的生命力和全部的美麗都一齊呈獻給人們。沒有見過草原的人，看見這種景象，真是興奮極了……

　　然而，最美的還是草原上的人們。這裡有頭髮斑白，情感到這艱苦地方來挑重擔的縣委書記，有土生土長的老遊擊隊員，有飽經風霜"年過六十不下鞍"的老牧工，有手持套馬長桿，乘著駿馬在風雨裡馳騁自如的放馬姑娘，有剛剛握起羊鞭的生龍活虎般的少年，還有到這裡準備安家落戶的青年技術人員……他們每個人都被草原的風吹得黑黝黝的，他們每個人都有一部動人的故事，就像草原上的繁花一般。憶昔時，這裡曾是清朝皇帝的狩獵遊樂之地。國民黨統治以後，由於它那殘酷的壓榨和勒索，竟逼得人們紛紛離開草原，這裡就變成渺無人跡的荒涼所在。一九五二年，當國營牧場和林場在這裡安營紮寨的時候，這裡還是"棒打麅子瓢舀魚，野雞飛到飯鍋裡"的荒冷景象。正是由於我們的英雄們，由於他們一大把一大把的汗水，才使得今天的草原：機器歡唱，燈火燦爛，駿馬成群，牛羊滿山！

　　萬花叢中採一朵，讓我們還是說說禦道口國營牧場老陳頭的故事吧。

　　人都說，老陳頭是草原上的一棵不老松。他今年已經六十多歲了。從十九歲起，他就拿起了羊鞭，給地主放羊，給外國資本家放羊。殘酷的剝削和草原的風霜，沒有把他壓垮，革命的勝利又使他煥發了青春。他把一生豐富的牧羊經驗和他的赤心一起傾注到羊群上。他現在是一個生產隊的負責人了。人都說，老陳頭"愛羊如命"。下雨時，他怕母羊產後受病，就把雨衣蓋在羊身上。領導上看他照料羊很辛苦，有一年曾叫他到北戴河去休養。他惦記隊裡的羊，無論如何不肯去。後來，幾經動員他才去了，但是一聽說家裡死了幾隻羊，就呆不下去了，老吵著要回來。療養院不答應，他就硬說家裡有事回來了。大家埋怨說："老陳頭！你這麼大歲數了，休息幾天怕什麼呀？"老陳說："一聽說死了羊，我再也呆不下去了。再說，我身子骨這麼結實，我不能蹲著吃社會主義！"

　　牧場同志的介紹，使我們對老陳充滿了由衷的敬意，巴不得很快能見到他。

　　第二天過午，我們的車子正要向他的牧羊點開去，有人喊道："老陳頭來啦！"說著，從供銷社出來一個頭戴解放帽、身穿藍嗶嘰服的老人，提溜著兩個大瓶子，就像年輕人似地闖闖地走過來。"我打煤油來啦！"他笑著說。我們連忙搶上去見他，他慌忙把瓶子裝在兩個口袋裡，熱情地同我們握手。

　　我們邀老陳一同上車，到他的牧羊點去。老陳頭很高興，就一路同我們親熱地嘮起來。

"老陳，大夥兒都說你愛羊如命，這話不假吧！"我首先稱讚說。

"那倒是！"老陳頭笑笑說，"反正，別人打我的孩子行，要打我的羊我可不幹！"

老陳頭從車前座上回過頭來，閃著一雙明亮的眼睛，又接著說：

"要說心疼羊，那是真話。可是我為什麼要心疼它？你想想，在這兒，一畝棉花只能產幾十斤，上百斤，要費多少勞力？一隻公羊一隻母羊，平常一年就能剪毛幾十斤，合算起來，能頂上一畝棉花地了。我思謀著，這養羊是又頂棉，又頂田，為社會主義貢獻不小哪，我這幹勁兒也就越來越大！這地方冬天零下四十度，人說我是人老骨頭硬，不怕冷。不是不怕冷，是我確實不冷！我沒穿過大皮襖，光穿個棉襖，還老是心裡熱呼呼的。過去給鬼子、國民黨放羊，受夠了窩囊氣；解放了，心裡覺得挺舒坦。毛主席領導咱翻了身，當了國家主人啦，你不好好幹還行！……"

吉普車沿著綠色的淺穀輕快地行駛著。忽然，我們看見左側一帶山坡上，有一大群羊正在吃草。旁邊站著一個小夥子。

"這是你們隊的羊嗎？"我問。

老陳頭嘿嘿一笑，說：

"這就是我兒子放的那群。"

我們立刻下車想到跟前去看，老陳頭會意，向他的兒子打了打手勢，那小夥子就把羊群很熟練地趕了過來。我們看見這群羊一個個膘肥體壯，禁不住都伸出了大拇指。老陳頭的兒子不好意思地笑了。

老陳頭又叫他兒子把羊捉過一隻，大家撥開毛一看，那毛又細又軟，潔白得像雪花一般。"這就是我說的那種細毛羊 ── 美利奴。"老陳頭笑著介紹說。"別看個頭兒這麼大，都是今年下的羔子哩。現在正是抓膘的時候！"

我們請老陳隨便談談他的放羊經驗。老陳頭沉吟了一下，笑著說：

　　“依我看，主要一條還是革命責任感。”他停了停，又說，
“這放羊是個辛苦活兒，人一懶羊就得受治。有人說，‘羊吃露
水草長膘是暄的’，不對！其實早晨涼快，露水草羊很愛吃，這
就得戴著星星早點出去。多景天壞天氣也要出去；還要把羊趕到
剌風口去吃；這樣，羊強壯，得病的就少。有人老愛在陽坡放，
認爲人跟羊都暖和；其實不對，以後遇上壞天氣，羊就不願出來
了。這也跟人似的，光習慣好的環境，吃了飯不運動，時間長了
就要生病。……”

　　說到這兒，大家嘎嘎地笑起來。

　　“你們別笑。”老陳頭態度認真地說。“我琢磨過這事兒。
我想，人天冷了可以加衣服，羊怎麼辦？就得叫它多活動。出去
我就叫它迎風吃，出不去我就叫它打轉轉。開頭羊不肯轉，我就
端著小料槽兒引它，漸漸地它就跟著我轉了。”

　　大家對老陳頭的話深感興趣。老陳頭的情緒也很高，又繼續說：

　　“除了革命責任感，還要抓點規律性。比如說，雨天放深草，
有風迎風放，無風背太陽。還有，什麼時候一字形，什麼時候滿
天星，什麼時候雁展翅，都有一定。”

　　“爲什麼雨天要放深草呢？”我問。

　　“有一次下雨，”老陳頭說，“我發現淺草的地方羊不愛
吃。我就過去檢查，原來草葉上濺上了泥沙，羊再一蹬一踩，後
邊的羊就更不愛吃了。”

　　“爲什麼有風迎風放，無風背太陽呢？”

　　“這很簡單。”老陳頭說，“迎著風放，蚊蠅就少，羊就能
安安靜靜地吃。無風的時候，天氣悶熱得厲害，羊怕熱把腦袋都
紮進草裡去，你要不把它趕到背陰地方，它就不肯吃了。”

　　“什麼叫一字形、雁展翅、滿天星呢？”

　　“這說的是羊群的隊形。”老陳頭指著面前的穀底說，“平

灘地方，你要不用一字形、雁展翅，前面的羊把草蹬上泥，後邊的羊就不愛吃了。在丘陵上就可以讓它們自選好草，撒它個滿天星了。"

我們看看羊群，已經漸漸遠去，在附近的丘陵上，正以滿天星的形式向前推進著……

我們又坐車走了不遠，就到了老陳的牧羊點。這是由三面小山親切環抱的綠穀，中間是一彎玉帶似的溪流。一座很大的羊圈和一座小屋座落在背風向陽的山坡上。小屋上飄著一縷藍色的炊煙，正在等著黃昏歸來的牧羊人。

我們參觀了老陳頭生產隊的小屋和打掃得乾乾淨淨的羊圈，就坐在小屋前休息了片刻。小屋的屋簷下，嘀裡嘟嚕地掛著一大串一大串的蘑菇和麅子肉幹，還有一張一張的狼皮。……

我興致勃勃地問：

"這地方蘑菇很多嗎？"

"老鼻子啦！"老陳頭說，"要是碰上蘑菇圈，不大一會兒就能探它個幾十斤！"

"什麼是蘑菇圈？"

"就是過去搭過帳篷的地方。"

我又指著面前清澈的小河問：

"那些魚干就是這河裡的魚嗎？"

"對。這河裡魚有的是。"老陳頭說，"你別看河小，它產的是有名的細鱗魚，不多見的，一下壩就沒有了。"

說到這裡，老陳頭又感慨地說：

"這真是塊寶地啊！我就愛這個地方。你看，有山，有水，野花有多少，你簡直是看不完哪！……"

說起野花，我用眼一瞥，簡直滿眼都是。紅的，黃的，紫的，白的，藍的，在秋風裡搖搖曳曳，一眼望不到邊。我不禁站起身來，指著一叢紅花問：

“這是什麼花呀？”

“這就是唱歌唱的那個‘山丹丹開花紅豔豔’的山丹丹哪！”

“這個呢？”

“這叫黃金蓮。”

“那個呢？”

“那是黃芪，中藥裡常用的。”

“那一片藍色的呢？”

“那是野鴿子花。”

“這個像桑葚的呢？”

“這是紅藤蘿。白的叫白藤蘿。”

“這個呢？”

“這叫野菀豆，那是野苜蓿，馬兒可愛吃了。”

“那個呢？”

“那個——”老人卡住殼了。他笑了一笑：“這裡花這麼多，就是我們放羊人也認不全哪！……”

這時候，太陽已經平西。遠處山坡上的羊群已經向回走了。我們知道老陳還有許多工作要做，就起身告辭。我舉頭向西一望，不知什麼時候，那羊群似的白雲已變成了滿天紅霞，照得整個草原紅彤彤的。老陳那紫銅色的臉膛，也抹上了一層紅光。一天來，那藍天，白雲，綠野，繁花，和這位老人優美的精神境界奇妙地融匯在一起，深深地使我激動。我不禁緊握著老陳頭的雙手說：

“你真是一棵不老松啊！”

老人謙遜地笑了一笑，說：

“老也罷，不老也罷，說真的，我倒是願意在這墚上做一棵松樹。不怕風，不怕雪，守著咱們的草原，望著咱們的草原，讓她一天比一天興旺！……”

直到我們走出很遠很遠，回過頭來，還看見老陳站在山墚上向我們揮手呢。在一剎那間,我彷彿覺得真有一棵頂天立地的蒼勁的古松立在那裡……

臘梅花

草原就是有些出奇,那裡有一種不謝的花。我在草原上訪問七姐妹牧羊班和牧馬姑娘的時候,七姐妹就送給我們每個人一大束這樣的花。

這種花的名字,當地人叫"幹枝梅"。說是梅,其實是一種草本植物。它們叢生在草原上,幾乎到處都是。這種花的花朵雖小,但以集體取勝。有的雪白,有的粉紅,簇擁在一起,就像白雲和紅霞一般。尤其,它的花是不會凋謝的。即使採下來,花枝早已乾枯了,花朵卻並不凋落,仍然顏色如新。

在我看,牧羊班的七姐妹和那幾位放馬姑娘,她們就是這草原上的臘梅。

這是一個響晴的天氣,天空藍得十分可愛,只有幾片白雲像羊群似地緩緩遊動。一陣小風吹來,整個草原都散發著草花的清香。上午十點鐘,我們就趕到七姐妹放牧班這座綠幽幽的山谷了。

這裡有一個能容納七百多隻羊的大羊圈,是用粗大的樹枝圍成的,捆紮得十分結實,簡直像一座小小的堡寨。旁邊是一座簡陋的茅屋,還有一個小小的窩棚。這是為了夏秋兩季便於放牧而設立的。冬天一來,她們就回到生產隊去了。

我們來到這個放牧點的時候,七姐妹跑到山坡下來歡迎我們。她們穿著小花褂兒,紮著短短的小辮兒,手裡拿著羊鞭,穿著一色的解放鞋,顯得非常地有精神。我一看,不低不高,全是小姑娘。她們的平均年齡才十七歲。她們的臉色,一個個全像海棠果似的,不用說,這是草原的風和草原的太陽贈給她們的特有的風采。

　　她們把我們親熱地讓進小屋裡。小屋裡對面有兩鋪熱炕，上面放著花被子。靠著炕放著一枝火槍。房樑上插著一大把一大把的幹枝梅。

　　因為屋小人多，我們就在小屋前一棵樹下席地而坐，一場家庭式的談話就開始了。“你們這個放牧班是怎麼成立起來的呀？”

　　我一問，七姐妹你推我讓，都不好意思先說。最後還是一個年紀稍大一些的姑娘，名叫張雅琴的說了：

　　“我們隊牧工少。有個姓王的臨時工不負責任，前後死了二十多隻羊。我們實在看不下去，這都是國家財產哪！後來團支部號召成立女放牧班，我就報了名。開頭我爹同意，我媽不同意。她說‘女孩兒家還是在家幹點活兒。漫荒野地的，又是蚊子咬，又是長蟲又是狼。……’我就說，毛主席都說啦：‘我贊成這樣的口號，叫做“一不怕苦，二不怕死”。’死都不怕，還怕蚊子咬？……”

　　小丁笑著插嘴說：“俺家是媽媽同意，爸爸不同意。他說：‘小丫頭還放羊？哪如在家幹點活兒？’我也用毛主席的話說服他：‘時代不同了，男女都一樣。男同志能辦到的事情，女同志也能辦得到。’放羊也是為了建設社會主義嘛！我媽倒想得通，她說：‘那個姓王的把羊都放死了，你就不心疼？還是咱們貧下中農好好幹吧！’……”

　　張雅琴又接著說：“我們的女放牧班成立起來，有些人看不慣，就說：‘毛丫頭還放羊？等著吃瘦羊肉吧！’那個姓王的臨時工也吵吵說：‘等著瞧吧！’我說，好，你們等著吧，瘦羊肉你們肯定吃不上，你們等著吃肥羊肉吧！……”

　　說到這兒，頭髮斑白的牧場主任把手一揮：“肥羊肉？連羊骨頭也不讓他啃！”

　　人們笑起來。我又問：“你們班成立以後，遇到什麼困難沒有？"

　　小張介面說："領導上對我們很照顧，專門派了一個老大娘給我們做飯，還有一個打更的。開頭兒，我們也有些不習慣。比如說下雨了，這不像幹農業活兒，可以趕快往家跑。偏偏羊一見下雨，就把頭一絮，往一塊擠疙瘩。趕又趕不動，真急死人……特別是遇見'賴歹'……"

　　"什麼叫'賴歹'？"

　　"就是狼嗎！"

　　"你們遇見過狼嗎？"

　　"小丁遇見過。"

　　我們望望小丁。小丁忽閃著一雙充滿稚氣的眼睛，童聲童調地說：

　　"有一天黃昏，我剛要趕著羊往回返，猛一抬頭，看見一隻狼離我不遠。我喊了一聲，想嚇嚇它，誰知道這鬼東西聽見我的聲音太細，它根本不怕，反而蹲在那兒惡狠狠地盯我們。羊群見了，驚得咩咩地叫著，好像向我求援似地圍著我。這時候，我就把鞭子擎起來，瞪著它，心裡想，一不怕苦，二不怕死，你敢過來，我就用鞭子抽你。結果，它也沒有敢過來，我就把羊慢慢地趕回來了。……反正我們遇上困難，就學草原英雄小姐妹。"

　　"你們掉過淚疙瘩嗎？"陪同我們訪問的同志半開玩笑地問。

　　"沒有，沒有。"做飯的老大娘趕忙插上說，"她們一天價樂哈哈地，可高興啦。團結也特別好，吃飯等齊了才吃哩，一個人不回來，大家就巴巴兒地等著。……"

　　這時候，不知誰喊了一聲："是不是小楊她們來了？"

　　我們抬頭向東一望，遠遠地只見兩匹栗色馬正向這裡飛馳而來。儘管馬跑得飛快，但那兩個人像黏在鞍子上似地，身向前傾，頭髮向後披拂著，騎姿十分英武。眨眼之間，她們已經來到坡下，翻身跳下馬來。她們一面擦汗，一面抱歉地笑著，對牧場主任說：

“我們來晚了吧？”

“不晚，不晚。”牧場主任一面說，一面向我們作了介紹。那個剪髮的姑娘叫小楊，梳小辮的叫小紀。她們參加女牧馬班已經快三年了。在這群小姑娘面前一站，就顯得是大人了。

小楊喝了點水，對我們羞怯地笑著說：

“我們可說個什麼呀，又沒做出成績來。”

“就說說你們的進步過程嘛！”牧場主任說。

“我以前看見人家男的騎馬、放馬就眼饞。”小楊笑著說，“我就想，難道我們女的就不能放？可是，要放馬就得會騎馬。幹這行，說不挨摔是瞎話，但是我們有決心：摔死為革命，摔不死再上馬。我們到底學會了，到現在簡直就像鬧著玩似的。”

“好，好，就是要有這種精神。”

“可是開頭鬧的笑話也不少。”小楊笑著說，“平時在家，夜間走路還害怕哩，現在夜間放馬，漆黑的天能不害怕？第一次放馬，我跟小紀誰也不敢下馬，誰也不敢離開誰。呆一會兒，我叫她一聲；呆一會兒，她叫我一聲。我們又怕馬離遠了，緊緊地圈住它們；圈在一塊兒沒有草，馬只好打盤了。又怕把馬凍壞，我們倆就一個拽耳朵，一個拽尾巴往上揪。在家裡睡覺，不知不覺天就亮了；在山上放馬天老不亮哪，站著站著就睡著了。像這樣，馬子怎麼能吃飽呢！……有一夜，狼來了。我就舉著套馬杆子，比劃著嚇唬它，說：‘你來！你來！’誰知道它不怕。急得小王沒法兒，就把自己的翻毛皮靴子脫下一隻來猛往下一扔，這一下倒把狼嚇跑了。第二天又到那裡去找靴子。……”

她說得大家哈哈大笑起來。

“頭一年還好，總算沒出大問題。”小楊又接著說，“這一年我們養的是病馬，結果病馬沒有死一匹，小馬也沒有叫狼掏去。今年，我們四個人接了六十匹一歲的公馬，到離家二十多裡的放牧點去。這一下人們又說開啦：‘騍馬還能上陣？’氣得我們打上背包就去了。放牧點是比在家艱苦，拉去點小米、蓧面、土豆、苤蘭，也沒有別的菜。既然有人瞧不起我們，我們一定得幹好。二八月，夜裡狼特別多，怪腔怪調，很嚇人，我們也不怕。黑夜打雷，馬驚跑了，男牧工幫我們追，我們就幫他們縫洗衣服。冬天，早四點我們就起來打掃馬圈，用小推車拉出去，等人們上班，我們已經把活兒幹完了。領導上常鼓勵我們，說我們是第一代女牧工，我們就攢足了勁，一定要為社會主義多做出一點貢獻！……"

小紀是一個沉靜的姑娘，只說了一句："我沒有什麼補充的了。"就只是微笑著不說話了。座談會也只好開到這裡。由於她們掛念著自己的馬子，向我們告辭後，立即跑下山坡，躍身上馬。向我們親切地揮了揮手，就撒開絲韁，頃刻之間，奔向綠色的遠方去了。

接著，我們也起身告辭。七姐妹拉著我們的手，一直送我們到山坡下。這時，有一個姑娘像忽然想起了什麼，又慌忙返回小屋，懷裡抱著一大抱幹枝梅跑出來，送給我們每個人一大把，都用玻璃絲捆著，有雪白的，也有粉紅的。我握著她們的手，望望她們，又望望臘梅花，心裡像漲了水的小河一般翻滾著波浪。也許因為上了一點年紀的緣故，覺得她們格外地叫人疼愛。這是一些多麼好的孩子！她們多麼勇敢！多麼可愛！她們的生活開始得多麼有意義啊！儘管她們今天還是充滿稚氣的幼苗，而明天就會變成參天的大樹。今天的開端，只不過是一首共產主義長歌的開頭！在未來的道路上，她們究竟能夠做出多少貢獻，有誰能夠預料呢！我願把最好的祝福獻給她們。……

在回來的路上，我望望手裡的臘梅花，沉思默想著。她們送給我們這樣的花，當然是她們喜歡這樣的花，因為她們本身就是這種花，這種不怕風雨、永不凋謝的花！

（原載《人民文學》1976 年第 1 期）

大寨的……

茹　志　鵑

一、山

這是大寨的山？

不，當然不是。這是南方，這山不知叫什麼名字。不過這戰天鬥地的情景，有些像大寨。

聽，開山的炮聲隆隆，像在太行，在昔陽；看，男男女女，肩挑車推，巨大的鐵鬥行馳在空中索道。千年的山土，從這裡運走了，萬年的山石崩裂了，鑿平了，變成了大壩中的一小點一小點，多像是秦嶺！這裡的山鷹在沉沉夜空中盤旋，它們在尋找舊時停歇過的峭峰？也許是弄錯了時光，想開始白天的飛翔？這裡分不清是春夏還是秋冬，著山襪穿草鞋的腳，踩著嚴霜，汗水卻把舊軍裝貼在肩背上……

"同志，這裡叫什麼地方？"

"這是座沒有名字的山，就叫它學大寨吧！"

好一個名字，學大寨，這裡包括了多少鬥爭，含著多少來歷！看那說話的同志，兩鬢如霜，過去的鬥爭歲月刻在他的臉上，可是推起車子像年輕人一樣，目光銳利，眼尾的笑紋卻又蓋不住那股慈祥。這裡人人稱他為"我們的老田"。

老田推起車子過大壩上山崗，土要倒在三裡路外的溪灘上，水庫造好,那裡就是一片平壤!車輪滾滾推過了石板橋,在這裡堅守過陣地放過哨;車輪滾滾經過杉樹林,一棵棵杉樹,已經不能叫苗,都有臂膀粗,半人高;車輪轉了一周又一遭,老田忍不住臉上掛了笑,形勢大好要靠大批判開道啊!

　　兩年前吧,正是春節,老田蹲點,和生產隊上山紮營,大搞杉木基地,每天挖樹根,趕在春前要把山山坡坡弄平整;隊裡的杉樹苗,綠茸茸,水珠晶瑩,也只等開春。可是那時林彪刮起的資本主義妖風的流毒還沒肅清,有人砍樹出去賣高價搞投機,人數不多,可是動搖軍心。有個青年捲起鋪蓋,顧自下了山。老田聽了沒作一聲,可是手裡那把山鋤啊,鋤把上彷彿捏出了水,老田說:"關鍵在領導,我沒把好關。"猛舉山鋤挖樹根,一下一個深坑坑,老田說:"根長得再深,深不過我們手裡的山鋤柄!"當天夜裡,老田鋪上沒了人,兩個隊幹部也沒了影。

　　老田和幹部上了哪?睡在橋上啦!老貧農說起來還覺心疼。那時雖然不是冰天雪地,可也是臘月寒冬啊!那條石板橋雖小,是個喉嚨口,是個必經之道。幹部們披著寒風頂著霜,一邊放哨,一邊把大寨的話兒推敲:大寨說,不堵資本主義的路,就邁不開社會主義的步。我們這山雖然沒名沒姓,也堅絕不能留下走資本主義的腳印。當天晚上,老田截住了兩個販子一車木材,第二天就開了大會,大剎了資本主義歪風,轟轟烈烈開展了批林批孔運動。從那以後,大批判沒斷過頭,大幹沒有歇過手,幹出了形勢一片大好。

　　車輪滾滾,東方已破曉,換班的人一到,就把老田的車子抓牢:"好老田,快把車子移交,縣委書記也不能不睡覺。"

　　好個縣委書記,草鞋穿得沒了底,渾身是泥,好像是鐵打的筋骨,有用不完的力氣。問老田,你到底有多大年紀?

　　猜猜,老田怎麼回答的,他正用朝霞洗臉,眯了眼,說道:"我屬山羊的,從九歲到五十七,愛算哪檔就哪檔。"

哈哈……人們揮汗大笑，哈哈……彷彿整個工地都在笑。

「不，我們老田是屬山的，大風吹不歪，洪水衝不動，也不怕擔子再重。」

「不，我們老田想大寨，學大寨，他屬的是大寨的山，姓的也是大寨山上的田。」

哈哈……人在笑，回聲在笑，山峪也在笑……

這裡不是大寨，這裡只是一座沒有名字的山。但是，這是一個日新月異的山，鬥爭的山；這裡有這樣的帶頭人，有這樣煥發的青春，這裡也是一個新的「虎頭山」。

二、水

大寨在大旱之年，春種的時候，偏偏把管道堵上，讓水汩汩地從自己田邊流過，流向鄰隊金石坡，流向井溝……水在流，汩汩地流，湍急地流，浩浩蕩蕩地流啊，流向南方、北方、平川、高原，流在多少高山僻嶺當中，流著流著，清澈見底的水，碧綠的水，肥沃的水，甜甜的岩骨水……

深山坳裡，風聲、松濤聲、流水的嘩嘩聲，這裡沒有人家，沒有牛羊，也沒有道路。可是今年的初冬，這裡嬝嬝升起了炊煙，拉起了風箱，響起了叮噹的鐵錘聲。一支五個半勞力組成的隊伍，走過四十三個壋，轉過四十三個彎，走了十五華里，到這裡開水渠，決心要取回這深潭裡的水。「這是百年不斷的岩骨水。」一個專掌打鐵的老貧農說。他年已七十掛零，還有些古風，穿著一件大襟的老粗布短衫。

「不，大爺，是大寨的風格水。」那半勞力說。

「對，大寨的水。」老漢欣然同意了。

那個半勞力叫小龍，今年十四歲，正念中學，現在是寒假期間。這次進山，隊長佈置的「功課」是：看好爐子，學會打釬。

老師就是老大爺。

山風把小龍的面頰吹得通紅，又把他身上那件紅球衫吹得褪了色。他守著那爐通紅的火，燒著禿了頭的鋼釺，要鍛出新的釺鋒。

"那麼，老師對你滿意嗎？功課完成得怎麼樣？"

小龍那雙烏黑的眼裡跳躍著火花，閃爍著笑意，說道："功課多呢！"

"哦，還有什麼功課？"

小龍笑而不答，只顧忙著用松枝在爐旁搭棚棚。映著紅豔豔的火，蒼綠的松枝搖曳著，整個棚棚彷彿在山風中婆娑起舞。

"嗨，真能幹！"

小龍解釋說，因為他們要趕夜工，晚上可以給大爺擋擋風。因為大爺是另一個大隊派來支援的代表，他有招呼好的任務。

晚上，開山的休息了，他的爐火正旺，鐵砧上放著紅亮耀眼的鋼釺。大爺的小鎯頭敲在哪，小龍高舉鐵錘打在哪，叮噹，叮噹，打鐵聲伴著嘩嘩的流水聲，山峪裡迴響著一首從未有過的樂章。

"老師"感慨了，說："從來都是人就水，如今要讓水就人了。"

"學生"說："大爺，只要我們目標一致，別說水就人，就是高山也要低頭，大海也得讓路。"

"老師"笑了，似不相信。

"真的，大爺，人家大寨一個大隊，四年裡就搬掉了三十多座山！"

"哦……這搬山嘛，將來靠你啦！"

"大爺，你也搬得動，你現在不就在幫我們搬水嗎？"

"……""老師"一聽自己在搬水，感到有點意外，可是想了一想就笑了，說："對，是在搬水。搬山也要打鐵的話，我還行。"

趁鋼釺還未燒紅，趁大爺吸煙，小龍拎著竹筒去深潭裡汲水。他對著一瀉而下，飛著白花的水，望了半晌，歎了一口氣說道：“真可惜，讓它在這裡白白流了一百多年！”“為什麼說，這是大寨的水呢？”

“那還用問，人家隊的大爺怎麼跑來支援我們的？是學大寨學出了風格。再說管道要走另一個大隊門前過，要占人家三畝多好地……”

“不拿地跟人換？”

“自然是換，可是地有個遠近呀！這不，也是人家學大寨學出了風格。”

“那你們呢，學大寨學出了什麼？”

“我們……”他笑了，嘴對著竹筒喝水，喝得淋淋漓漓，一下巴的水。

“說呀！”

“這還要說？這不，學了就來開渠。”他拎著竹筒，順山掃了半周，說：“讓這水繞過四十三個壟，轉過四十三個彎，送到三個大隊，十二個生產隊的田裡。”

“原來一家開渠，三家受益。你們發揚風格了。”

小龍笑了，連連搖頭，想說幾句客氣話，又想不出來，只是蹲著把個竹筒撳在水裡，讓竹筒咕嘟咕嘟地“喝水”。往回走的時候，他才悄悄說：“隊長說，我們全縣都想爭取當個大寨縣，這不，目標都一致的呀！”

回到爐旁，小龍忙把竹筒遞上：“大爺，你嘗嘗，這水真甜！”

“不是岩骨水，不會有這麼甜，這麼透腦門的涼……”老漢喝了一大口，瞥了小夥一眼，又立即加了一句：“岩骨水也是大寨送來的水……”

於是山坳裡又響起了叮噹、叮噹的打鐵聲……爐火正紅，金花四濺，這朵朵火花，不正是大寨的蓓蕾，大寨的花！

（原載《光明日報》1976 年 2 月 8 日）

火紅的棗林溝

李 若 冰

棗林子溝兒女手拉手，

一片真心跟著咱毛主席走。

太陽出來喲滿山山紅，

毛主席還住在咱棗林子溝。

……

一個明麗的清晨，我從延安經清澗石咀驛，來到了久已嚮往的棗林子溝。

當我下了溝走進一條深谷的時候，驀然刮過來一股醉心的糜穀香味，它撲面而來，直衝鼻腔，沁人心腑，使我不由得一下子振奮起來。這糜穀，這香味，再沒有比它更甜美的了。這噴香的小米，是陝北高原的特產作物，它曾經哺育過多少無產階級英雄兒女，它會喚起我們老一輩革命者和新一代戰士們多麼珍貴的懷念之情！

我迎著晨風，昂首翹望，幾座像筆架似的高山矗立眼前，重重疊疊的梯田盤旋而上，峻峭的山峰插上了天空，雪白的雲朵在山巔飄繞。在溫暖的陽光下，透過白色的雲霧，看那金色的糜子閃光的穀，看那紅透了的蜜棗，鬱蔥蔥的果園，這頭是綠，那頭是紅，果實累累，實實令人喜愛。再看那山上山下，溝溝坡坡，一隊隊躍動的人馬，一幫幫剽悍的後生和閨女們，飛掄著鐵錘，猛砸著鋼釺，攪和得滿山遍野山搖地動；聽那"太陽出來滿山山紅"的信天遊從山巔飛了下來，歡樂的號子聲震撼著深幽幽的峽谷。好一條熱烘烘的山溝，好一幅戰天鬥地的畫卷！

在棗林溝風口上，在通往後溝的石砭路旁，一夥夥後生和閨女們，在掄錘砸砭，撬石壘牆。幾個老漢在揮鍬移土，平整地面。噢，原來他們正在砭兒上大動干戈，修水澆園子哩。

這時候，只見一個壯壯實實的年輕婦女，手執一杆黑錚錚的鋼釺，站在新造的石砭田畔，顯得淳樸健美，英姿勃勃。這不是大隊革委會委員小楊嗎！她從頭上扯下羊肚子毛巾，昂起紅撲撲的臉面，帶著謙和的笑容，說話聲音鏗鏘有力，那股勁頭就像她握在手中的鋼釺似的：

"學大寨就要學根本，學出個模樣出來嘛！咱從年時起，狠抓階級鬥爭這個綱，群眾的覺悟提高了，幹勁可足啦！在砭兒上造出了一塊水澆園了，雖然只有二十畝零半。"

二十畝零半！年輕的女委員說著把視線瞥向一邊，顯出一種極不滿足的神氣。單從畝數上看，二十畝零半的確是一塊不大的水澆園子。可是，就是這一小塊水澆園子，凝聚著棗林溝兒女多少汗珠，多少心血！那是一九六九年初春，高原還是天寒地凍的時節，棗林溝黨支部決心邁大步，學大寨，和貧下中農擰成一團團，果斷地作出了"劈山填溝，炸砭造田"的決定，積極開展起學大寨的轟轟烈烈的群眾運動。難道這千年的旱原乾溝就不可改造，這老幾輩人望眼欲穿的水澆園子的理想就不可實現嗎？棗林溝兒女胸懷革命的豪情壯志，站在冰天雪原上，向亂砭山崖吹起了衝鋒號。他們笑迎狂風，頭頂雪霧，掄錘放炮打鋼釺，遇山劈山，遇崖炸崖，手上不知磨掉了幾層血繭，震裂了多少口子，也不知擂斷了多少杆鋼釺，挖禿了多少把鑭鍬，就在亂溝石砭上硬是造出了這二十畝零半的水澆園了。

我順著溝道朝前望去，還能清晰地分辨出來，這一塊水澆園子底下是青灰色的石砭層，中間是人力釀造的肥厚的土壤層，而頂上一層今天已長著高大茂密的青紗帳，株稈壯實，齊格嶄嶄，綠格英英，看來令人驚歡不已。這二十畝零半，是棗林溝兒女一滴汗一滴血澆灌出來的，是以無產階級的革命精神鑄造的。這一塊水澆園子，出現在棗林溝是罕見的奇蹟！是棗林溝兒女學大寨邁出的堅實的一步！

此刻，我又和小楊爬著山坳，跨過腰峴，不管山川峁坡，七溝八岔，甚至連旮兒溝裡，無處不是金穀銀穈紅高粱，無處不是桑林梨園紅棗山。從前，這兒流傳著一首民謠："山高坡陡河溝深，下雨洪水傾槽湧；西風吹得肥土滾，山上光禿溝無林。"而眼前呢？棗林溝的五山十溝，其中九條溝已變成了各種體形的堤溝壩，只留一條作為後代的教育溝；五架禿山嘛，近看是綠林米糧花果山，遠看梯田平格展展，連山過堰層層繞上了雲天。真是綺麗多彩，光色喜人，舊貌變新顏啊！

在走向後溝的半路上，我們站在一眼石箍的清泉旁邊。幾個閨女正在泉邊汲水，泉水碧綠碧綠的，清澈見底。在泉臺上，豎立著一塊長方形的紀念石碑，刻有幾行醒目的文字：

棗林溝生產大隊建設

自力更生

西元一九六七年五月十五日

這石碑上的文字全是用石鑿雕刻出來的。那"自力更生"四個字鑿得特別的深，刻得特別的大，筆鋒強勁，極為生動。這四個閃光的大字，這碧綠綠的泉水，多麼真切地反映出了棗林溝兒女們生活的源泉，智慧、力量和精神的源泉啊！

"毛主席轉戰陝北那年月在咱山溝裡住過，咱咋也不能辜負毛主席的期望，一定要自力更生把棗林溝建設得紅紅火火的！"

年輕的女委員一句掏自心坎裡的話，使我們和在泉邊汲水的閨女們心花怒放。此時，豔麗的陽光把山川河溝照耀得通體紅亮，每個人的心是紅亮的，泉水也是紅亮的。

　　我們快步從陽岔溝對面坡爬上去，在半山腰望見了一座引人注目的窯院。這裡並排有四眼土窯窯，毛主席曾住在左起第三眼窯洞裡。窯裡不很寬展，窗下有方形大炕，挨炕盤著鍋臺火灶，是這兒農家一眼普通的住窯。在毛主席住窯跟前的一條溝坡上，有兩眼土窯窯，右邊一眼是周恩來副主席住過的窯洞。當年，黨中央和人民解放軍總部，就分別住在這周圍山上和溝道的十幾個村莊裡。

　　時隔二十多年，我來到棗林溝，站在這高原普通農家的窯院面前，瞬間心潮如湧，思緒萬千，不由得回想起了那如火如荼的人民解放戰爭年代。一九四七年三月，蔣介石日暮途窮，使用突襲方法，糾集了二十多萬匪軍，向革命聖地延安發動了猖狂的進攻。

　　在這歷史發生驟變的時刻，我們偉大領袖毛主席在延安向全黨發出了《迎接中國革命的新高潮》的指示，毛主席英明地預見到“中國時局將要發展到一個新的階段”，人民大革命毫無疑義地將要到來，“我黨和中國人民有一切把握取得最後勝利”，並號召全黨全軍和全國人民團結起來，爲粉碎蔣介石的進攻、建立新中國而奮鬥。

　　一九四七年三月二十六日，遵照毛主席的偉大戰略部署，我黨中央和人民解放軍總部在主動撤離延安的第八天，進駐了清澗縣棗林溝。棗林溝兒女心上永遠銘刻著這個日子。今天，聚集在毛主席住過的窯院裡的老房東、老村長、老遊擊隊員以及年輕的女委員和閨女們，臉上流露著自豪的笑容，心裡裝載著歡樂，洋溢著多麼幸福的感情啊。

　　房東吳老漢今年六十七歲，當年是支前擔架隊員，現在是豬場的先進飼養員。他一家人仍然住在毛主席住過的窯洞旁邊。今天，他正站在窯院一口大鍋前面炒糠皮，顯然是爲“炸砭造田”預備土炸藥呢。他最喜歡向人們敍說毛主席當年來到這兒的情景，一談起來心裡就特別快活。他激動地說：

"毛主席一來到咱棗林子溝，天就亮了。那時節，咱可咋能曉得是毛主席領著中央機關上來呢，這是軍事秘密嘛。不過搭眼一看，這支隊伍有些特別：馱騾多，箱箱多，電線多，背盒子炮的多。我和鄉親們心裡揣想，這一定是指揮咱們打蔣胡匪的大機關吧？你看，山上山下站著哨兵，幾架電臺吱吱地響，電線在溝裡拉得滿個溜溜的，一直扯到這座窯院裡頭來了！

"毛主席住在這眼窯裡，搭天黑到天明，窗戶老是紅亮亮的。周副主席也在這窯裡開會，來來往往的人沒有斷弦，準是商議保衛邊區、解放中國的大事業哩！……"

這兒最年長的一位老大媽，今年八十八歲，眼不花耳不聾，還正在碾盤上碾杏仁呢。她聽人一提起毛主席，就激動得熱淚盈眶："誰也沒有我心上清楚明白，中央同志臨走時給我寬心說：老大媽，毛主席還在陝北，黨中央還在陝北。我們要和陝北人民同甘苦共患難，堅持戰鬥在一起，徹底消滅敵人！"

老婆婆深情地訥訥著。她說得一點也不錯。毛主席在離開延安時已做出了決定："我黨中央和人民解放軍總部必須繼續留在陝甘寧邊區"。也就在毛主席來到棗林溝的當天，新華社再一次向全國人民宣告：蔣介石五路進攻延安之目的是打擊偉大的中國共產黨的首腦機關，他們的宣傳機構不斷猜測中共中央機關到哪裡去了，其實這些猜測都是枉費心機。我們老早公佈過，中國共產黨中央機關完好無損，並且仍然留在陝北直接指揮西北和全國人民的解放戰爭。

在硝煙瀰漫著陝北高原的年代裡，毛主席還留在陝北，黨中央還留在陝北，這一偉大決策像冬日的驕陽溫暖著陝北人民的心，像熾烈的火炬點燃了中國人民革命的火焰，激勵著我黨和全軍指戰員為解放全中國去衝鋒，去戰鬥。毛主席和黨中央在棗林溝，住了兩天兩夜，又繼續踏上了轉戰陝北的征途。

火紅的溝，灑滿陽光的溝！沿著毛主席走過的腳印，踏著黨中央爬過的山坳，棗林溝兒女緊步後塵，隨即組織起一支人馬參加了石咀驛區遊擊隊，還派出一支人馬參加了清澗縣擔架隊，隨軍轉戰，在黃河岸上來往運送解放軍傷患。留在村裡的老漢、婆姨和娃娃們，也緊急動員，爭先恐後，日夜爲解放軍碾米備糧，趕製軍鞋。棗林溝兒女把一車一車的小米運上了前線，把一馱一馱的老布鞋遞在了子弟兵手上，爲保衛邊區和解放全中國獻出了自己的力量。

火紅的溝，灑滿陽光的溝！棗林溝在解放戰爭年代活躍著兩支戰鬥隊 —— 遊擊隊和擔架隊，今天又活躍著兩支社會主義革命的突擊隊：一支是反修農田基建突擊隊；一支是女子闖新突擊隊。這兩支隊伍經過無產階級文化大革命的錘煉，在農業學大寨的革命運動中，以階級鬥爭爲綱，堅決和階級敵人鬥，和資本主義鬥，和大自然鬥，是兩支敢拚敢殺的硬骨頭隊伍，是兩支保持著過去革命戰爭時期那股戰鬥精神的隊伍。

眼前，站在毛主席住窯門口的女委員小楊，也是棗林溝出名的女子闖新突擊隊隊長。在毛主席住進棗林溝的那年月，她還是個小閨女呢。這個從小吃糠咽菜的窮姑娘一嫁到棗林溝，感到格外光彩。她耳聞目染，傾聽老一輩的講述，眼前時常閃爍著毛主席和黨中央在這兒戰鬥的情景，毛主席轉戰陝北的偉大革命精神，深深地融入了她的心裡，激勵著她前進的步伐。她每逢上夜校時，總是不聲不響地坐在前排，把毛主席的教導字字句句刻在心坎上。她說：

"我能生長在偉大的毛澤東時代，心裡覺得熱騰騰得厲害哩！"

就是這個年輕的女委員，在棗林溝發生連年大旱的困難時候，第一個挺身而出，組織起了十八女闖新突擊隊。她對女伴們說："我們現時的困難，還有毛主席轉戰陝北時的困難大嗎！我們能站起走，就不能讓人扶。咱要學大寨的鐵姑娘，闖新路呢！"她們眼望著大旱的年景，乾脆來了個三不要，不要隊上的籽種、肥料和工分,利用中午憩晌和夜晚,深翻整地作起高產田來了。缺籽種,女伴們自己湊。缺肥,闖新隊長和女伴們挑起六副茅筐,連著幾天黑更半夜,翻山過溝,往返七八裡路,不怕苦不怕累,不怕髒不怕臭,到公社茅坑裡掏糞,把高產田追得肥囊囊的。這年玉米成熟時,正遇蘇修公然挑起珍寶島事件。突擊隊長和女伴們憤恨地說:"咱種的高產田,就是戰備田。咱多打一顆糧食,叫子弟兵吃上,多消滅一個敵人!"由於她們的辛勤管理,使這塊戰備田畝產竟達一千多斤,闖出了棗林溝歷史上從未有過的高產記錄。

棗林溝女子突出隊的這個喜訊,像戰鼓聲激蕩著陝北高原,馬上在榆林和延安地區推廣開來。"備戰"突擊隊,"備荒"戰鬥隊,像雨後的山丹丹花,開遍了周圍的山村裡。棗林溝女子闖新隊,也發展成了一支強大的突擊隊。哪裡有困難,她們上;哪裡有硬仗,她們打。她們勇於闖新種棉花;她們敢挑重擔背石箍窯;她們背著鍋碗"轉戰"在高高的山崖上,從早晨到天黑,大修戰備田,不愧是陝北高原一支英勇的女子闖新隊。小楊,也不愧是女子突擊隊的鐵隊長。就是她,在一次暴風雨突然襲來的時候,不顧個人安危,帶領女突擊隊員,頂著狂風惡浪,把隊裡剛剛刨出的鮮豌豆搶收了回來。就是她,在一次山洪把排水道衝壞的時刻,頭一個冒著瓢潑大雨,揮鍬衝過去猛截決口,和社員們一起奮戰,使將要成熟的莊稼免受淹沒之災。就是她,在春灌時發現新修的水澆園子突然穿洞的嚴重時刻,搶先和大夥填土堵洞,但因土受凍成渣,洞口越來越大,她未及脫掉鞋襪,便毅然跳入冰水中,用整個身子堵在了洞口上,女突擊隊長渾身被冰渣泥水糊成了泥人人。……

棗林溝貧下中農看在眼裡,喜在心上:這就是在毛澤東思想陽光照耀下成長起來的新一代啊!她們和老一代攜手並進,繼續沿著毛主席轉戰陝北走過的腳印向前走,繼續為執行和捍衛毛主席革命路線在戰鬥啊！

　　這一陣，我在毛主席住過的窰院前面，又聞到一股更甜更濃的穈穀的香味。一掉頭，才發現小楊正在燒鍋做小米撈飯哩。噴香的小米氣味，隨著蒸氣從窰洞裡撲出來，向窰堖畔飛飄，在棗林溝上空擴散而去。此刻，我的腦際迴響起毛主席轉戰陝北的前一年，和美國記者安娜‧路易士‧斯特朗的談話："我們所依靠的不過是小米加步槍，但是歷史最後將證明，這小米加步槍比蔣介石的飛機加坦克還要強些。"我國人民解放戰爭的歷史性勝利證明是這樣，社會主義革命已取得的輝煌成就也證明是這樣，"小米加步槍"的精神是我黨我軍無產階級革命的傳家寶！棗林溝兒女曾用小米支援了解放戰爭，今天他們種的小米更聞名，是榆林地區小米優種繁殖點。棗林溝兒女以跟隨毛主席轉戰陝北的革命熱情，以"小米加步槍"的戰鬥精神，在連續大旱的年頭裡，終於贏得了穈穀連年豐收，大踏步地跨入了陝北高原農業學大寨的先進行列裡。

　　我要沿著毛主席轉戰陝北的道路向前走去，不能在這兒久留了。然而，棗林溝兒女熱愛偉大領袖毛主席的深情厚意，卻深深留在我的心中。年輕的女委員那熱切的話語，仍在我的耳邊鳴響："二十多年前，我們就在毛主席身邊生活、戰鬥。如今，我們心上仍然覺得毛主席還在我們身邊，黨中央還在我們身邊。我們一想起那無比幸福的日子，渾身就感到火熱熱的，這是督促我們繼續革命的源泉，是我們登攀革命高峰的動力！"棗林溝啊火紅的溝，灑滿陽光的溝！棗林溝的兒女們，今天發奮要堅持跟隨毛主席轉戰陝北時的那股頑強的革命精神，他們還要在青石砭上繼續興造十畝、百畝、千畝的水澆園子，種出更多更香的穈穀，為中國革命和世界革命人民作出更多更大的貢獻！

　　向你們致敬，棗林溝的英雄兒女們！

（原載《人民文學》1976 年第 2 期）

青 春 常 在

張 笑 天

不幹，半點發言權都沒有

縣委常委會只開了十五分鐘就休會了。

機關幹部都很納悶，三五年內要建成大寨縣，研究規劃，這是當前的縣委議事日程上的一件大事，總不會以這種閃電的速度就定硃吧？

他們猜對了，會議由於兩種方案無法調和，只好先放一放。

縣委副書記陳光是最先走出會場的，腳步匆促，像打鼓點似地跑下樓梯，到他自己的辦公室去了。

另一位縣委副書記郭震，最後一個離開房間，他在會議室門口停留片刻，臉上露出思索的神態。他年紀已經不輕了，灰色的帽子底下，露出花白的頭髮，額頭、嘴角刀刻般的皺紋，和那風吹雨淋留下來的古銅色面孔，都使人想到北方農民那種樸實的形象。郭震剛從昔陽參加全國農業學大寨會議回來不到七天。他下火車是零點，縣委常委們都急切地跑進了檢票口，沒等郭震喘勻氣，就爭先恐後地問起會議精神。郭震連夜做了傳達，第二天天不亮，他就騎上一輛自行車下鄉了。他的行蹤簡直叫陳光抓不準，即或用電話追，也追不上，無怪陳光常開玩笑地叫他"行腳僧"。

陳光萬萬沒想到，這個在底下轉了一陣子的副書記，今天突然在常委會放了一炮：修造牡牛河水利樞紐工程！

　　郭震當然知道，陳光不會同意。但他也絕沒有想到，陳光竟然提出了一個"化整爲零"的方案。所謂"化整爲零"，就是把後進的牝牛河公社十三個大隊拆散，分別遷居到全縣其他二十四個公社去落戶，徹底甩掉這個"墜腳貨"。

　　這是兩個相距何等遙遠的方案啊！

　　假如爭論下去，也許幾天幾夜不會得到統一。郭震想：自從縣委書記劉群到省幹校學習以來，一直是陳光主持縣委工作，儘管好長一段時間裡，他和陳光在一些問題上都存在著分歧，可從來沒有像這次如此針鋒相對。既然一下子不能說服陳光，有些話，就不便在會上說了。

　　郭震敲開了陳光的門。

　　陳光正仰倒在沙發裡，把一個煙頭往另一枝煙上接。見郭震進來，頭也沒抬，只顧大口大口地吸煙。

　　郭震在陳光的對面坐下，注視著陳光那發胖的臉，罩在一個藍色的煙霧中。郭震似乎心境很好，悠閑地坐在那裡，下意識地撣掉那些沾在褲子上的泥水點子。

　　沉默了好一陣，陳光撚滅煙頭，歎口氣，說："你呀！你這個行腳僧！你眼睛都熬紅了，又找上門來跟我大辯論！我可沒工夫了。你去休息，我也得瞇一覺，準備好炮彈，咱倆再接火！"

　　郭震哈哈大笑，說："我這炮彈現成，你想掛免戰牌？沒門兒！"

　　陳光感到一陣困倦，打了個哈欠，站起身，打開窗戶。

　　深秋的涼風夾雜著雨星吹進來，吹得牆上的全縣行政區劃圖嘩嘩作響。

　　陳光轉過身來，說"北方地區農業會議以來，牝牛河公社修了幾千米順水溝、截水溝，老劉在家親自抓過，可結果呢？還是摘不掉'內澇'的帽子，這幾年對對付付，雖說比不上別的公社，可還將就。今年來場水，你瞧著吧，又得出個大窟窿，把全縣畝產數字給拉下來。"

"這我承認，"郭震說："從前，光是堵窟窿，小打小鬧。這回咱就是要來個根治嘛！"

"根治？"陳光的嘴角掠過一絲冷笑，"談何容易！你聽聽群眾的呼聲吧！有很多人提出要搬家，占百分之……"

郭震見陳光翻小本，就笑起來："讓我來告訴你，嚷嚷搬家的戶，只占百分之零點五，九戶，都是上中農。"

陳光合上本子，沒有和他爭。他瞭解郭震的脾氣：他總是走社竄隊蹲在底下，說出來的數字每次都是四腳落地叮噹響，駁不倒的。

陳光話鋒一轉，又談起了缺糧問題："……今冬明春牤牛河社員三留量肯定不足，縣裡總得救濟吧？你得想一想，這要救濟到哪年是個頭哇？"

郭震卷了一顆紙煙，說："提得好！"

陳光掏出一顆煙捲扔給郭震，湊到他跟前，打著手勢說："二十五個公社，二十四個上了'綱要'、過了：'黃河'，可牤牛河還是這麼個局面，咋行呢？這是過河背包袱，越背越沉啊！"

郭震吸了一口煙，說："這包袱該甩了！"

陳光來了勁頭，在寫字臺周圍轉了一圈，大手在空中一掄："甩！堅決甩！把這兩千戶集體遷走，讓這一萬口社員和全縣人民一道走集體富裕的道路！"

"怎麼個走法？"郭震不由得哈哈大笑起來："老陳啊！縣委要帶社員'集體逃荒'嗎？"

陳光爭辯地說："你比我更清楚，若想叫牤牛河徹底改觀，不是三年五年能完成的，國家不投資幹不了！你是參加大寨會的人，你當然知道，三五年內要建成大寨縣。就算咱是最後一批吧，你能有把握在三五年內治住牤牛河嗎？我可沒這個發言權。"

"不幹，半點發言權都沒有！"郭震說："牤牛河為什麼沒有變？是貧下中農叫這頭牝牛嚇住了？還是咱當頭頭的光想堵窟窿？"

陳光一聽這話，就明白郭震又要提修水庫的事，趕緊封門："大鬧嗎？不是吹氣兒！牝牛河地區，底下有條古河道，是特殊地層，想大幹，要多少人力？要多少錢？要多少石方？況且，牝牛河公社自己是試過的，可結果呢？"

這結果，郭震當然也清楚。

三年前，牝牛河公社自己動手攔河築壩，可春天一場桃花水，把這重力壩衝垮了不說，由於基礎沒有打穿古河道，壩基都被大水推平了。

郭震說："那是因為沒有橫下一條心，沒有豁上血本！"

"血本！"陳光打斷他說："你是不是又打我那幾十萬地方財政的主意了？"他指指腳下破損的地板說："你瞧瞧，這一踩直呼扇的房子，還能住幾天？張羅十幾年了，好歹備齊了料，革委會大樓、家屬宿舍說啥也得上馬啦！你自己還住在鄉下嘛，為啥？還不是沒房子！"彷彿給他的話作注腳似的，他腳下的地板咯吱咯吱地怪叫著。

郭震一笑說："辦公室、住宅擠點沒關係，可不能和學大寨對立起來。"

陳光扭頭望著窗外飄灑的雨絲，心裡如同鉛色的天空一樣悶氣。郭震是陳光一手提拔起來的幹部，原指望他幫自己抵擋一面子，他相信郭震這個實幹家有這個本事，能替他多挑一大半分量；年齡和一些別的原因，都使陳光感到自己應當坐鎮了。可一年來，他失望了，郭震盡唱反調，幫倒忙。他不由得記起郭震從沙河掌公社調到縣裡當副書記那天的事來。

那天，正趕上三級幹部會組織與會幹部去參觀學大寨典型。縣委大院熱鬧極了，吉普車、'小麵包'車、大客車，還有二十幾輛大卡車，依次排滿了院子。郭震背著個行李捲，穿過大車小輛,在陳光的辦公室裡找到了他。陳光忙得不可開交,左手握著聽筒,右手不停地在遞來的檔上簽字、批示⋯⋯見郭震背著個可笑的小行李捲進來,扔掉筆,好歹騰出右手來,隔著桌子和郭震握了握手,又忙著向授話器裡喊:"數字趕快報⋯⋯"

郭震感到有點好笑。

陳光無可奈何地說:"你一來可救我駕了,我總算該喘口勺乎氣兒了!"

郭震這個老下級卻笑起來:"我一來,你別後悔就行,我不會叫你喘勺乎這口氣的。"

可不,郭震剛到任就放了一把火:他對陳光調用二十多台生產車輛拉人參觀,就不同意,他說:"學大寨,首先要學人家苦幹的勁頭,二十幾台車停產一天,這損失太大了。"

陳光雖然覺得他未免小題大作,不過,他想,新官上任三把火,不能給他澆涼水。他依了郭震的主意:退回了生產用車,由郭震帶隊,步行三十里去參觀。

陳光漸漸覺得郭震並不是放三把火就完事的人,一把火比一把火大。到今年夏天,郭震自己整天和社員一起幹還不算,他竟然要把陳光也拉到第一線去。

陳光嘴上不說,心裡覺得不是滋味。他覺得,自己畢竟比郭震在上頭多呆了幾年,知道一個全縣的頭頭肩上有多大份量。一句話,一個決定所要承擔的責任。就拿當前的分歧來說,他反對牤牛河水利工程,是因為他感到那太冒險,弄不好,要把全部精力搭上去,費力不討好;好比種樹,前輩栽樹,後輩乘涼,這水能解近渴嗎?到時候上級問你:為什麼全縣上不能'綱要'?你能推到子孫那一代嗎?惟一簡捷可行的,他認為是"化整為零",不顯山不露水,全縣二十幾個公社來個"大個替矬子背缺",一下子就都帶上去了。將來既或上幹校學習的第一書記劉群不回這個縣,他陳光總算抓出成績了嘛!

想到這些，陳光說：“老郭，時間不等人哪！你那工程修幾年，恐怕牤牛河公社要出幾年窟窿，怎麼交代呀！”

郭震說：“只要真心學大寨，哪怕苦幹十年，也要幹……”

“我是假學？”陳光有點火了，“老郭，你這結論未免太早了吧？”

郭震知道一時說服不了他，打算和他一起下去。他相信，在全國學大寨會議精神鼓舞下的牤牛河公社社員的決心，會使陳光受到教育的，結論叫他自己去下，比說一千道一萬都管用。

因此郭震提議說：“咱倆別爭了。下午咱就到牤牛河去，怎麼樣？”

陳光剛要答話，桌上的電話急驟地響起鈴來。陳光抓起耳機子，隨便地說著：“我，陳光，對對。什麼？再說一遍！”陳光聽著聽著，眉頭皺起來，他瞥了郭震一眼，大聲說：“不行！縣委方案還沒定，你們怎麼就動手了？馬上給我停下來！聽見沒有？”

他也不等對方回答，唭嚓一下掛斷了電話，氣呼呼地說：“簡直亂了套！”

郭震顯然有成竹在胸，他哈哈大笑說：“亂得好！”

陳光無可奈何地出了一口長氣，戴上帽子，說：“你呀！準又給他們撐了腰！走吧，下去看看！”

郭震笑道：“好，到底把你這‘老帥’逼出了老營。不過，我提醒你，不是去看看，而是下去大幹！”

我們也有兩隻手

縣城離牤牛河公社三十五裡，一路全是上坡，剛下過一場秋雨，道路泥濘難走，兩個人是步行，陳光簡直跟不上郭震的腳步。

已經可以望見牤牛河那紅楓披拂的村莊了，在坡頂一棵老柞樹下，郭震停下來，等著陳光低頭弓腰地走上來。

看見他吃力的樣子，郭震笑著把毛巾扔給他："怎麼樣，走七坡路吃力吧？"

陳光揩著汗，沒有回答。

郭震點起一枝煙，意味深長地說："是啊，人在往高處走時，總得哈腰吃力流大汗，可這種人是往高處走！可當一個人挺胸揚脖的時候，你看吧，他準是往下坡出溜呢！"

陳光坐在一塊臥牛石上，說："我還不到那個地步。"

山風鼓蕩，五花山時節的山巒，五顏六色，藍緞子似的牤牛河從這花一樣的山間逶迤流去，河谷平原一片鋪金亮薰的色彩。

郭震說："把這頭牤牛鎖住，河谷平原可是一個大糧倉啊！"

陳光對這個題目不感興趣。他突然問道："哎，你女兒郭丹不是大學畢業了嗎？什麼時候分回來？"

郭震望了他一眼，笑了："怎麼，又打什麼譜了？"

陳光說："建革委會大樓，正缺技術員，她不是學土建的嗎？"

郭震沒說什麼，一笑。

陳光由郭丹一下子又想到房子，他說："你女兒一回來，原來分給你的兩小間住不開了。我再叫辦公室給你調一下，你先別搬。"

郭震笑道："也許都搬完了。"

陳光抱歉地說："都怪我粗心！我怎麼把你女兒馬上畢業的事給忘了呢！"

兩個人說了一會兒家常，又上路了。

陳光不顧疲勞，拉著郭震去看受災的地，郭震卻提出：先去看人。

陳光只得同意，反正都一樣，地澇了，人的臉上會反映出各種情緒的。

郭震沒有把陳光領進村，卻向牝牛河畔走去，那裡有一座斷崖，懸石裸露，崖下濤聲震耳。就在這濤聲中傳出響亮的一片錘聲。

"怎麼，支起露天鐵爐了？"陳光疑惑地望望樹叢後竄出的火星子，扭頭問了郭震一句。郭震沒有答話，向傳出叮噹錘聲的地方走去。

只見河崖樹叢後一座小小的泥坯烘爐前，一老一少正在打鐵。老的鬚髮皤然，光著油黑的脊樑，少的是個姑娘，挽著襯衣袖口，手裡的大錘都掄圓了。

這兩個人是誰呢？陳光都感到陌生。

郭震告訴他，那老頭叫顧雲海，是牝牛河的老石匠。不過他沒有說明，老石匠打鐵做什麼。。

兩個人走近了，那一老一少突然回過頭來，那姑娘眉梢一揚，笑著扔了錘，朝郭震喊道："爸爸！"

郭震給陳光介紹說："你不是總叨咕她嗎？這就是我那丫頭——郭丹。"

陳光驚喜地望著郭丹，說："你什麼時候回來的？怎麼不報個到，一頭鑽到這兒來啦？"

郭丹叫了聲"陳叔叔"，望著爸爸咯咯笑起來。

老石匠顧雲海把砧子上的鋼釺又提進爐火中，對郭震說："我說夥計，釺子解決了，咱自個打自個用，禿了就回回爐，你這主意真叫棒！"，說著亮開洪鐘樣的嗓門笑起來。陳光皺起眉頭，他此時才明白，原來這場"戲"，全是郭震一手導演出來，叫自己來受教育的。

陳光坐下來，說："老郭呀，你叫我當觀眾？"

郭震幽默地說："你真說得出口！當觀眾？你得登臺和大夥一塊唱這台戲！"

郭震操起大錘和女兒去打鐵了，陳光和顧雲海嘮扯起來。

陳光問道："今年收成咋樣？"

顧雲海裝上一袋煙，歎了一聲："書記呀，一提這事，咱心裡愧得慌啊！"

陳光望著顧雲海沉重的表情，心裡一陣難過。是啊，這條河谷，多少年來被人稱做"窮棒子溝"。解放前，一遇上大水泡天的年景，多少戶人家攜兒帶女、背井離鄉去討飯，那是陳光閉上眼睛就可以想見的情景。解放後，牤牛河公社雖說躍上去一大截，可畢竟還沒有徹底摘掉"窮棒子溝"的帽子。陳光感歎地自問，我作為一個縣委書記，能對得起顧雲海這樣的老貧農嗎？

他越思越堅定了"化整為零"方案的信念，不能叫顧雲海這樣的老貧農把汗水白白灑在洪水裡……

陳光安撫地對顧雲海說："不要緊，除了你們牤牛河，全縣其他二十幾個公社，社社豐收，早就有人要支援你們了！況且縣委也要給你們解決。我打算把這十幾個自然屯遷走，甩掉這'窮棒子溝'！"

"甩？"老石匠眼裡露出十分驚訝的神色："書記同志！我們也有兩隻手啊！"

陳光剛要解釋幾句，顧雲海接下去說："你不摸我們的心啊！毛主席領咱鬧土改，走合作化的路，這麼多年了，我們還吃'愧心糧'，心裡不好受啊！"

老頭頓了頓，用下頦指了指一臉油汗的郭丹，說："看看老郭教育出來的孩子！大學生回鄉務農，掙工分，老郭一百個支持。老實話，咱修大壩可是正缺咱可心的技術人啊！"

這消息又大大出乎陳光意料，他愣愣地望著郭震，一時不知說什麼好。

郭震呼呼地拉著風箱問道："老陳，來打兩錘。"

陳光不懂郭丹叫錘的號令，總打不到點子上去，郭丹不住地樂。郭震說：「打鐵得往點子上敲啊！敲不正，盡使瞎力氣，老顧頭說得對，搬遷那是歪歪點子呀！」

郭丹說：「陳叔叔，你看！」

隨著郭丹手指的方向，正有一支幾百人的隊伍出村。他們打著旗、肩鍬扛鎬，高唱著「學大寨」的歌曲，浩浩蕩蕩開過來。隊前大紅橫額上寫著一行大字，分外耀眼：我們也有兩隻手，橫下一條心，鎖住老牤牛，不建成大寨社誓不甘休！

這種樂觀豪邁的精神，洋溢在今年又一次減產的「窮棒子溝」，確實令陳光感動，也有點納罕。

只聽郭丹說：「陳叔，這是咱支援水利工程的第二梯隊上去了！」說完，推起樹蔭下一個裝滿鋼釺、禊頭的獨輪車，迎著隊伍跑去。

郭震望了陳光一眼。

陳光當然懂得這眼光的意思：怎麼樣，受鼓舞嗎？

陳光沒有說什麼。社員的幹勁越足，當頭頭的越應當保護這種積極性，把幹勁引到正確軌道上來，不使這種力氣花在毫無指望的廢功上去。這可是要領導水準的時刻，光憑腦袋熱，是不行的。不過這些都是陳光沒有說出來的潛臺詞。

這時，從河崖子底下走上一個五十多歲的老婆子，她背著一隻椵樹皮筐，裡面裝滿了山裡紅和別的野漿果。

顧雲海氣呼呼地喊道：「大夥都忙著學大寨，你有心採山貨，呸！」

背筐的女人斜了陳光一眼，她雖不知道這個人是縣委書記，反正看著像幹部。她唉聲歎氣地念起三七來：「誰讓咱攤上個金銀填不滿的窮溝呢！人挪活，樹挪死……哼，叫縣委書記搬這來試試，喝幾天清風就好了！莊稼不收，又不行搬家，採點山貨寬綽寬綽手，犯了哪條法？」

接上話茬的並不是大為驚奇的陳光，倒是郭震：「老魏婆，你提的有道理呀！"

一聽這宏亮嗓門，老魏婆嚇得一抖，她這才發現滿臉大汗拉風箱的郭震。

只聽郭震說："縣委書記應當把家搬到'窮溝'來。不過，可不是來和你一起'喝清風'，而是和貧下中農一道改造山河，靠一雙勞動的手苦幹學大寨！"

老魏婆支支吾吾地走了。

陳光不用問也明白，這老魏婆肯定是個肥個人損集體、專門想歪門邪道、抓撈錢的角色，偏偏是這麼個人物跑來湊熱鬧！陳光厭煩地斜了她一眼。

顧雲海一把奪下郭震手裡的活，說："夥計，你快回家去看看吧，剛搬來，揚落翻天，你們爺倆倒好，都不著家！"

"什麼？"陳光瞪起了眼睛追問："說你什麼？"

顧雲海不明白陳光爲什麼對搬家的小事這樣大驚小怪，他望望笑眯眯的郭震，平淡無奇地說："這有什麼？老郭把家搬到牤牛河，和咱一起紮下營盤啦！"

陳光一聽，氣不打一處來，他二話沒說，轉身就走，走出老遠，回過頭來，怒沖沖地吼道："老郭！你太過分了！你怎麼處處和我唱反調呢？"

郭震的話追上他："那怎麼行？咱倆得一個吹笛，一個捂眼兒，唱一個調才行！"

過河的卒子

這幾天，陳光忙得腳打後腦勺了。

他找了幾個技術人員，按照攔河大壩的工程設計，算了一筆細賬。

陳光叫這些數字嚇了一跳。以往，他曾估計到這工程的難度，但遠沒有白紙黑字那麼令人目眩。

別的都可以不談，光石匠，就要上千名！就是把全縣各種工程隊的石匠全集中起來，也達不到五分之一，這實在太冒險了。

他決定立即去找郭震。

陳光的吉普車在牨牛河攔河工地土路上，碰見了扛著標杆水準儀的郭丹。

陳光從車上路下。郭丹喊了一聲"陳叔叔！"撂下儀器奔過來。

陳光打量著挽著褲腿、沾了一身野草刺的郭丹，問道："你爸爸呢？"

郭丹調皮地一笑，說："我爸爸算的真準！他說，你算的賬差不多了，這一半天準來！"說著咯咯咯地笑起來。

陳光也笑了。他反問道："你們的帳算得咋樣？得多少石匠？"

郭丹說："因為要鑿穿古河道沉積層，石方比平時要多好幾倍，石匠得千八百個，爸爸說，這是頭一個大難關！"

"呃 —— "陳光舒了口氣，叉腰望著工地上人頭攢聚、小車如梭的景象，說："能看到這步棋，就快透亮了！"

郭丹又咯咯咯地笑起來。

"你爸爸在哪兒？"

"在那！"郭丹用手一指，遠方一架拔地而起的石崖，像一頭張牙舞爪的牨牛，凌空架在牨牛河左岸。在一片漂浮的山嵐掩映中，那裡人影幢幢，紅旗點點。

陳光一步步登上石山。越往上走，這山上叮叮錘聲、吭唷嗨喲的號子聲，都聽得清清楚楚了。

走進山豁口，在垛起來的方石垛上，不知誰用白石灰刷出了一行大字：石匠訓練班。

陳光笑笑。繞過石方垛，走進了人群擁擠的採石場。

只見老石匠顧雲海跳上一塊玄武石，手裡小黃旗一擺，大吼一聲："考試開場！第一個，郭震！"

人群裡奔出一個提錘上陣的人，正是縣委副書記郭震。

陳光環顧了一下人圈，這石匠學習班裡，縣委機關幹部、縣委常委、公社黨委書記，幾乎都在。他簡直不明白老郭又搞了個什麼名堂！

只見郭震規規矩矩地站在顧雲海面前，真像小學生回答考題那樣認真，嚴肅。

顧雲海臉上連點笑模樣都沒有，他一字一板地說："夥計，聽清了：斜眼下料，打損石！"

郭震響亮地答了一聲："是！"隨即走到一塊青石旁，鏨起眼來。

人們都在替郭震暗中使勁。

眼打好了，郭震在斜眼裡墊上牛皮紙，夾上鐵楔頭。小青年擠上來，像籃球場外熱心而又帶有傾向性的觀眾一樣，喊叫著，替書記叫勁。要知道，斜眼打石下料，是石匠手藝裡最難的一門了！

郭震不慌不忙往手心吐了口唾沫，抓起悠悠直顫的錘柄，呼地一下掄圓了十六磅大錘，帶著風聲砸下去，當一聲正中鐵楔，巨石訇然斷開，齊齊整整，一點毛茬不帶。

人群裡爆起一片喝彩聲。

顧雲海沒有笑，他大聲說："看見沒有？老郭說得好：有山就有石頭，有人就出石匠！下一個——"

郭震一眼發現了人群後頭的陳光，就笑著擠出來。

陳光說："真新鮮，把幹部都拉來當石匠嗎？"

郭震說："這叫滾雪球！一個學會了再帶兩徒弟，兩個徒弟再各帶兩個……老陳，若想帶領山區人民學大寨，幹部光蹲在'禁城'裡不行，得過河，當卒子！"

陳光突然產生了這樣一種感覺：堅硬的岩石好化，可郭震這人一旦下了橫心，比山石還難化啊！他本來是拿了一大堆驚人數字來說服郭震的，卻不料這個實幹家不是用數字，而是用行動做了回答。

陳光真有點動搖了，面前這個郭震，是帶領沙河掌人民改造兔子不拉屎的荒山坡的能手，他這種不到黃河不死心的勁頭，確實令人欽佩。儘管陳光此時還不相信郭震能夠在三五年內完成這艱鉅的任務，但因為第一書記不在，同是副書記，和以前上下級關係不同了，自己又不好獨斷。雖然他聽地委領導的口話，未必讓劉群再回來，可自己事實上沒有成為一把手之前，他不願那樣幹。他又不是沒有盡過最大努力去說服郭震。盡到責任了，叫他自己提高，從教訓中回過彎來吧。

郭震自然不知道陳光的心裡活動。他熱烈地挽起陳光的膀子：「來，我和你打石頭，保險不出半月，叫你成為一等石匠！」

陳光苦笑一下，拗不過，只好抓起手錘、鏨子。……

已經是夜闌更深的時候了，沸騰的採石場漸漸歸於靜寂。

月光灑在青石上，照著兩個人影。

郭震和陳光正在下棋。

這是兩個老對手了。陳光的棋藝不壞，慣用頂頭炮、臥槽馬，再事前把老帥拐出來，用這種手段，常常贏棋。

今天不知是因為心不在焉，還是別的什麼原因，他這盤棋，已經面臨重兵之圍的危機：老帥活活被三個過河卒子逼得走投無路。

陳光撓撓頭皮苦笑道：「呵！沒成想你這過河卒子成了氣候！」

隨後郭震清脆地敲了一下棋子：「將！」

陳光推了棋：「輸了！」

郭震哈哈大笑：「怎麼樣？你小看過河卒子？卒子一去不回

頭，不到黃河不死心；過了河還是橫衝直撞，絕不後退半步！"

陳光點起一枝煙來。

郭震弦外有音地說："認輸了？同志，學大寨也一樣，得有過河卒子的拼勁，找捷徑逃跑，都沒出路，光靠老帥坐鎮指揮，也贏不了！"

陳光也笑了："你在這等我呢！下棋歸下棋，代替不了學大寨。就算石頭關過了，資金、水泥、鋼材呢？"

郭震笑起來："革委會大樓工地上，不是現成嗎？"

陳光早知道他打的是這個主意。他覺得自己的工作是越來越不好幹了。

尺規定在二〇〇〇年

三天以後，縣委常委會，在採石場的工棚裡作出了決議。陳光的搬遷方案被否決了。

這是陳光預料到的。

但是，陳光沒有再提出異議。

會後，他親手寫了一個字條交給了常委秘書：一，沒有郭震的簽字，地方財政的資金分文不準動；二，革委會大樓基建物資，全部運到牝牛河工地。大樓停建。

表面上陳光是認輸了，可實際上，郭震明白，這種"急轉彎"，正證明他沒有轉過這個彎來。

正當郭震要找陳光做一次詳談的時候，又出了一件大事，一下子又把陳光捲進了大漩渦。

陳光一接到地委檔，就急匆匆地坐上小車，趕到了工地。

他在消力池的基坑裡，找到了渾身進滿泥漿的郭震。

陳光重重地歎了一口氣，把地委的檔交給郭震，一句話沒說。他一直盯著郭震。在他想來，郭震一聽見這消息，一定會心情沉重，一定要重新考慮這個鎖住牝牛河的動議的。

　　卻不料，郭震滿臉笑容，他抖著那份文件說："好啊！太好了！上級把我們縣列到明年建成大寨縣的指標裡，又在咱背上擊一猛掌。看來，咱的規劃還得重新研究一下！"

　　"你總算吐出了這句話！"陳光拍了拍郭震的肩膀頭，兩個人沿著亂石雜陳的河灘向前走去。陳光邊走邊說："改造牝牛河，這固然好，可明年能完成？明年建不成大寨縣，你負責，還是我負責？"

　　郭震說："責任誰負是小事。我以為要集體搬遷，要逃走，要'化整為零'，這是假學大寨，是懶漢懦夫幹的事情。這樣幹，哪怕一天就能建成'大寨縣'，也是冒牌的，不能走這條路！"

　　郭震這幾句話說得斬釘截鐵，不容置疑。陳光原來準備好的一套話，都懶怠說了，因為說也無濟於事：郭震連欠縫的意思都沒有，更不能說服他重新討論了。

　　郭震邊走邊說："馬上把這大喜事傳達給全縣人民！使口號變成行動。我考慮，上次計畫裡有個小漏洞，地方工業廠子，如何為學大寨服務，定得不具體。馬上補上，讓地方廠子從行動上轉到學大寨的軌道上來，為工地造捲物機、翻斗車、鐵閘門……"

　　陳光猛吸了一口涼氣：原來他所說的"修改規劃"，是這麼一回事！他不但毫不收兵，反而還要往這個無底洞裡一古腦地塞東西！

　　他想起了昨天打給地委的報告，剛寄走時，他還有點後悔，但現在他心裡踏實了。他覺得自己這步棋走得對。他既或不指望在劉群離任的一年裡幹得轟轟烈烈吧，總也不願意捅個大漏子。

　　他覺得許多的話要說，但又一句話也不想說，兩個人就這樣默默地向前走著。

　　一個矯健的身影從捲揚機後頭斜穿過來。那是郭丹，她手裡拿著一卷子圖紙，一路笑著："爸爸，我替你曬出來啦！"

陳光先伸手接過了那卷圖紙。

第一張是一九七六年完成牤牛河攔河工程的設計圖。這叫陳光大吃一驚，他抬頭望瞭望郭震，不無嘲諷地說："你真想得出哇！"

郭震笑了："我？我能想出個什麼來？這是一千多名農田建設專業隊員集體想出來的。"

陳光慢慢悠悠地說："我們當的是領導，而不是當群眾的尾巴。"

"我承認，"郭震說："不過，這只是說對了一半。不當尾巴還不夠，得站在他們的前頭，領頭幹！"

陳光沒有吭聲，又去看另一張。

郭丹說："陳叔，這有一個方案措施材料，我們土設計隊討論過幾次，感到它是切實可行的！"

陳光忽然苦笑起來。他不是笑郭丹的話，而是笑那張圖。

那是一張"二〇〇〇年全縣山河規劃圖"。

陳光用手指敲了敲圖題，說："真有意思！二〇〇〇年，你看看你那一頭白髮吧！你已經五十五歲，比我小不了多少，你大概不會活到世紀末了吧？"

郭震深沉有力地說："生命是有限的，但我們的事業，是永恆的！搞這份規劃的時候，不應當把自己的壽命考慮進去。"

這落地鏗然有聲的話語，在陳光的耳畔轟響。他拿不出什麼理由來駁倒郭震。

陳光說："在劉群同志沒來之前，我保留我個人的意見。"

郭震不認識陳光似地久久地注視著他。這句話的後頭是什麼呢？他記起來最近的傳聞，有人說，劉群同志雖然馬上要從幹校畢業，但可能調到地委工作。那麼，陳光是希望快點派來一把手給自己撐腰，還是把重擔、責任準備推到一把手身上呢？

無論是哪一種，郭震都感到心裡隱隱作痛。

陳光是土改時候的工作隊長，還有郭震當貧雇農團長的時候，陳光就是自己的老上級。從前，這個人幹工作煞苲，有股子快刀斬亂麻的勁頭，工作有能力、有魄力。可是近幾年來，特別是在縣委一起工作這一年來，郭震感到陳光變了，變得不願出大力流大汗了。他曾多方面尋求過這變化的原因。

這個原因，郭震今天找準了。

陳光把黨的事業，把工作的成績常常往自己的小帳本上記，考慮個人多了，自然前怕狼後怕虎，他想的不是苦戰奮鬥，而是走捷徑，如何叫上級滿意，如何交待得過去……

郭震感到對這個老同志，到了一針見血指出問題的火候了，就事論事，已經不能令他猛醒了。

郭震把陳光邀到自己家裡去。

陳光一踏進郭震的小院，滿眼都是凌亂。箱箱櫃櫃還都沒來得及安置在適當的位置，家裡惟一剩下的人 —— 郭震的老伴，也並不是在忙家務事。她在院心用泥坯壘了個風火灶，架了一口大鍋，羅起四層屜，正在蒸饅頭。

一見陳光進院，郭震老伴笑道："你們都是功臣，學大寨上前方的人，我這工地的炊事班長，今個給你們煮兩個鹹鴨蛋，一會兒再打上二兩燒酒。不過可有一句，你們要半道坐坡，你瞧著吧，別說鴨蛋燒酒，你們一進門，我就拿燒火棍把你們轟出去！學大寨當頭頭的不下水，站幹沿上喊，哪輩子能學成？"說著吃吃吃地笑起來。

說者無心，聽者有意。這嘮叨的女人的一席話，把陳光說得應也不是，否也不是。還是郭震把他拉到了院裡柳樹下。

郭震老伴說話算數，不一會兒就端來了鴨蛋、鹹菜條和一壺酒。

兩個人還沒等酒沾唇，院外響起一個十分耳熟的聲音："好啊，你們倆跑這背風來啦！"

兩個人一齊站起來向院門口奔去。

來人風塵僕僕，正是從幹校學習歸來的第一書記劉群。

郭震問道："畢業了？"

陳光問道："你是歸隊，還是來告別？"

劉群嘿嘿一笑，說："都不對！既不是歸隊，也不是告別。"

陳光望瞭望郭震，幾個人一同大笑起來。

郭震老伴又麻利地炒來一盤木耳肉片，把筷子往劉群身邊一放，說："這是接風菜！光他倆呀，吃個鹹鴨蛋就夠優待的了！"

劉群哈哈一笑，說："行啊，叫他倆感謝我就是了。"

郭震老伴也忍不住笑了："這話明白。"

此時，陳光的心，根本不在吃喝上，他最著急的是劉群是否真的回到第一書記的位置上來了。劉群又偏偏不往這個題上扯。

過了一陣，劉群從挎包裡掏出一張紙來，鋪到桌子上，說："這是老陳打給地委的報告，地委叫我帶回來了。"

陳光心頭一沉，不知劉群這是什麼意思。

郭震拿起那張報告從頭到尾看了一遍，是陳光要求地委馬上給縣委配上一把手的報告。

郭震想，陳光不但有想法，而且有行動了。

吃過飯，郭震把劉群和陳光讓到屋裡去坐。

屋子裡亦未收拾，除了炕上的行李捲打開了，其餘的東西，照樣捆著。顯然，主人們還沒有來得及安置這一切。

只有一樣東西，是經過精心佈置的，那是一個描金的鏡框，裡邊，在紅色金絲絨的襯底上，嵌著一張發黃的十六開草紙，上面畫滿等離線和山川、河流的符號，顯然由於年湮代遠，已經相當模糊了。

由於這個鏡框掛在最惹人注目的正面牆上，三個人一進屋，就不約而同地在門口站住了。

陳光突然感到一陣陣心頭發熱，他低下了頭。

郭震深情地說：“老陳，你一定還記得這張地圖吧？”

陳光走到牆下，仰頭望著那張泛黃的地圖，望著那上面的一行遒勁的大字：奪得江山是戰鬥，建設江山更是戰鬥！

這一行大字在陳光眼前浮蕩著，化成一團團戰爭的煙雲。與此同時，他想起了親筆寫這幾個大字的人……

那是一九四七年的春天，國民黨匪徒企圖越過牤牛河進犯解放區。那時候陳光是縣民兵獨立大隊的中隊長，郭震還只是個民兵班長。他們在縣大隊政委嚴明煥率領下，趕到牤牛河地區阻擊敵人。經過一場激戰，匪軍屍橫遍野，狼狽潰逃了。在這次戰鬥中，嚴明煥負了重傷，被郭震背下火線。他派人把陳光叫到眼前，從兜裡掏出這份軍用地圖，指點著對他們說：“解放區的一寸土地也不能丟掉，把敵人壓下去！大隊由你指揮！”

戰鬥勝利了，當陳光趕到包紮所，向嚴明煥報告時，嚴明煥眼角露出了笑紋。陳光說：“我們奪來的土地，一寸也沒有丟！”

嚴明煥把這張地圖捧給了他們，陳光發現，中隊長在那上面寫下了一行大字：奪得江山是戰鬥，建設江山更是戰鬥！

不久，嚴明煥犧牲了。

郭震一直把這張小小的軍用地圖保存在身邊。

為什麼在這個時候，郭震把它鄭重地掛出來，這用意，陳光還不明白嗎？

郭震說：“當年，烈士用生命和鮮血奪來的土地，我們有什麼權利輕易丟掉？我們接過先烈手裡的接力棒，是要向前跑的！難道我們在臨死的時候，可以對後代人這樣說嗎：先烈奪來的土地一塊沒有丟，原封不動地交給你們了……”

陳光的心，像海浪一樣搏擊翻騰著。

劉群語重心長的話在他耳邊響了：“地委全力支持你們改造牤牛河！只有這樣幹才是真心學大寨，才能在這場深刻的革命中煥發你戰士的青春。”

郭震說："什麼時候忘了戰鬥，你就會感到老了，沒有青春的活力啦！換句話說，一個堅持繼續革命的戰士，他的青春永遠不會老的！"

陳光終於找到了他和郭震的真正距離。他有千言萬語要說，一時有如骨鯁在喉，他緊緊抓住郭震那雙大手，搖撼著，望著，他還是第一次這樣仔細地看這雙手啊！

這是一雙什麼樣的手啊！滿手的老繭，一層落一層，足有兩個銅錢厚，又粗又大的五根手指頭伸出來，十足地像五把鋼銼！

陳光慚愧地說："老郭，比比手，我也就該知道，我應該怎樣去戰鬥了！"

劉群笑了。

郭震熱烈地搖著陳光的手。

劉群說："老陳，你不是最關心誰來當第一書記嗎？現在我可以告訴你了 ── "

"老郭！"陳光發自內心地喊了出來。

劉群點點頭，笑了。

陳光心悅誠服地抓住郭震那厚實、堅硬的肩膀，又是捺又是拍，他一句話沒有說出來。有時候，在彼此都瞭解的時刻，語言，往往是多餘的呀！

曙光初照。

五彩斑斕的朝霞鋪上東天，染紅了靜靜的河水。

借著曙光，兩個縣委書記，肩並著肩，提錘握釺，正步上高聳人雲的採石場。

（原載《吉林文藝》1976 年第 2 期）

水

—— 頌宿遷

黃　宗　英

　　植物沒水不能長，人類沒水不能活。水，對於江蘇省宿遷縣的人民更有著特殊的意義。

　　宿遷，位於淮北。它頭頂駱馬湖，腰纏大運河，黃河故道當胸穿過，又有沂、沭、泗河滔滔向下，是著名的"洪水走廊"。歷朝歷代，水勢橫潰，年年鬧災。

　　澇和旱又常常是一對雙生，易澇必易旱。老天無雨時，宿遷土地堅如狼牙，鹽鹼鋪畦蓋壟，撂荒了。世世代代，宿遷人民怕水又盼水、喜水又恨水。水呀水，你究竟是善還是惡？是福還是禍？

　　遠的暫不表，只從抗日戰爭說起。宿遷從來是戰略要地。當年的大興集，是交通樞紐。日本侵略軍勾結土豪劣紳，沿集鎮遍設炮樓。一切反動派都是虛弱的。日寇和漢奸，成天龜縮在三層電網圍著的中心炮樓裡，白日黑夜不敢輕易出來，早晚只放出一隻洋種大狼狗，頸下繫一隻籃子，大搖大擺走過咱們的村莊和街道，來到鎮上肉鋪，嗷嗷幾聲，蹲在門前。倘若不從案板上割下幾塊大肉塞滿一籃，狗就咬叫個沒完。跟著，炮樓裡就響起槍聲，說明又有咱們的人倒在血泊中，每天每天，人們看到這只洋狗神氣活現地走過，恨得牙根咬碎。終於有一回，幾把快刀紛紛落下，斬了狗頭。各村各戶也一齊動手，殺死自家的狗、貓、雞、兔，統統扔到通向炮樓的小河、土井、水溝。侵略者從此得不到一口淨水，加上當時整個戰略形勢的變化，這些殺人不眨眼的劊子手只好灰溜溜地溜走。炮樓就這樣“端”啦。水，祖國母親的奶漿，也是我們殺敵的武器。

社會主義革命時期，大躍進中的一九五八年，爲了解決宿遷以及下游五縣的洪澇低產，以偉大領袖毛主席爲首的黨中央，決定撥款在蓄洪區駱馬湖灘地，興修駱馬湖水庫。宿遷縣獻出三十萬畝灘地，動員幾萬戶居民搬到來隆公社一帶。來隆地區本是一片接一片的茅草不安家的砂礓地、粘崗土。是解放戰爭年代，我們與國民黨反動派、還鄉團拼殺的沙場。而今，烈士陵園裡有一座座大墳，每座墳裡長眠著五十到七十名英雄；三天三夜的血戰，贏來勝利的進軍。駱馬湖的居民，就在這血染的土地上落戶紮根、艱苦創業。水庫竣工，駱馬湖水流進來隆灌區，流過本縣、鄰縣。貧瘠的宿遷，開始大規模試種水稻。但是，沒有不打彎的河道，趁三年自然災害，大叛徒劉少奇發出“要退夠”的嘶叫。一剎那，新老資產階級分子、地、富、反、壞都像驚蟄過後的五毒，從暗洞裡爬了出來。敵人何曾有一天忘掉過那已被新波淹沒的舊基地！他們妄想建立一個“獨立王國”，掙脫集體經濟制度的約束和無產階級專政的法度。一句話：要復辟資本主義。一時濁浪翻騰，煽動性的口號滿天飛：“駱馬湖人要回家，小麥煎餅卷大蝦！”“駱馬湖是聚寶盆！”……

“站住！——”一位老大娘站在村口磨盤上，攔住了鬧“回湖”的一小撮人。人們都知道她是“煎餅大娘”，以至於模糊了她原來的姓氏。“煎餅大娘”顫巍巍地問：“駱馬湖灘是哪一家的聚寶盆？你們說！小麥煎餅卷大蝦落誰肚裡去了？你們說！”狂風吹著她的蒼蒼銀髮，她那佝僂的身軀和蜷曲的十指，一時間挺立強直，無比奇偉英俊。

駱馬湖本是地勢低窪的蓄洪區，居民擇高地搭屋。每年入冬枯水期，在淤泥上撒下麥種，無需上肥管理；麥收前後，湖灘就被客水淹沒，往往要涉水搶麥。據說，這個地方，過去有個皇族駱姓王爺跑馬占灘因而得名。從此，江山幾易其主，剝削變本加厲。解放前，幾十萬畝灘地幾乎全部集中在臧、馬、竇三大家手裡。他們大門上掛著皇上御賜"千頃"牌。大門前，壘地築高臺，架空用長板對縫鋪砌打麥場。板下拴一個個鈴鐺，場下擺一口口大缸。每當麥收，出外躲水"混窮"的苦人就趕來"打響場"。

怎麼叫"打響場"？當新麥挑進場，長工牛馬一起上，人腳畜蹄踏動場板，群鈴齊動，大缸又把鈴聲擴大播遠，十裡八莊都聽得見。而略一歇力，鈴聲減弱，就扣工錢、不給飯、抽皮鞭。"響場"，是地主賴以抖擻威風、強化奴役的殘暴手段。

"鈴鐺響，老爺金萬兩，

鈴鐺響，雇工眼淚淌。"

"煎餅大娘"的老伴，就是在鈴鐺聲裡噴血倒下，再沒起來。大娘也是雇給地主，夜夜鋪席睡在地主後院，數星星、起頭更，天天搶早為地主烙出一百三四十斤小麥的煎餅。可是她的兒子卻因為餓得活不成，下了關東，以後，投奔了革命，現在是某軍區師政委。解放後，兒子幾趟來接娘，娘不肯進城享受晚年的清福，卻在來隆的小屋前後，栽下一棵又一棵樹苗。全身的類風濕性關節炎，奪去了大娘參加大田勞動的權利，她就養大豬勤積肥。有病的雙手端不住豬食盆，大娘就一瓢一瓢地捧到食槽裡。當"回湖風"亂得最凶的時候，大娘又鋪張席子，夜夜睡在生產隊的糧倉草垛前。她就是這樣一個心眼地為集體經濟把家聚寶，為捍衛無產階級專政值勤守更。

受到劉少奇反革命的修正主義路線的嚴重干擾破壞，駱馬湖曾一度回旱顯灘。搞得全縣水稻大下馬、管道大破壞、產量大倒退。這一"回湖"和"反回湖"的鬥爭，直到文化大革命運動中，尋根究源，揭發批判了劉少奇、鄧小平，批了唯生產力論，狠抓了階級鬥爭，兩軍才分勝負，見分曉。文化大革命運動以來，在新成立的縣委老、中、青三結合新的領導班子建立不久，在一九七〇年，北方地區農業會議以後，堅決貫徹毛主席"農業學大寨"的號召，駱馬湖新堤、新控制閘、新管道網，陸續動工擴建。所以，人們說宿遷的水利，是大躍進、特別是文化大革命滾滾洪流的脈絡；源源不竭的新波，提醒人們不要忘記和黨內走資派的鬥爭。

但是，妄圖否定文化大革命的奇談怪論，竟如惡浪總是想吞噬航標；一場特大洪澇，把鬥爭引向高潮。

一九七四年，已是宿遷大步躍進的第五個年頭。八月，豐收在望，老天變臉，一天一夜降雨四百四十毫米。同時，上游沂蒙山洪暴發，出現每秒一萬一千立方米流量的洪峰，咆哮奔騰而來。駱馬湖大堤、運河大堤、廢黃河堤都在危急中。

各級會議、村頭樹下、大街小巷，議論紛紛。

宿命論者說："宿遷宿遷，一宿遷來，這下要一宿遷跑嘍。"

懦夫說："莊上螞蟻老鼠都搬家啦，人還不快找高處躲。"

算賬派說："別信這個控制閘，那個排灌站，儘是文化大革命裡頭粗木匠、大鐵匠、二級小青工糊弄起來的，沒洋專家，不管。"

老地主兩眼發藍："窮骨頭今天喊過'雙綱'，明天喊過'長江'，我禱告大米白麵喂龍王。"

關鍵時刻，在黨中央和省、地委領導下，縣委做出決策："全 — 力 — 抗 — 洪。"堅定而充滿信心地號召："批林批孔戰洪澇，泰山壓頂不彎腰，大災誓奪大豐收，全年總產不動搖。"

堤外，大水連著雲頭日腳。堤上，是文化大革命運動鍛鍊出來的幾十萬群眾。堤內，是文化大革命運動以來"一步一重天"的豐產片。貧下中農理論隊伍迎莽莽狂濤擺下批判"天命論"的戰場，高唱樣板戲，鬥志更昂揚。

浪山、雨柱，鋪天蓋地壓來。

　　縣委負責同志、縣委委員們，赤腳在齊胸深的大水裡前進、前進，到最前線去指揮戰鬥。

　　逆浪急流兇狠地啃著大堤。哪裡坍方、決口、開裂，哪裡就有共產黨員和貧下中農縱身入水。只要險情需要，“人牆”“人堤”“人梯”“人椿”立馬當時豎起來了。這裡有百船齊發、萬石俱下、軍民同心拋石斷流的宏偉場景，有數千名知識青年，在七十年代的大風大浪裡交出接受再教育的優秀試卷。有“鐵書記”、“新芽子”、“金訓華班”、“雷鋒隊”、紅小兵、老積極、“鬥”奶奶、“狠”嫂子、“水英”姑娘排……組成的抗洪鐵壁銅牆。

　　搶險負傷了嗎？赤腳醫生就戰鬥在你身邊。

　　指揮部急調機手。開門辦學的中學生個個能降電老虎、能駕大鐵牛。哪裡需要，哪裡報到。

　　文化大革命以來湧現的一切社會主義新生事物，都在抗洪中接受莊嚴的檢閱，發揮出強大的威力。

　　歷朝歷代的“洪水走廊”啊，你肆無忌憚地騷亂了千年萬載，今天你走不通了。也不過戰了十天八夜九黃昏，嘿嘿，你就當了俘虜，成了批林批孔的活靶子了。大災之年，宿遷贏得大豐收！想當初，乾隆皇帝三下江南過宿遷，面對洪水趕忙修廟磕頭，寫下：“安瀾佑黎庶，克己息新波”的自供狀，從反面概括了古往今來一切阻擋革新的反動派，“安瀾”是虛，“息新波”才是實的反動本性。正是，“息新波”的魑魅魍魎又借鄧小平還魂了。

　　陽光之下，豈容鬼嚎。

　　如今，古老的大運河、年輕的駱馬湖水庫、六塘河、砂礓河……千水萬流啊，順從著日夜歡歌的涵閘、水泵，馳過於渠、支渠、斗渠、農渠、毛渠，流進萬頃良田。整個宿遷縣簡直是個井井有序的“糧食工廠”。這“工廠”，以學習馬列、批判資產階級為首要任務；從一九七〇年以來，每年以八千萬斤的幅度大增產，六年跨六大步。從文化大革命前的"三靠縣"躍爲"大寨縣"。一九七五年生產七億六千萬斤糧食，是文化大革命前一九六三年的八倍多。

聽人們說，每粒米的長成需要七斤四兩水。我們不知道這個得數是怎麼演算出來的，卻體會到宿遷的粒粒金穀、滴滴水珠都凝聚著文化大革命的燦爛光芒。鄧小平對文化大革命反攻倒算，就好比要把南北運河扭向東西向，橫豎是遭前進的潮流埋葬。文化大革命的東風，吹得宿遷大地喲，年年糧擠囤、穀破場、草垛頂著天，紅太陽照耀著無產階級專政的戰鬥歲月幸福年。

（原載《新華日報》1976 年 6 月 14 日）

風

張 抗 抗

　　記得我上小學那年秋天，城裡突然下了一場大暴雨，天上好像裝了無數個自來水龍頭嘩嘩往下澆水，風嗚嗚號叫著，真像什麼怪物在逞兇。聽奶奶說，這叫十二級"颱風"，是風裡的霸王，是從太平洋上刮過來的，可厲害了。晚上，風更大了，房子都被刮得搖晃，我睡不著，搖搖奶奶的手臂問：

　　"霸王，捉得住嗎？"

　　奶奶沒有回答。

　　三天后，風停雨住了，我和小朋友們跑到滿是積水的大院裡玩兒，發現地上橫倒著一棵棵連根拔起的大樹。

　　"哎喲，風把大樹拔起來了！"我們驚叫起來。

　　"傻孩子，這大樹是工人叔叔們有意扳倒的，是為了不讓颱風造成更大的危害。"一位過路的身上滿是泥水的工人老伯伯慈愛地對我們說。

　　"人厲害還是風厲害呢？"我天真地問。

　　"當然人的力量大！毛主席領導的中國人民能夠戰勝一切！"

　　"奶奶說，颱風是風裡的霸王……"

　　"哈哈……"老伯伯沒聽完我的話就哈哈大笑起來，"小姑娘，你知道嗎，人能掀起比颱風還要厲害的大風暴呢！"

　　我不太聽得懂，心裡對比颱風還厲害的大風暴充滿了神奇的感覺。

後來,老師講過不少關於風的常識、描寫風的詩文,可就是沒有聽說過那個老工人伯伯講過的大風暴,因而也就更加盼望有一天能夠親眼看到人所掀起的比颱風還厲害的大風暴。

一九六六年,一場驚天動地的人類歷史上罕見的革命大風暴掀起來了。它不是從太平洋上,而是從祖國的心臟北京、從天安門來的。它以排山倒海之勢,雷霆萬鈞之力,浩浩蕩蕩,摧枯拉朽,席捲全國。隨著,我們那個原來像一潭死水的校園裡沸騰了,革命師生齊心奮力批判十七年修正主義教育路線,批判把持學校領導權的走資派。那雪片一樣的大字報,在校園裡翻捲,那批判會上紅衛兵如雷的口號聲,在校園裡震響著。

啊,多麼猛烈強勁的風暴啊!我們乘著風暴的翅膀走向社會,飛向北京。在遼闊的農村,在寬廣的廠區,在過去被一小撮走資派霸佔的文藝舞臺上……到處都看得見紅色風暴以不可阻擋之勢在蕩滌一切修正主義的污泥濁水。

這使我恍然領悟那位工人老伯伯對我講過的話,懂得為什麼人能夠掀起比颱風還要厲害的大風暴。因為就在金水橋邊,我親眼看見過天安門城樓上毛主席指引我們奮勇前進的巨手!

一月革命風暴後不久,我們在復課鬧革命的鑼鼓聲中迎來了工宣隊。一個星期天,我和一位工人師傅去原教育局長家裡核實一份材料,進屋一看,桌上、床上堆滿了一九六六年以前的中小學教材和教學大綱。這位胖局長神色有些不自然,我警惕起來。一出大門,就對工宣隊師傅說:"文化大革命中批判了修正主義教育路線,今天他搬出這些東西來想幹什麼?……"

師傅沒有直接回答,笑笑說:"真是無風不起浪啊 —— "片刻,又意味深長地說:

"只要地球在轉,就有風。同樣,革命要前進,就會有鬥爭。文化大革命這場風暴,把劉少奇那個資產階級司令部掀翻了,黨內走資派在革命的風頭上認了輸，可是，誰能保證，他們中間的頑固派，不會在風頭過去後，繼續刮妖風掀惡浪呢？……"

……大江上飄來一股春天的氣息。我咀嚼著師傅的話，好似一陣清風吹起了我心底的波瀾。那時候，我以為文化大革命蕩滌了一切修正主義污泥濁水，現在該在風和日麗的春天中從事社會主義建設了，哪還會有妖風？當時我對工宣隊師傅的話還不能完全理解。但是我知道，像我剛上小學那年遇到刮颱風那次一樣，工人師傅講的那段意味深長的話在書本上和課堂裡是得不到解答的，要到馬列著作、毛主席著作和實際鬥爭生活的大風大浪中去找尋！

一九六八年年底，偉大領袖毛主席向我們千千萬萬紅衛兵發出了到農村去的偉大號召。當我第一次踏上祖國北疆的大草原，撲向貧下中農懷抱的時候，那浩浩蕩蕩的萬里東風啊，鼓起了我鬥志和力量的征帆。從此，我在廣闊天地裡，在三大革命運動中經風雨，見世面。我們所在的北大荒，是個多風的地區。多年來，我見到過形形色色的風，也同各種各樣的風搏鬥過，逐漸深切地懂得了工宣隊師傅的話的深刻含義。

不是嗎？一次大的革命風暴過去以後，被擊敗的反動階級總是時時刻刻地窺測方向，煽妖風，點鬼火，以便在某一個早晨氣勢洶洶地反撲過來。就說這七八年間，不是就有劉少奇刮起的"讀書做官"、"下鄉鍍金"以及林彪的"變相勞改"等妖風常來搗亂嗎？這些妖風時起時伏，時聚時散，目的只有一個，就是妄圖把文化大革命的戰旗一風刮倒，把知識青年上山下鄉的隊伍一風吹散。不是嗎，自從黨內最大的不肯改悔的走資派鄧小平重新工作後，我們那個北緯四十幾度的地方，竟然也刮起十二級的"經濟颱風"、"業務颱風"來了。正當我們學習大寨的根本經驗，在廣闊的天地裡幹得熱火朝天的時候，忽然從上面傳來了一個什麼"重要講話"。這個"講話"從頭到尾不提階級鬥爭，不提黨的基本路線,而是大講什麼"三項指示爲綱",大講"全面整頓",說一切工作都要圍繞把生產搞上去⋯⋯

這股颱風刮得好凶喇,甚至把有的隊剛剛辦起來的"政治夜校"都給刮掉了,有些不堅定的人被這股風刮回了城市。在鬥爭中,我們越來越明確地感到,這個"講話"味兒不對,它在販賣階級鬥爭熄滅論和唯生產力論,這並不是什麼新鮮玩藝兒,它在和毛主席的無產階級革命路線唱反調!

就在這肆虐一時的颱風中,我們知識青年們捏緊了拳頭,挺起了胸膛:

絕不能做隨風倒的牆頭草!

要開頂風船,頂風上!

在那鬥爭最激烈的當口,貧下中農對我說了這樣一段刻骨銘心的話:

"不要怕,毛主席會指引我們向那風霸鬥爭的!不是東風壓倒西風,就是西風壓倒東風。姑娘,瞧著吧,咱們也一定會再一次掀起一場革命的大風暴,叫風霸碰個粉身碎骨!"

我眼眶濕潤了,豪情洋溢在我整個心懷。

"翻案不得人心"!霹靂一聲,反擊右傾翻案風的偉大鬥爭開始了!偉大領袖毛主席親自發動和領導了這場偉大的鬥爭。八億人民鬥妖風,戰颱風,捉風霸,將這股倡狂一時的颱風、妖風壓了下去。毛主席一系列的重要指示,黨中央的兩個決議,又一次在偉大的社會主義祖國,在九百六十萬平方公里的土地上,掀起了無產階級的革命大風暴。這時候我才真正懂得:

只有無產階級的革命風暴才能戰勝資產階級的颱風!

這時候我才真正懂得:

無產階級革命事業的接班人,只有在風口浪尖,才能練就那"八千里風暴吹不倒,九千個雷霆也難轟"的鋼鐵性格!

放眼祖國大地,經受了這一場革命暴風雨,更加壯麗。遼闊的北大荒原野上，豐收的莊稼，百里飄香；肥壯的牛馬群，迎風嘶鳴，一派興旺景象。一個個知識青年點，一所所農場，學習無產階級專政理論蔚成風氣。我們知識青年的隊伍更加壯大，如排排防風林，巍然屹立；如隊隊快艇，任憑風浪起，乘風前進！

我們這些在無產階級文化大革命中成長起來的知識青年，在廣闊天地的風雨中，也比較自覺地掌握了風的規律，風的特性。就在最近，我參加了一次批鄧大會，會上一個短髮的年輕姑娘豪邁地說：

“看來只要地球存在一天，風就不會止息。樹欲靜而風不止，我們做好了長期作戰的準備，隨時迎接階級鬥爭的暴風雨！”

我禁不住在心底呼喊：革命的風暴，你吹得更猛烈些、更猛烈些吧！東風必定壓倒西風！

（原載（《人民日報》1976 年 6 月 14 日）

緣緣堂續筆[1]（六題）

豐子愷

王囡囡

　　每次讀到魯迅《故鄉》中的閏土，便想起我的王囡囡。王囡囡是我家貼鄰豆腐店裡的小老闆，是我童年時代的游釣伴侶。他名字叫復生，比我大一二歲，我叫他"復生哥哥"。那時他家裡有一祖母，很能幹，是當家人；一母親，終年在家燒飯，足不出戶；還有一"大伯"，是他們的豆腐店裡的老司務，姓鍾，人們稱他爲鍾司務或鍾老七。

　　祖母的丈夫名王殿英，行四，人們稱這祖母爲"殿英四娘娘"，叫得口順，變成"定四娘娘"。母親名慶珍，大家叫她"慶珍姑娘"。她的丈夫叫王三三，早年病死了。慶珍姑娘在丈夫死後十四個月生一個遺腹子，便是王囡囡。請鄰近的紳士沈四相公取名字，取了"復生"。復生的相貌和鍾司務非常相像。人都說："王囡囡口上加些小鬍子，就是一個鍾司務。"

　　鍾司務在這豆腐店裡的地位，和定四娘娘並駕齊驅，有時竟在其上。因爲進貨、用人、經商等事，他最熟悉，全靠他支配。

1　"文革"期間，豐子愷遭批判、審查。1971 年開始寫作《往事瑣記》，後定名爲《緣緣堂續筆》，凡三十三篇，當時均未發表。豐子愷在家書中說，"我近日晨間寫《往事瑣記》，頗有興味。"（1971 年 4 月 22 日）"《往事瑣記》，很像《緣緣堂隨筆》，頗有興味。"（1971 年 4 月 23 日）

因此他握著經濟大權。他非常寵愛王囡囡,怕他死去,打一個銀項圈掛在他的項頸裡。市上凡有新的玩具,新的服飾,王囡囡一定首先享用,都是他大伯買給他的。我家開染坊店,同這豆腐店貼鄰,生意清淡;我的父親中舉人後科舉就廢,在家坐私塾。我家經濟遠不及王囡囡家的富裕,因此王囡囡常把新的玩具送我,我感謝他。王囡囡項頸裡戴一個銀項圈,手裡拿一枝長槍,年幼的孩子和貓狗看見他都逃避。這神情宛如童年的閏土。

我從王囡囡學得種種玩藝。第一是釣魚,他給我做釣竿,彎釣鉤。拿飯粒裝在釣鉤上,在門前的小河裡垂釣,可以釣得許多小魚。活活地挖出肚腸,放進油鍋裡煎一下,拿來下飯,鮮美異常。其次是擺擂臺。約幾個小朋友到附近的姚家墳上去,王囡囡高踞在墳山上擺擂臺,許多小朋友上去打,總是打他不下。一朝打下了,王囡囡就請大家吃花生米,每人一包。又次是放紙鳶。做紙鳶,他不擅長,要請教我。他出錢買紙、買繩,我出力糊紙鳶,糊好後到姚家墳去放。其次是緣樹。姚家墳附近有一個墳,上有一株大樹,枝葉繁茂,形似一頂陽傘。王囡囡能爬到頂上,我只能爬在低枝上。總之,王囡囡很會玩耍,一天到晚精神勃勃,興高采烈。

有一天,我們到鄉下去玩,有一個挑糞的農民,把糞桶碰了王囡囡的衣服。王囡囡罵他,他還罵一聲"私生子!"王囡囡面孔漲得緋紅,從此興致大大地減低,常常皺眉頭。有一天,定四娘娘叫一個關魂婆來替她已死的兒子王三三關魂,我去旁觀。這關魂婆是一個中年婦人,肩上扛一把傘,傘上掛一塊招牌,上寫"捉牙蟲算命"。她從王囡囡家後門進來。凡是這種人,總是在小巷裡走,從來不走鬧市大街。大約她們知道自己的把戲鬼鬼祟祟,見不得人,只能騙騙愚夫愚婦。牙痛是老年人常有的事,那時沒有牙醫生,她們就利用這情況,說會"捉牙蟲"。記得我有一個親戚,有一天請一個婆子來捉牙蟲。這婆子要小解了,走進廁所去。旁人偷偷地看看她的膏藥，原來裡面早已藏著許多小蟲。婆子出來，把膏藥貼在病人的臉上，過了一會兒，揭起來給病人看，「喏！你看：捉出了這許多蟲，不會再痛了。」這證明她的捉牙蟲全然是騙人。算命、關魂，更是騙人的勾當了。閒話少講，且說定四娘娘叫關魂婆進來，坐在一隻搖紗椅子上。她先問：「要叫啥人？」定四娘娘說：「要叫我的兒子三三。」關魂婆打了三個呵欠，說：「來了一個靈官，長面孔……」定四娘娘說「不是」。關魂婆又打呵欠，說：「來了一個靈官……」定四娘娘說：「是了，是我三三了。三三！你撇得我們好苦！」就一把鼻涕、一把眼淚地哭。後來對著慶珍姑娘說：「喏，你這不爭氣的婆娘，還不快快叩頭！」這時慶珍姑娘正抱著她的第二個孩子（男，名掌生）餵奶，連忙跪在地上，孩子哭起來，王囡囡哭起來，棚裡的驢子也叫起來。關魂婆又代王三三的鬼魂說了好些話，我大都聽不懂。後來她又打一個呵欠，就醒了。定四娘娘給了她錢，她討口茶吃了，出去了。

王囡囡漸漸大起來，和我漸漸疏遠起來。後來我到杭州去上學了，就和他闊別。年假暑假回家時，聽說王囡囡常要打他的娘。打過之後，第二天去買一支參來，煎了湯，定要娘吃。我在杭州學校畢業後，就到上海教書，到日本遊學。抗日戰爭前一兩年，我回到故鄉，王囡囡有一次到我家裡來，叫我「子愷先生」，本來是叫「慈弟」的。情況真同閏土一樣。抗戰時我逃往大後方，八九年後回鄉，聽說王囡囡已經死了，他家裡的人不知去向了。而他兒時的游釣伴侶的我，以七十多歲的高齡，還殘生在這娑婆世界上，為他寫這篇隨筆。

筆者曰：封建時代禮教殺人，不可勝數。王囡囡庶民之家，亦受其毒害。慶珍姑娘大可堂皇地再嫁予鍾老七。但因禮教壓迫，不得不隱忍忌諱，釀成家庭之不幸，冤哉枉也。

（1972 年）

癩六伯

癩六伯，是離石門灣五六里的六塔村裡的一個農民。這六塔村很小，一共不過十幾份人家，癩六伯是其中之一。我童年時候，看見他約有五十多歲，身材瘦小，頭上有許多癩瘡疤。因此人都叫他癩六伯。此人姓甚名誰，一向不傳，也沒有人去請教他。只知道他家中只有他一人，並無家屬。既然稱爲"六伯"，他上面一定還有五個兄或姐，但也一向不傳。總之，癩六伯是孑然一身。

癩六伯孑然一身，自耕自食，自得其樂。他每日早上挽了一隻籃步行上街，走到木場橋邊，先到我家找奶奶，即我母親。"奶奶，這幾個雞蛋是新鮮的，兩支筍今天早上才掘起來，也很新鮮。"我母親很歡迎他的東西，因爲的確都很新鮮。但他不肯討價，總說"隨你給吧"。我母親爲難，叫店裡的人代爲定價。店裡人說多少，癩六伯無不同意。但我母親總是多給些，不肯欺負這老實人。於是癩六伯道謝而去。他先到街上"做生意"，即賣東西。大約九點多鐘，他就坐在對河的湯裕和酒店門前的板桌上吃酒了。這湯裕和是一家醬園，但兼賣熱酒。門前搭著一個大涼棚，涼棚底下，靠河口，設著好幾張板桌。癩六伯就佔據了一張，從容不迫地吃時酒。時酒，是一種白色的米酒，酒力不大，不過二十度，遠非燒酒可比，價錢也很便宜，但頗能醉人。因爲做酒的時候，酒缸底上用砒霜畫一個"十"字，酒中含有極少量的砒霜。砒霜少量原是無害而有益的，它能養筋活血，使酒力遍達全身，因此這時酒頗能醉人，但也醒得很快，喝過之後一兩個鐘頭，酒便完全醒了。農民大都愛吃時酒，就爲了它價錢便宜，醉得很透，醒得很快。農民都要工作，長醉是不相宜的。我也愛吃這種酒，後來客居杭州上海，常常從故鄉買時酒來喝。因爲我要寫作，宜飲此酒。李太白"但願長醉不願醒"，我不願。

　　且說癩六伯喝時酒，喝到飽和程度，還了酒錢，提著籃子起身回家了。此時他頭上的癩瘡疤變成通紅，走步有些搖搖晃晃。走到橋上，便開始罵人了。他站在橋頂上，指手劃腳地罵："皇帝萬萬歲，小人日日醉！""你老子不怕！""你算有錢？千年田地八百主！""你老子一條褲子一根繩，皇帝看見讓三分！"罵的內容大概就是這些，反複地罵到十來分鐘。旁人久已看慣，不當一回事。癩六伯在橋上罵人，似乎是一種自然現象，彷彿雞啼之類。我母親聽見了，就對陳媽媽說："好燒飯了，癩六伯罵過了。"時間大約在十點鐘光景，很準確的。

　　有一次，我到南沈浜親戚家作客。下午出去散步，走過一爿小橋，一隻狗聲勢洶洶地趕過來。我大吃一驚，想拾石子來抵抗，忽然一個人從屋後走出來，把狗趕走了。一看，這人正是癩六伯，這裡原來是六塔村了。這屋子便是癩六伯的家。他邀我進去坐，一面告訴我："這狗不怕。叫狗勿咬，咬狗勿叫。"我走進他家，看見環堵蕭然，一床、一桌、兩條板凳、一隻行灶之外，別無長物。牆上有一個擱板，堆著許多東西，碗盞、茶壺、罐頭，連衣服也堆在那裡。他要在行灶上燒茶給我吃，我阻止了。他就向擱板上的罐頭裡摸出一把花生來請我吃："鄉下地方沒有好東西，這花生是自己種的，燥倒還燥。"我看見牆上貼著幾張花紙，即新年裡買來的年畫，有《馬浪蕩》、《大鬧天宮》、《水沒金山》等，倒很好看。他就開開後門來給我欣賞他的竹園。這裡有許多枝竹，一群雞，還種著些菜。我現在回想，癩六伯自耕自食，自得其樂，很可羨慕。但他畢竟孑然一身，孤苦伶仃，不免身世之感。他的喝酒罵人，大約是洩憤的一種方法吧。

　　不久，親戚家的五阿爹來找我了。癩六伯又抓一把花生來塞在我的袋裡。我道謝告別，癩六伯送我過橋，喊走那只狗。他目送我回南沈浜。我去得很遠了，他還在喊："小阿官[2]明天再來玩！"

（1972年）

吃　酒

　　酒，應該說飲，或喝。然而我們南方人都叫吃。古詩中有"吃茶"，那麼酒也不妨稱吃。說起吃酒，我忘不了下述幾種情境：

　　二十多歲時，我在日本結識了一個留學生，崇明人黃涵秋。此人愛吃酒，富有閒情逸致。我二人常常共飲。有一天風和日暖，我們乘小火車到江之島去遊玩。這島臨海的一面，有一片平地，芳草如茵，柳陰如蓋，中間設著許多矮榻，榻上鋪著紅氈毯，和環境作成強烈的對比。我們兩人踞坐一榻，就有束紅帶的女子來招待。"兩瓶正宗，兩個壺燒。"正宗是日本的黃酒，色香味都不亞於紹興酒。壺燒是這裡的名菜，日本名叫 tsuboyaki，是一種大螺螄，名叫榮螺（sazae），約有拳頭來大，殼上生許多刺，把刺修整一下，可以擺平，像三足鼎一樣。把這大螺螄燒殺，取出肉來切碎，再放進去，加入醬油等調味品，煮熟，就用這殼作為器皿，請客人吃。這器皿像一把壺，所以名為壺燒。其味甚鮮，確是佐酒佳品。用的筷子更佳：這雙筷用紙袋套好，紙袋上印著"消毒割箸"四個字，袋上又插著一個牙籤，預備吃過之後用的。從紙袋中拔出筷來，但見一半已割裂，一半還連接，讓客人自己去裂開來。這木頭是消毒過的，而且沒有人用過，所以用時心地非常快適。用後就丟棄，價廉並不可惜。我讚美這種筷，認為是世界上最進步的用品。西洋人用刀叉，太笨重，要洗過方能再用；中國人用竹筷，也是洗過再用，很不衛生，即使是象牙筷也不衛

───────────────

2 作者家鄉一帶對小主人的稱呼。

生。日本人的消毒割箸，就同牙籤一樣，只用一次，真乃一大發明。他們還有一種牙刷，非常簡單，到處雜貨店發賣，價錢很便宜，也是只用一次就丟棄的。於此可見日本人很有小聰明。且說我和老黃在江之島吃壺燒酒，三杯入口，萬慮皆消。海鳥長鳴，天風振袖。但覺心曠神怡，彷彿身在仙境。老黃愛調笑，看見年輕侍女，就和她搭訕，問年紀、問家鄉，引起她身世之感，使她掉下淚來。於是臨走多給小賬，約定何日重來。我們又彷彿身在小說中了。

　　又有一種情境，也忘不了。吃酒的對手還是老黃，地點卻在上海城隍廟裡。這裡有一家素菜館，叫做春風松月樓，百年老店，名聞遐邇。我和老黃都在上海當教師，每逢閒暇，便相約去吃素酒。我們的吃法很經濟：兩斤酒，兩碗“過澆面”，一碗冬菇，一碗十景。所謂過澆，就是澆頭不澆在面上，而另盛在碗裡，作爲酒菜。等到酒吃好了，才要麵底子來當飯吃。人們叫別了，常喊作“過橋麵”。這裡的冬菇非常肥鮮，十景也非常入味。澆頭的分量不少，下酒之後，還有剩餘，可以澆在面上。我們常常去吃，後來那堂倌熟悉了，看見我們進去，就叫“過橋客人來了，請坐請坐！”現在，老黃早已作古，這素菜館也改頭換面，不可復識了。

　　另有一種情境，則見於患難之中。那年日本侵略中國，石門灣淪陷，我們一家老幼九人逃到杭州，轉桐廬，在城外河頭上租屋而居。那屋主姓盛，兄弟四人。我們租住老三的屋子，隔壁就是老大，名叫寶函。他有一個孫子，名叫貞謙，約十七八歲，酷愛讀書，常常來向我請教問題，因此寶函也和我要好，常常邀我到他家去坐。這老翁年約六十多歲，身體很健康，常常坐在一隻小桌旁邊的圓鼓凳上。我一到，他就請我坐在他對面的椅子上，站起身來，揭開鼓凳的蓋，拿出一把大酒壺來，在桌上的杯子裡滿滿地斟了兩盅；又向鼓凳裡摸出一把花生米來，就和我對酌。

他的鼓凳裡裝著棉絮，酒壺裹在棉絮裡，可以保暖，斟出來的兩碗黃酒，熱氣騰騰。酒是自家釀的，色香味都上等。我們就用花生米下酒，一面閒談。談的大都是關於他的孫子貞謙的事。他只有這孫子，很疼愛他。說"這小人一天到晚望書，身體不好……"望書即看書，是桐廬土白。我用空話安慰他，騙他酒吃。騙得太多，不好意思，我準備後來報謝他。但我們住在河頭上不到一個月，杭州淪陷，我們匆匆離去，終於沒有報謝他的酒惠。現在，這老翁不知是否在世，貞謙已入中年，情況不得而知。

最後一種情境，見於杭州西湖之畔。那時我僦居在裡西湖招賢寺隔壁的小平屋裡，對門就是孤山，所以朋友送我一副對聯，叫做"居鄰葛嶺招賢寺，門對孤山放鶴亭"。家居多暇，則閒坐在湖邊的石凳上，欣賞湖光山色。每見一中年男子，蹲在岸上，向湖邊垂釣。他釣的不是魚，而是蝦。釣鉤上裝一粒飯米，掛在岸石邊。一會兒拉起線來，就有很大的一隻蝦。其人把它關在一個瓶子裡。於是再裝上飯米，掛下去釣。釣得了三四隻大蝦，他就把瓶子藏入藤籃裡，起身走了。我問他："何不再釣幾隻？"他笑著回答說："下酒夠了。"我跟他去，見他走進岳墳旁邊的一家酒店裡，揀一座頭坐下了。我就在他旁邊的桌上坐下，叫酒保來一斤酒，一盆花生米。他也叫一斤酒，卻不叫菜，取出瓶子來，用釣絲縛住了這三四隻蝦，拿到酒保燙酒的開水裡去一浸，不久取出，蝦已經變成紅色了。他向酒保要一小碟醬油，就用蝦下酒。我看他吃菜很省，一隻蝦要吃很久，由此可知此人是個酒徒。

此人常到我家門前的岸邊來釣蝦。我被他引起酒興，也常跟他到岳墳去吃酒。彼此相熟了，但不問姓名。我們都獨酌無伴，就相與交談。他知道我住在這裡，問我何不釣蝦。我說我不愛此物。他就向我勸誘，盡力宣揚蝦的滋味鮮美，營養豐富。又教我釣蝦的竅門。他說："蝦這東西，愛躲在湖岸石邊。你倘到湖心去釣，是永遠釣不著的。這東西愛吃飯粒和蚯蚓。但蚯蚓齷齪，它吃了，你就吃它，等於你吃蚯蚓。所以我總用飯粒。你看，它現在死了，還抱著飯粒呢。」他提起一隻大蝦來給我看，我果然看見那蝦還抱著半粒飯。他繼續說：「這東西比魚好得多。魚，你釣了來，要剖，要洗，要用油鹽醬醋來燒，多少麻煩。這蝦就便當得多：只要到開水裡一煮，就好吃了。不須花錢，而且新鮮得很。」他這釣蝦論講得頭頭是道，我真心讚歎。

這釣蝦人常來我家門前釣蝦，我也好幾次跟他到岳墳吃酒，彼此熟識了，然而不曾通過姓名。有一次，夏天，我帶了扇子去吃酒。他借看我的扇子，看到了我的名字，吃驚地叫道：「啊！我有眼不識泰山！」於是敍述他曾經讀過我的隨筆和漫畫，說了許多仰慕的話。我也請教他姓名，知道他姓朱，名字現已忘記，是在湖濱旅館門口擺刻字攤的。下午收了攤，常到裡西湖來釣蝦吃酒。此人自得其樂，甚可贊佩。可惜不久我就離開杭州，遠遊他方，不再遇見這釣蝦的酒徒了。

寫這篇瑣記時，我久病初癒，酒戒又開。回想上述情景，酒興頓添。正是「昔年多病厭芳樽，今日芳樽惟恐淺。」

（1972）

舊上海

所謂舊上海，是指抗日戰爭以前的上海。那時上海除閘北和南市之外，都是租界。洋涇浜（愛多亞路，即今延安路）以北是英租界，以南是法租界，虹口一帶是日租界。租界上有好幾路電車，都是外國人辦的。中國人辦的只有南市一路，繞城牆走，叫做華商電車。租界上乘電車，要懂得竅門，否則就被弄得莫名其妙。賣票人要揩油，其方法是這樣：譬如你要乘五站路，上車時給賣票人五分錢，他收了錢，暫時不給你票。等到過了兩站，才給你一張三分的票，關照你："第三站上車！"初次乘電車的人就莫名其妙，心想：我明明是第一站上車的，你怎麼說我第三站上車？原來他已經揩了兩分錢的油。如果你向他論理，他就堂皇地說："大家是中國人，不要讓利權外溢呀！"他用此法揩油，眼睛不絕地望著車窗外，看有無查票人上來。因為一經查出，一分錢要罰一百分。他們稱查票人為"赤佬"。赤佬也是中國人，但是忠於洋商的。他查出一賣票人揩油，立刻記錄了他帽子上的號碼，回廠去扣他的工資。有一鄉親初次到上海，有一天我陪她乘電車，買五分錢票子，只給兩分錢的。正好一個赤佬上車，問這鄉親哪裡上車的，她直說出來，賣票人向她眨眼睛。她又說："你在眨眼睛！"赤佬聽見了，就抄了賣票人帽上的號碼。

那時候上海沒有三輪車，只有黃包車。黃包車只能坐一人，由車夫拉著步行，和從前的抬轎相似。黃包車有"大英照會"和"小照會"兩種。小照會的只能在中國地界行走，不得進租界。大英照會的則可在全上海自由通行。這種工人實在是最苦的。因為略犯交通規則，就要吃路警毆打。英租界的路警都是印度人，紅布包頭，人都喊他們"紅頭阿三"。法租界的都是安南人，頭戴笠子。這些都是黃包車夫的對頭，常常給黃包車夫吃"外國火腿"和"五枝雪茄煙"，就是踢一腳，一個耳光。外國人喝醉了酒開汽車，橫衝直撞，不顧一切。最吃苦的是黃包車夫。因為他負擔重，不易趨避，往往被汽車撞倒。我曾親眼看見過外國人汽車撞殺黃包車夫，從此不敢在租界上坐黃包車。

舊上海社會生活之險惡，是到處聞名的。我沒有到過上海之前，就聽人說：上海"打呵欠割舌頭"。就是說，你張開嘴巴來打個呵欠，舌頭就被人割去。這是極言社會上壞人之多，非萬分提高警惕不可。我曾經聽人說：有一人在馬路上走，看見一個三四歲的孩子跌了一跤，沒人照管，哇哇地哭。此人良心很好，連忙扶他起來，替他揩眼淚，問他家在哪裡，想送他回去。忽然一個女人走來，摟住孩子，在他手上一摸，說："你的金百鎖哪裡去了？"就拉住那人，咬定是他偷的，定要他賠償。……是否真有此事，不得而知。總之，人心之險惡可想而知。

扒手是上海的名產。電車中，馬路上，到處可以看到"謹防扒手"的標語。住在鄉下的人大意慣了，初到上海，往往被扒。我也有一次幾乎被扒：我帶了兩個孩子，在霞飛路阿爾培路口（即今淮海中路陝西南路口）等電車，先向煙紙店兌一塊錢，錢包裡有一疊鈔票露了白。電車到了，我把兩個孩子先推上車，自己跟著上去，忽覺一隻手伸入了我的衣袋裡。我用手臂夾住這只手，那人就被我拖上車子。我連忙向車子裡面走，坐了下來，不敢回頭去看。電車一到站，此人立刻下車，我偷眼一看，但見其人滿臉橫肉，迅速地擠入人叢中，不見了。我這種對付辦法，是老上海的人教我的：你碰到扒手，但求避免損失，切不可注意看他。否則，他以為你要捉他，定要請你"吃生活"，即跟住你，把你打一頓，或請你吃一刀。我住在上海多年，只受過這一次虛驚，不曾損失。有一次，和一朋友坐黃包車在南京路上走，忽然弄堂裡走出一個人來，把這朋友的銅盆帽搶走。這朋友喊停車捉賊，那賊早已不知去向了。這頂帽子是新買的，值好幾塊錢呢。又有一次，多天，一個朋友從鄉下出來，寄住在我們學校裡。有一天晚上，他看戲回來，身上的皮袍子和絲棉襖都沒有了，凍得要死。這叫做"剝豬玀"。那搶帽子叫做"拋頂宮"。

妓女是上海的又一名產。我不曾嫖過妓女，詳情全然不知，但聽說妓女有"長三"、"么二"、"野雞"等類。長三是高等的，野雞是下等的。她們都集中在四馬路一帶。門口掛著玻璃燈，上面寫著"林黛玉"、"薛寶釵"等字。野雞則由鴇母伴著，到馬路上來拉客。四馬路西藏路一帶，傍晚時光，野雞成群而出，站在馬路旁邊，物色行人。她們拉住了一個客人，拉進門去，定要他住宿；如果客人不肯住，只要摸出一塊錢來送她，她就放你。

這叫做"兩腳進門,一塊出袋"。我想見識見識,有一天傍晚約了三四個朋友,成群結隊,走到西藏路口,但見那些野雞,油頭粉面,奇裝異服,向人撒嬌賣俏,竟是一群魑魅魍魎,教人害怕。然而竟有那些逐臭之夫,願意被拉進去度夜。這叫做"打野雞"。有一次,我在四馬路上走,耳邊聽見輕輕的聲音:"阿拉姑娘自家身體,自家房子……"回頭一看,是一個男子。我快步逃避,他也不追趕。據說這種男子叫做"王八",是替妓女服務的,但不知是哪一種妓女。總之,四馬路是妓女的世界。潔身自好的人,最好不要去。但到四馬路青蓮閣去吃茶看妓女,倒是安全的。她們都有老鴇伴著,走上樓來,看見有女客陪著吃茶的,白她一眼,表示醋意;看見單身男子坐著吃茶,就去奉陪,同他說長道短,目的是拉生意。

上海的遊戲場,又是一種烏煙瘴氣的地方。當時上海有四個遊戲場,大的兩個:大世界、新世界;小的兩個:花世界、小世界。大世界最為著名。出兩角錢買一張門票,就可從正午玩到夜半。一進門就是"哈哈鏡",許多凹凸不平的鏡子,照見人的身體,有時長得像絲瓜,有時扁得像螃蟹,有時頭腳顛倒,有時左右分裂……沒有一人不哈哈大笑。裡面花樣繁多:有京劇場、越劇場、滬劇場、評彈場……有放電影,變戲法,轉大輪盤,坐飛船,摸彩,猜謎,還有各種飲食店,還有屋頂花園。總之,應有盡有。鄉下出來的人,把遊戲場看作桃源仙境。我曾經進去玩過幾次,但是後來不敢再去了。為的是怕熱手巾。這裡面到處有拴著白圍裙的人,手裡托著一個大盤子,盤子裡盛著許多絞緊的熱手巾,逢人送一個,硬要他揩,揩過之後,收他一個銅板。有的人拿了這熱手巾,先擤一下鼻涕,然後揩面孔,揩項頸,揩上身,然後挖開褲帶來揩腰部,恨不得連屁股也揩到。他儘量地利用了這一個銅板。那人收回揩過的手巾,丟在一隻桶裡,用熱水一衝,再絞起來,盛在盤子裡,再去到處分送,換取銅板。這些熱手巾裡含有眾人的鼻涕、眼汗、唾沫和汗水，彷彿複合維生素。我努力避免熱手巾，然而不行。因為到處都有，走廊裡也有，屋頂花園裡也有。不得已時，我就送他一個銅板，快步逃開。這熱手巾使我不敢再進遊戲場去。我由此聯想到西湖上莊子裡的茶盤：坐西湖船遊玩，船家一定引導你去玩莊子。劉莊、宋莊、高莊、蔣莊、唐莊，裡面樓臺亭閣，各盡其美。然而你一進莊子，就有人拿茶盤來要你請坐喝茶。茶錢起碼兩角。如果你坐下來喝，他又端出糕果盤來，請用點心。如果你吃了他一粒花生米，就起碼得送他四角。每個莊子如此，遊客實在吃不消。如果每處吃茶，這茶錢要比船錢貴得多。於是只得看見茶盤就逃。然而那人在後面喊："客人，茶泡好了！"你逃得快，他就在後面罵人。真是大煞風景！所以我們遊慣西湖的人，都怕進莊子去。最好是在白堤、蘇堤上的長椅子上閑坐，看看湖光山色，或者到平湖秋月等處吃碗茶，倒很太平安樂。

且說上海的遊戲場中，扒手和拐騙別開生面，與眾不同。有一個冬天晚上，我偶然陪朋友到大世界遊覽，曾親眼看到一幕。有一個場子裡變戲法，許多人打著圈子觀看。戲法變完，大家走散的時候，有一個人驚喊起來，原來他的花緞面子灰鼠皮袍子，後面已被剪去一大塊。此人身軀高大，袍子又長又寬，被剪去的一塊足有二三尺見方，花緞和毛皮都很值錢。這個人屁股頭空蕩蕩地走出遊戲場去，後面一片笑聲送他。這景象至今還能出現在我眼前。

我的母親從鄉下來。有一天我陪她到遊戲場去玩。看見有一個摸彩的攤子，前面有一長凳，我們就在凳上坐著休息一下。看見有一個人走來摸彩，出一角錢，向筒子裡摸出一張牌子來："熱水瓶一個。"此人就捧著一個嶄新的熱水瓶，笑嘻嘻地走了。隨後又有一個人來，也出一角錢，摸得一隻搪瓷面盆，也笑嘻嘻地走了。我母親看得眼熱，也去摸彩。第一摸，一粒糖；第二摸，一塊餅乾；第三摸，又是一粒糖。三角錢換得了兩粒糖和一塊餅乾，我們就走了。後來，我們兜了一個圈子，又從這攤子面前走過。我看見剛才摸得熱水瓶和面盆的那兩個人，坐在裡面談笑呢。

當年的上海，外國人稱之爲"冒險家的樂園"，其內容可想而知。以上我所記述，真不過是皮毛的皮毛而已。我又想起了一個巧妙的騙局，用以結束我這篇記事吧：三馬路廣西路附近，有兩家專賣梨膏的店，貼鄰而居，店名都叫做"天曉得"。裡面各掛著一軸大畫，畫著一隻大烏龜。這兩爿店是兄弟兩人所開。他們的父親發明梨膏，說是化痰止咳的良藥，銷售甚廣，獲利頗豐。父親死後，兄弟兩人爭奪這爿老店，都說父親的秘方是傳授給我的。爭執不休，向上海縣告狀。官不能斷。兄弟二人就到城隍廟發誓："誰說謊誰是烏龜！是真是假天曉得！"於是各人各開一爿店，店名"天曉得"，裡面各掛一幅烏龜。上海各報都登載此事，鬧得遠近聞名。全國各埠都來批發這梨膏。外路人到上海，一定要買兩瓶梨膏回去。兄弟二人的生意興旺，財源茂盛，都變成富翁了。這兄弟二人打官司，跪城隍廟，表面看來是仇敵，但實際上非常和睦。他們巧妙地想出這騙局來，推銷他們的商品，果然大家發財。

（1972 年）

四軒柱

我的故鄉石門灣，是運河打彎的地方，又是春秋時候越國造石門的地方，故名石門灣。運河裡面還有條支流，叫做後河。我家就在後河旁邊。沿著運河都是商店，整天騷鬧，只有男人們在活動；後河則較爲清靜，女人們也出場，就中有四個老太婆，最爲出名，叫做四軒柱。

以我家爲中心，左面兩個軒柱，右面兩個軒柱。先從左面說起。住在涼棚底下的一個老太婆叫做莫五娘娘。這莫五娘娘有三個兒子，大兒子叫莫福荃，在市內開一爿雜貨店，生活裕如。中兒子叫莫明荃，是個遊民，有人說他暗中做賊，但也不曾破過案。小兒子叫木銃阿三，是個戀大[3]，不會工作，只會吃飯。莫五娘娘打木銃阿三，是一齣好戲，大家要看。莫五娘娘手裡拿了一根棍子，要打木銃阿三。木銃阿三逃，莫五娘娘追。快要追上了，木銃阿三忽然回頭，向莫五娘娘背後逃走。莫五娘娘回轉身來再追，木銃阿三又忽然回頭，向莫五娘娘背後逃走。這樣地表演了三五遍，莫五娘娘吃不消了，坐在地上大哭。看的人大笑。此時木銃阿三逃之杳杳了。這個把戲，每個月總要表演一兩次。有一天，我同豆腐店王囡囡坐在門口竹榻上閒談。王囡囡說：「莫五娘娘長久不打木銃阿三了，好打了。」沒有說完，果然看見木銃阿三從屋裡逃出來，莫五娘娘拿了那根棍子追出來了。木銃阿三看見我們在笑，他心生一計，連忙逃過來抱住了王囡囡。我乘勢逃開。莫五娘娘舉起棍子來打木銃阿三，一半打在王囡囡身上。王囡囡大哭喊痛。他的祖母定四娘娘趕出來，大罵莫五娘娘：「這怪老太婆！我的孫子要你打？」就伸手去奪她手裡的棒。莫五娘娘身軀肥大，周轉不靈，被矯健靈活的定四娘娘一推，竟跌到了河裡。木銃阿三畢竟有孝心，連忙下水去救，把娘像落湯雞一樣馱了起來，幸而是夏天，單衣薄裳的，沒有受凍，只是受了些驚。莫五娘娘從此有好些時不出門。

　　第二個軒柱，便是定四娘娘。她自從把莫五娘娘打落水之後，名望更高，大家見她怕了。她推銷生意的本領最大。上午，鄉下來的航船停埠的時候，定四娘娘便大聲推銷貨物。她熟悉人頭，見農民大都叫得出：「張家大伯！今天的千張格外厚，多買點去。李家大伯，豆腐乾是新鮮的，拿十塊去！」就把貨塞在他

3 木銃和戀大都是指戀頭戀腦的人。

們的籃裡。附近另有一家豆腐店，是陳老五開的，生意遠不及王囡囡豆腐店，就因爲缺少像定四娘娘的一個推銷員。定四娘娘對附近的人家都熟悉，常常穿門入戶，進去說三話四。我家是她的貼鄰，她來的更勤。我家除母親以外，大家不愛吃肉，桌上都是素菜。而定四娘娘來的時候，大都是吃飯時候。幸而她像《紅樓夢》裡的鳳姐一樣，人沒有進來，聲音先聽到了。我母親聽到了她的聲音，立刻到櫥裡去拿出一碗肉來，放在桌上，免得她說我們“吃得寡薄”。她一面看我們吃，一面同我母親閒談，報告她各種新聞：哪裡吊死了一個人；哪裡新開了一爿什麼店；汪宏泰的酥糖比徐寶祿的好，徐家的重四兩，汪家的有四兩五；哪家的姑娘同哪家的兒子對了親，分送的茶棗講究得很，都裝錫罐頭；哪家的姑娘養了個私生子，等等。我母親愛聽她這種新聞，所以也很歡迎她。

第三個軒柱，是盆子三娘娘。她是包酒館裡永林阿四的祖母。他的已死的祖父叫做盆子三阿爹，因爲他的性情很坦，像盆子一樣；於是他的妻子就也叫做盆子三娘娘。其實，三娘娘的性情並不坦，她很健談。而且消息靈通，遠勝於定四娘娘。定四娘娘報導消息，加的油鹽醬醋較少；而盆子三娘娘的報導消息，加入多量的油鹽醬醋，叫它變味走樣。所以有人說：“盆子三娘娘坐著講，只能聽一半；立著講，一句也聽不得。”她出門，看見一個人，只要是她所認識的，就和他談。她從家裡出門，到街上買物，不到一二百步路，她來往要走兩三個鐘頭。因爲到處勾留，一勾留就是幾十分鐘。她指手劃腳地說：“桐家橋頭的草棚著了火了，燒殺了三個人！”後來一探聽，原來一個人也沒有燒殺，只是一個老頭子燒掉了些鬍子。“塘河裡一隻火輪船撞沉了一隻米船，幾十擔米全部沉在河裡！”其實是米船爲了避開火輪船，在石埠子上撞了一下，船頭裡漏了水，打濕了幾包米，拿到岸上來曬。她出門買物，一路上這樣地講過去，有時竟忘記了買物，空手回家。盆子三娘娘在後河一帶確是一個有名人物。但自從她家打了一次官司，她的名望更大了。

　　事情是這樣：她有一個孫子，年紀二十多歲，做醫生的，名叫陸李王。因爲他幼時爲了要保證健康長壽，過繼給含山寺裡的菩薩太君娘娘，太君娘娘姓陸。他又過繼給另外一個人，姓李。他自己姓王。把三個姓連起來，就叫他“陸李王”。這陸李王生得眉清目秀，皮膚雪白。有一個女子看上了他，和他私通，但陸李王早已娶妻，這私通是違法的，女子的父親便去告官。官要逮捕陸李王，盆子三娘娘著急了，去同附近有名的沈四相公商量，送他些禮物。沈四相公就替她作證，說他們沒有私通。但女的已經招認，於是縣官逮捕沈四相公，把他關進三廂堂。（是秀才坐的牢監，比普通牢臨舒服些。）盆子三娘娘更著急了，挽出她包酒館裡的夥計阿二來，叫他去頂替沈四相公，允許他“養殺你[4]”。阿二上堂，被縣官打了三百板子，腿打爛了，官司便結束。阿二就在這包酒館裡受供養，因爲腿爛，人們叫他“爛膀[5]阿二”。這事件轟動了全石門灣，盆子三娘娘的名望由此增大。就有人把這事編成評彈，到處演唱賣錢。我家附近有一個乞丐模樣的漢子，叫做“毒頭[6]阿三”，他編的最出色，人們都愛聽他唱。我還記得唱詞中有幾句：“陸李王的面孔自來有看頭，厚底鞋子寸半頭，直羅[7]汗巾三轉頭……”描寫盆子三娘娘去請托沈四相公，唱道：“水雞[8]燒肉一碗頭，拍拍胸脯點點頭。……”全部都用“頭”字，編得非常自然而動聽。歐洲中世紀的游唱詩人（troubadour，minnesinger），想來也不過如此吧。毒頭阿三唱時，要求把大門關好，因爲盆子三娘娘看到了要打他。

4　意即供養你一輩子直到老死。
5　意即爛腿。
6　毒頭意即神經病或傻瓜。
7　直羅即有直的隱條的絲織品。
8　水雞即甲魚。

第四個軒柱是何三娘娘。她家住在我家的染作場隔壁。她的丈夫叫做何老三。何三娘娘生得短小精悍，喉嚨又尖又響，罵起人來像怪鳥叫。她養幾隻雞，放在門口街路上。有時雞蛋被人拾了去，她就要罵半天。有一次，她的一雙弓鞋曬在門口階沿石上，不見了。這回她罵得特別起勁："穿了這雙鞋子，馬上要困棺材！""偷我鞋子的人，世世代代做小娘（即妓女）！"何三娘娘的罵人，遠近聞名。大家聽慣了，便不當一回事，說一聲"何三娘娘又在罵人了"，置之不理。有一次，何三娘娘正站在階沿石上大罵其人，何老三喝醉了酒從街上回來，他的身子高大，力氣又好，不問青紅皂白，把這瘦小的何三娘娘一把抱住，走進門去。何三娘娘的兩隻小腳亂抖亂撐，大罵"殺千刀！"旁人哈哈大笑。

何三娘娘常常生病，生的病總是肚痛。這時候，何老三便上街去買一個豬頭，扛在肩上，在街上走一轉。看見人便說："老太婆生病，今天謝菩薩。"謝菩薩又名拜三牲，就是買一個豬頭，一條魚，殺一隻雞，供起菩薩像來，點起香燭，請一個道士來拜禱。主人跟著道士跪拜，恭請菩薩醉飽之後快快離去，勿再同我們的何三娘娘為難。拜罷之後，須得請鄰居和親友吃"謝菩薩夜飯"。這些鄰居和親友，都是送過份子的。份子者，就是錢。婚喪大事，送的叫做"人情"，有送數十元的，有送數元的，至少得送四角。至於謝菩薩，送的叫做"份子"，大都是一角或至多兩角。菩薩謝過之後，主人叫人去請送份子的人家來吃夜飯，然而大多數不來吃，所以謝菩薩大有好處。何老三捐了一個豬頭到街上去走一轉，目的就是要大家送份子。謝菩薩之風，在當時盛行。有人生病，郎中看不好，就謝菩薩。有好些人家，外面在吃謝菩薩夜飯，裡面的病人斷氣了。再者，謝菩薩夜飯的豬頭肉燒得半生不熟，吃的人回家去就生病，亦復不少。我家也曾謝過幾次菩薩，是誰生病，記不清了。總之，要我跟著道士跪拜。我家幸而沒有為謝菩薩而死人。我在這環境中，僥倖沒有早死，竟能活到七十多歲，在這裡寫這篇隨筆，也是一個奇蹟。

（1972 年）

暫時脫離塵世

夏目漱石的小說《旅宿》（日本名《草枕》）中有一段話："苦痛、憤怒、叫囂、哭泣，是附著在人世間的。我也在三十年間經歷過來，此中況味嘗得夠膩了。膩了還要在戲劇、小說中反覆體驗同樣的刺激，真吃不消。我所喜愛的詩，不是鼓吹世俗人情的東西，是放棄俗念，使心地暫時脫離塵世的詩。"

夏目漱石真是一個最像人的人。今世有許多人外貌是人，而實際很不像人，倒像一架機器。這架機器裡裝滿著苦痛、憤怒、叫囂、哭泣等力量，隨時可以應用。即所謂"冰炭滿懷抱"也。他們非但不覺得吃不消，並且認為做人應當如此，不，做機器應當如此。

我覺得這種人非常可憐，因為他們畢竟不是機器，而是人。他們也喜愛放棄俗念，使心地暫時脫離塵世。不然，他們為什麼也喜歡休息，喜歡說笑呢？苦痛、憤怒、叫囂、哭泣，是附著在人世間的，人當然不能避免。但請注意"暫時"這兩個字，"暫時脫離塵世"，是快適的，是安樂的，是營養的。

陶淵明的《桃花源記》，大家知道是虛幻的，是烏托邦，但是大家喜歡一讀，就為了他能使人暫時脫離塵世。《山海經》是荒唐的，然而頗有人愛讀，陶淵明讀後還詠了許多詩。這彷彿白日做夢，也可暫時脫離塵世。

鐵工廠的技師放工回家，晚酌一杯，以慰塵勞。舉頭看見牆上掛著一大幅《冶金圖》，此人如果不是機器，一定感到刺目。軍人出征回來，看見家中掛著戰爭的畫圖。此人如果不是機器，也一定感到厭煩。從前有一科技師向我索畫，指定要畫兒童遊戲。有一律師向我索畫，指定要畫西湖風景。此種些微小事，也竟有人縈心注目。二十世紀的人愛看表演千百年前故事的古裝戲劇，也是這種心理。人生真乃意味深長！這使我常常懷念夏目漱石。

（1972 年）

（以上六篇皆原載於《緣緣堂隨筆集》，浙江文藝出版社 1983 年 5 月版）